Geschichte Schottlands

Reclam Sachbuch

Michael Maurer

Geschichte Schottlands

Philipp Reclam jun. Stuttgart

2., überarbeitete Auflage

RECLAMS UNIVERSAL-BIBLIOTHEK Nr. 18862

Gestaltung: Cornelia Feyll, Friedrich Forssman
Gesamtherstellung: Reclam, Ditzingen. Printed in Germany 2011

ISBN 978-3-15-018862-0
www.reclam.de

Inhalt

Einleitung: Schottland zwischen Klischee und aktueller Wirklichkeit 11

Geschichte Schottlands vor der Entstehung einer schottischen Nation (Die ersten 10 000 Jahre)

Epochenüberblick 21
Anfänge menschlichen Lebens im Norden der Britischen Insel 23
Eine Episode: Die Römer in Schottland 27
Die rätselhaften Pikten 31
Dál Ríata, Britonen und Angeln 32
Die Christianisierung Schottlands 35
Einfälle und Einfluß der Wikinger 37
Die Entstehung eines schottischen Königreiches: Alba 39
Lebensformen in Schottland um die Jahrtausendwende 42

Die Entstehung eines schottischen Königreiches Dynastie, Feudalismus, Städtewesen, Kirche und Kultursynthese (1124–1286)

Epochenüberblick 45
Die Revolution der schottischen Verhältnisse unter König David I. 48
Das »Goldene Zeitalter des Mönchtums« 51
Die Gründung von Städten 53
Einrichtung von Gerichtsbezirken, Wurzeln des schottischen Rechts, Entstehung eines Parlamentes 55

Stabilisierung und Ausgreifen einer schottischen Dynastie 58
Die Auseinandersetzung zwischen Schottland und England (1066–1296) 63
Die schottische Kultursynthese 66

Die Unabhängigkeitskriege und die Entstehung eines schottischen Nationalbewußtseins (1286–1488)

Epochenüberblick 69
Die dynastische Krise 72
Der Aufstieg des William Wallace 75
Robert the Bruce und Bannockburn 79
Der zweite Unabhängigkeitskrieg nach dem Tode Roberts I. 83
Die schwachen ersten Stewarts 85
Die Ära Jakobs III. 88
Die Entwicklung des Parlamentes im Spätmittelalter 89
Clans 93
Die Kirche im Spätmittelalter 94
Die Gründung schottischer Universitäten 95
Pest und Wirtschaftsentwicklung im Spätmittelalter 97
Der Aufstieg des *Scots* zur Literatursprache 100

Renaissance und Reformation in Schottland (1488–1603)

Epochenüberblick 105
Von Jakob IV. zu Jakob V. (1488–1542) 107
Universitäten 111
Renaissance in der Architektur 112

Die Reformation und Maria Stuart:
Schottland zwischen Frankreich und England 114
Die Entstehung einer protestantischen Kultur 131
Hexenverfolgung 143

Schottland auf dem Weg der Union (1603–1707)

Epochenüberblick 147
Jakob VI. und I. 151
Karl I. 155
Schottland unter Cromwell 158
Die Restauration 161
Auswirkungen der »Glorreichen Revolution« 166
Die Union 173

Schottland in Union mit England:
Von den Jakobiten bis zur Blüte der schottischen Aufklärung (1707–1801)

Epochenüberblick 179
The Fifteen 183
The Forty-five 186
Die Entwicklung Schottlands nach der Niederlage der Jakobiten 189
Kirche und religiöse Entwicklung im Zeitalter der Aufklärung 193
Die Universitäten 200
Hume, Robertson, Smith:
Historiker, Philosophen und Ökonomen der schottischen Aufklärung 203
Naturwissenschaften und Technik 213

Die großen schottischen Architekten und die Neustadt von Edinburgh 215
Schotten in den Bildenden Künsten 219
Dichtung: Macpherson und Burns 220
Schottland und die Französische Revolution 224
Die wirtschaftliche Entwicklung 226

Schottland in Union mit England und Irland
Romantik, Empire, Industrialisierung, Demokratisierung (1801–1920)

Epochenüberblick 235
Bevölkerungs- und Wirtschaftsentwicklung 239
Die Einwanderung aus Irland 245
Schottland und das *Empire* 246
Die Erfindung einer Tradition 251
Politische und nationale Entwicklung 255
Spaltungen der Kirche 267
Schulen und Universitäten 270
Frauenbewegung 275
Walter Scott und die literarische Entwicklung 276
Schotten in den Künsten 280
Der Erste Weltkrieg und der irische Osteraufstand 282

Schottlands britisches Jahrhundert (1921–1999)

Epochenüberblick 289
Die Renaissance des Schottischen 293
Die wirtschaftliche Entwicklung 295
Probleme der *Highlands* 298
Parteien und Nationalismus 302

Die Bedeutung der Kirchen 315
Die Entwicklung des schottischen Bildungswesens 319
Schotten in den Künsten 321
Die Entwicklung der Städte 324
Frauen 327

Epilog: Die schottische Nation
mit eigenem Parlament (seit 1999) 333

Literaturhinweise 345
Namens- und Ortsregister 365
Zum Autor 382

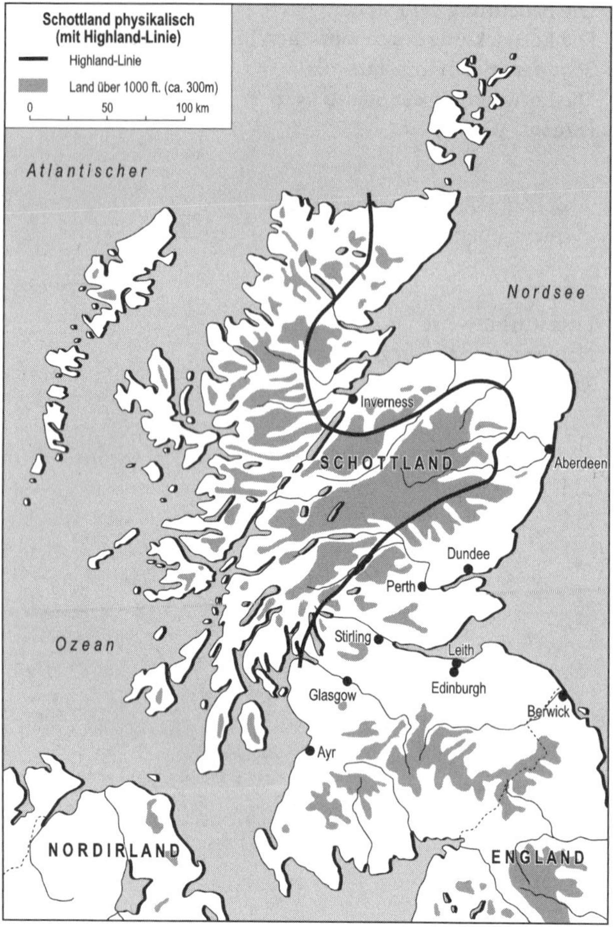
Schottland physikalisch
(mit Highland-Linie)
Highland-Linie
Land über 1000 ft. (ca. 300m)
0
50
100 km
Atlantischer
Ozean
Nordsee
SCHOTTLAND
Inverness
Aberdeen
Dundee
Perth
Stirling
Leith
Edinburgh
Glasgow
Berwick
Ayr
NORDIRLAND
ENGLAND

Einleitung

Schottland zwischen Klischee und aktueller Wirklichkeit

Was zu Schottland gehört, glaubt jeder zu wissen: Tartan, Kilt, Dudelsack, Whisky... Doch diese Klischees sind (was nicht jeder weiß) relativ neuen Datums, im wesentlichen Produkte des 19. Jahrhunderts. Noch Johann Gottfried Herder, der sich sehr für Schottland interessierte, hätte damit nichts anzufangen gewußt (er hätte statt dessen an *Ossian* gedacht oder an Shakespeares *Macbeth* und die Hexen).

Schottland ist mythenumwoben: auch bei den Schotten selbst. Die Schotten gehören zu jenen kleineren Nationen, welche ihre Helden lieben, ob nun kriegerische wie William Wallace oder Robert the Bruce, ob solche aus vorzeitlichem Dunkel wie König Arthur oder verniedlichte historische wie *Bonnie Prince Charlie*, ob – in neuerer Zeit – Schöpfer der Technik wie den Dampfmaschinenerfinder James Watt oder den Brückenbauer Robert Stevenson oder Männer der Wissenschaft wie David Hume oder Adam Smith. Daß John Napier of Merchiston die Rechnung mit Logarithmen entdeckt hat und Alexander Fleming das Penicillin, lernt in Schottland jedes Schulkind. Walter Scott war der größte Romancier und Robert Burns der größte Dichter – wer wüßte das nicht?

Wie die Iren beziehen sich die Schotten gerne auf eine Tradition des Freiheitskampfes gegen englische Unterdrückung. In der Tat läßt sich feststellen, daß so etwas wie eine schottische Nation unter einer einigenden Dynastie im Laufe des Mittelalters aus einem jahrhundertelangen Hin- und Herwogen des Kampfes gegen die englische Krone hervorging. Es klingt hochpathetisch, was 1320 in der Deklaration von Arbroath formuliert wurde: »Solange hundert von uns am Leben sind, werden wir uns nie, unter welchen Bedingungen auch immer, der englischen Herrschaft unterwerfen. Denn wir kämpfen nicht für Ruhm oder Reichtum, noch Ehre, sondern für die Freiheit allein, welche kein tapferer Mann aufgibt, es sei denn mit seinem Leben.«

Aus Mythen und Heroisierungen lassen sich freilich die Gegenwart und die Zukunft gestalten. Schottland, dessen König 1603 König von England wurde und gerne beide Länder einander angenähert hätte, das 1707 in eine zunächst ungeliebte staatliche Union mit England gezwungen wurde und mithin seine staatliche Selbständigkeit verlor, schien seit der Mitte des 18. Jahrhunderts ein fester Bestandteil nicht nur des Vereinigten Königreiches, sondern vor allem auch des von Schotten mitgeprägten britischen *Empire* zu sein. Und doch: 1997 entschied sich eine Mehrheit in einer Volksabstimmung für *Devolution*, für eine größere verwaltungsmäßige Selbständigkeit gegenüber Großbritannien. Als am 13. Mai 1999 das neue Parlament in Edinburgh eröffnet wurde, tat dies die erste Präsidentin Winnie Ewing mit den bereits legendären, von schottischem Geschichts- und Nationalbewußtsein zeugenden Worten: »Das schottische Parlament, das am 25. März 1707 vertagt wurde, ist hiermit wieder zusammengetreten.«

Schottland, das auf alten Europakarten durch ein eigenes buntes Umrißband vom Rest der britischen Insel abgetrennt erscheint, verstand sich jahrhundertelang als eigene Nation mit eigener Geschichte, wenn auch nicht immer mit eigenem Staat. Selbst in den Zeiten der Union mit England blieben in Schottland die Kirche, das Schul- und das Rechtswesen eigenständig.

Die Sprache, oft als wesentliches Kriterium für eine Nation angesehen, hat dabei ihre eigene Geschichte: Lange sprach man im Norden und Westen auf den Inseln Norwegisch (Altnordisch); die Durchsetzung des Gälischen erfolgte erst spät. Und während im 15. Jahrhundert eine angelsächsische Sprache, das *Scots* der *Lowlands*, dabei war, sich als eigene Literatursprache zu etablieren, wurde seit dem 16. Jahrhundert (im Zuge der Reformation, die auch eine Anglisierung mit sich brachte) das Englische vorherrschend in Schottland. Seit dem 17. Jahrhundert mußten sich die *Clan Chiefs* der Highlands englisch erziehen lassen, während ihre Vasallen noch lange beim Gälischen blieben. Im 19. Jahrhundert, als sich in vielen europäischen Ländern nationale Bewegungen entfalteten, schien Schottland vollkommen ruhig, immer mehr England angeglichen, die gälische Sprache vom Aussterben bedroht. Gleichzeitig entfaltete sich ein sentimentaler Nationalismus, welcher die *Highland*-Traditionen (Tartan, Kilt und Dudelsack) ins Schottische verallgemeinerte, seit der englische König Georg IV. bei seinem Besuch in Edinburgh 1822 den Kilt angelegt hatte und Königin Viktoria Balmoral erwarb und zu einem Märchenschloß ausbauen ließ, das sie regelmäßig im Sommer besuchte. Dieser sentimentale schottische Nationalismus schien sich mit britischem Staatsbewußtsein vereinbaren zu lassen; das so herausgebildete ›Schottische‹ war britisch; die Nachkommen der zahlreichen ausgewanderten Schotten in aller

Welt (in Kanada und Australien, in den Vereinigten Staaten und anderwärts) bekundeten ihre Verbundenheit mit dem jährlichen *Burns' Supper*, einer Art von inoffiziellem Nationalfeiertag im Gedenken an den Volks- und Nationaldichter Robert Burns, und sangen jenes *Auld Lang Syne*, das mittlerweile rund um die Welt gesungen wird: für viele die einzigen Worte in *Scots*, die ihnen bekannt sind. Gegenwärtig schätzt man die Zahl der Schotten, die Gälisch sprechen, auf 60 000; die Zahl der Schotten, die *Scots* sprechen, geben dessen Vorkämpfer mit 1,5 Millionen an. Relativ gesichert ist die Annahme, daß beinahe 100 % der aktuell etwa 5 Millionen Schotten des Englischen mächtig sind.

Während sich ab den 1960er Jahren ein auch parteipolitisch verfaßter schottischer Nationalismus zeigte, der durchaus rabiate Züge annehmen konnte, liegt gegenwärtig, nach vollzogener *Devolution*, ein stolzes Gefühl der Saturiertheit im Widerstreit mit einem zuweilen übereifrigen Willen zur Durchsetzung möglichst vollkommener Unabhängigkeit und Gleichheit. Im 2004 vollendeten neuen Parlamentsgebäude in Edinburgh sind alle Aufschriften zweisprachig, Englisch und Gälisch, angebracht worden – zum Ärger nicht etwa der unionistischen Vertreter des Englischen, sondern der Befürworter des *Scots*, welche (unter Hinweis auf ihre beträchtliche Zahl) dreisprachige Aufschriften fordern. Vor allem aber geht es ihnen um proportional entsprechende finanzielle Aufwendungen des Staates zur Förderung des *Scots*, wie sie den Gälischsprechern seit Jahren zuteil werden.

Wie bei den Polen und anderen Nationen hängt auch bei den Schotten die legendäre Tradition einer Geschichte der Freiheit und des Aufbäumens gegen Unterdrückung eng mit einem starken Nationalstolz zusammen; ein kollektives Gefühl der Unterlegenheit schlägt zu leicht um in ein mit Posaunenstößen proklamiertes Wissen um die eigene Leistung und Bedeutung, das dem Nichtschotten zuweilen etwas großsprecherisch vorkommt. Nur ein paar willkürlich herausgegriffene Buchtitel der letzten Jahre (von durchaus ernsthaften und lesenswerten Autoren!) seien zum Beleg angeführt:

- *The Scottish Enlightenment. The Scots' Invention of the Modern World* (von Arthur Herman, 2001);
- *When Scotland Ruled the World. The Story of the Golden Age of Genius, Creativity and Exploration* (von Stewart Lamont, 2001);
- *Capital of the Mind. How Edinburgh Changed the World* (von James Buchan, 2003);
- *The Scottish Invention of America, Democracy and Human Rights. A History of Liberty and Freedom from the Ancient Celts to the New Millenium* (von Alexander Leslie Klieforth und Robert John Munro, 2004);
- *How the Scots Took Over London* (von David Stenton, 2005).

Materialisten werden den Aufschwung des schottischen Nationalbewußtseins dem unerwarteten Reichtum aus dem seit den 1970er Jahren geförderten Nordseeöl zuschreiben. Eine gewisse wirtschaftliche Rivalität zwischen Schottland und England hat schon die Union von 1707 herbeigeführt und besteht erneut seit 1997. Wenn eine Bank wie die *Royal Bank of Scotland* die traditionsreiche englische *National Westminster Bank* übernimmt, scheint das durchaus mehr als eine bloß wirtschaftliche Transaktion zu sein; ein nationaler Symbolwert scheint damit verbunden zu sein. (Freilich mußte die britische Regierung in der Bankenkrise 2008 rettend einspringen.) Um so fühlbarer die Verletztheit bei gegenläufigen Übernahmen schottischer durch englische Unternehmen (die weit häufiger sind). Besonders schmerzlich wird die Abhängigkeit der schottischen Whisky-Destillerien vom englischen Kapital empfunden.

Das neue schottische Eigenbewußtsein hat allerdings jene lange verschüttete Tradition der Zusammengehörigkeit Schottlands mit Kontinentaleuropa wieder freigelegt. Während in England seit langem Europaskepsis vorherrschte (bei *Labour* kaum weniger als bei den Konservativen), ist Schottland auf Europa ausgerichtet. In dieser Hinsicht schielt man nach Dublin, das seinen wirtschaftlichen Aufschwung zum Teil auch der Tatsache verdankt, daß es sich Europa zugewandt hat. Oder noch besser: Wie die Iren möchten auch die Schotten differenziert von allen Optionen profitieren – von der traditionsreichen Verbindung mit Amerika durch die Ausgewanderten *und* von der Europäischen Union; und, je nach Lage und Umständen, von der Verbindung mit dem Vereinigten Königreich (die ja noch besteht!) oder von der rivalisierenden Konkurrenz mit dem Vereinigten Königreich (beispielsweise durch industriefreundliches Adjustieren der Mehrwertsteuer oder der Unternehmenssteuer, welches seit der *Devolution* möglich geworden ist). Die wirtschaftliche Ausrichtung, die asketische Sparsamkeit und Leistungsfähigkeit im Überlebenskampf gehören seit Jahrhunderten zum Nationalbewußtsein der Schotten (war es nicht der Schotte Adam Smith, der das Grundbuch über den *Wohlstand der Nationen* verfaßte, während er aus seinem Fenster den aus aller Welt ankommenden Handelsschiffen zusehen konnte?). Außerdem ist aber auch eine Mehrheit der Schotten davon überzeugt, daß wacher Sinn für Gerechtigkeit und Streben nach Gleichheit genuin schottische Tugenden sind (zu Zeiten von Margaret Thatcher verloren die Konservativen alle – auch den letzten – ihrer schottischen Sitze im Unterhaus; *Devolution* ist gewissermaßen die Antwort *Labours* auf die Entfremdung Schottlands von Großbritannien während der Thatcher-Jahrzehnte). Schottland kennt nicht nur eine starke Industrietradition (die sich mit Vorliebe jener Zeiten erinnert, als die meisten Schiffe, welche auf den Weltmeeren verkehrten, am Clyde gebaut wurden); Schottland kennt auch eine starke Tradition der Organisation der Arbeiterschaft und der gewerkschaftlichen Bewegung (mit legendären Gewerkschaftsführern wie Keir Hardie oder dem ersten *Labour*-Premierminister James Ramsay Macdonald). Wenn Schotten irgendwo auf der Welt beim jährlichen *Burns' Supper* Whisky trinken und das Nationalgericht Haggis verzehren, zweifeln sie keinen Augenblick daran, daß Demokratie eine schottische Erfindung ist und daß die Vereinigten Staaten von Amerika ohne ihre schottischen Wurzeln nie die Unabhängigkeit erlangt hätten …

Wenn hier eine schottische Kulturgeschichte gewagt wird, dann in der grundlegenden Einsicht, daß es eine eigene schottische Kultur gibt, ferner, daß diese Eigenheit ungenügend deutlich wird, wenn man Schottland nur im Zusammenhang Großbritanniens sieht, und schließlich, daß die europäische Kulturgeschichte ärmer wäre ohne den schottischen Beitrag. Eine schottische Kulturgeschichte muß Einsichten jenseits der bekannten (touristisch vermarkteten) Tartan-Klischees bieten und zugleich deren Entstehung interpretierend einbeziehen. Sie muß Verständnis wecken für schottisches Eigenbewußtsein, darf aber zugleich britisches Unionsbewußtsein nicht übersehen und muß auch die Berechtigung dieses Standpunktes nachvollziehbar machen. Allan Massie, der Autor eines aktuellen Buches über *Six Centuries of Love and Hate between the Scots and the English* (2005), verweist zu Recht darauf, daß nicht nur die Engländer britischer sind, als sie denken (aufgrund der jahrhundertelangen Verflechtungen, Heiratsverbindungen, politischen, wirtschaftlichen und kulturellen Austauschbeziehungen), sondern auch die Schotten. Es gilt, im europäischen Kontext diese britischen Schotten zu verstehen. Schottische Kulturgeschichte ist ein integraler Bestandteil einer europäischen Kulturgeschichte.

Die schottische Nation im Fokus – das bedeutet, daß es an dieser Stelle wesentlich darauf ankommt herauszustellen, wie sich diese konstituierte, worin ihre Identität bestand und besteht, wie sie ihre Geschichte sieht. Das bedeutet auch, daß die Geschichte der Menschen, welche vor der Entstehung einer schottischen Nation in jenem geographischen Bereich wohnten, der dann Schottland wurde, nur sehr summarisch, als Vorgeschichte, präsentiert wird (Pikten, Römer, Scoten, Gälen, Wikinger). Das 2. Kapitel gilt der Entstehung eines schottischen Königreiches als Fokus eines schottischen Nationalbewußtseins. Das 3. Kapitel zeigt, wie sich dieses Nationalbewußtsein im

Kampf gegen die Engländer entfaltete. Seit der Reformation ist die schottische Identität eine protestantische – mit tiefgreifenden Folgen (Arbeitsbewußtsein, Sparsamkeit, Aufklärung, Industrialisierung). Seit Jakob VI. von Schottland 1603 als Jakob I. den englischen Thron bestiegen hatte (Personalunion), wurde Schottland an England herangeführt; ein Hof bestand bald nur noch in London; die Häupter der einflußreichen Familien wurden englisch erzogen. Die Geschicke Englands und Schottlands verflochten sich aufs engste, wie man etwa am englischen Bürgerkrieg sehen kann, dessen Dynamik sich nur unter Berücksichtigung der schottischen Zusammenhänge verstehen läßt. Unter Cromwell wurde Schottland (wie auch Irland) militärisch unterworfen und staatlich mit England vereinigt, in der Restaurationszeit wieder abgetrennt. Das 6. Kapitel erklärt das komplexe Geschehen im Zusammenhang der staatlichen Union von 1707. Die Niederschlagung der Jakobitenaufstände von 1715 und 1745 wurde für das Bewußtsein der Schotten als einer unterdrückten Nation ausschlaggebend. Im 18. Jahrhundert entwickelte sich aber auch eine eigene schottische Spielart der Aufklärung mit Folgen für Europa und die Welt. Die Zeit seither zeigt Schottland auf dem britischen Weg der Industrialisierung, Demokratisierung, betroffen von den Weltkriegen, aber auch geprägt vom neuen Wohlfahrtsstaat. Die Gegenwart: *Devolution*, Schritte zu einer teilweise selbständigen Politik in einem eigenen Parlament, gibt Anlaß zu der Frage, was heute schottische Kultur und schottische Nation bedeuten – für das Land selbst und für Europa.

Geschichte Schottlands vor der Entstehung einer schottischen Nation

(Die ersten 10 000 Jahre)

Epochenüberblick

Von den Anfängen menschlichen Lebens im Norden der Britischen Insel bis zum 11. Jahrhundert spannt sich der Bogen eines vielfältigen, polyzentrischen und uneinheitlichen Lebenszusammenhanges, der über eisenzeitlich dezentrale Herrschaftsbildungen und Clanstrukturen in heterogene Königreiche auf dem Boden Schottlands mündet. Sie sind ethnisch heterogen (Pikten und Gälen, Wikinger und Angelsachsen), sprachlich heterogen (verschiedene keltische Sprachen, verschiedene germanische Sprachen) und gesellschaftlich-kulturell heterogen. Die römische Okkupation erweist sich als Intermezzo ohne bleibende Folgen. Erst allmählich dringt seit dem 5. Jahrhundert das Christentum als eine gemeinsame Grundlage des Glaubens und Wissens in diesen Bereich ein, doch bleibt es noch lange vermischt mit älteren magischen Praktiken und naturreligiösen Vorstellungen. Unter dem Einfluß der zunächst noch heidnischen Wikinger (im 9. Jahrhundert) organisieren und einigen sich die verschiedenen Völkerschaften, unter denen ein legendärer Zusammenschluß von Gälen und Pikten im Laufe der Zeit die übrigen Reiche marginalisiert und Ansätze künftiger Königsherrschaft ausbildet. Eine Dynastie mit berechenbarer Erbfolge entsteht, die durch Heiratsbündnisse in Kontakt mit den übrigen europäischen Dynastien tritt. Währenddessen bleiben Wirtschaft und Gesellschaft noch weitgehend auf einem primären Niveau der Bedarfsdeckung; exportierbare Güter werden noch nicht erzeugt, Städte fehlen, die internationalen Verbindungen durch die Kirche (Papsttum in Rom, Mönchsorden) sind noch kaum von Bedeutung. Die Inseln im Westen und Norden bleiben eine eigene Welt. Die Herrschaftsbildung nördlich der Clyde-Forth-Linie greift am Ende des Zeitraumes nach Süden aus und erreicht die *Borders*. Aus dieser Herrschaftsbildung ergibt sich die antagonistische Konstellation Schottland-England, aus der sich im Hoch- und Spätmittelalter die schottische Nation entwickeln sollte.

Um 11000 v. Chr.	Älteste Spuren menschlichen Lebens in Schottland.
Um 4000 v. Chr.	Neolithische Revolution (Seßhaftigkeit: Ackerbau und Viehzucht).
Um 3000 v. Chr.	Steinzeitliche Monumente auf den Orkney-Inseln und auf Lewis.
Um 2000 v. Chr.	Bronzezeit in Schottland.
Um 700 v. Chr.	Eisenzeit in Schottland. Hügelfestungen, *Crannogs*, *Brochs*.
79 n. Chr.	Agricola beginnt seine Feldzüge zur Erweiterung der Grenzen des Römischen Reiches nach Norden.
83	Schlacht am Mons Graupius: Sieg der Römer über die Caledonier unter Calgacus.
120	Hadrianswall.
140	Antoninswall.
163	Rückzug der Römer hinter den Hadrianswall.
208	Letzter Vorstoß der Römer unter Septimius Severus.
367	Die Römer ziehen sich aus Schottland zurück.

5. Jh.	Gälische Bevölkerung wandert von Irland her nach Schottland ein, germanische Angeln nach Northumbrien.
7. Jh.	*Senchus Fer nAlban*: Bestandsaufnahme der gälischen Männer in Schottland.
638	Angeln nehmen Edinburgh ein.
729	Óengus mac Fergusa König der Pikten und Gälen.
794	Erste Angriffe der Wikinger auf Schottland.
843	Kenneth mac Alpin König von Alba.
903	Letzte Invasion der Wikinger in Schottland.
943	Angelsachsen fallen unter König Athelstan in Schottland ein.
954	Der schottische König Indulf nimmt Edinburgh ein und dehnt Alba nach Süden aus (Lothian und Strathclyde).
1018	Sieg der Schotten bei Carham am Tweed.
1040–57	König Macbeth.
1058–93	König Malcolm III. (Malcolm Canmore).

Anfänge menschlichen Lebens im Norden der Britischen Insel

Die ältesten Spuren menschlichen Lebens, welche sich in dem geographisch später als Schottland bezeichneten Teil der Britischen Inseln finden, führen zurück in jene Periode nach der letzten Eiszeit, als sich, vor etwa 11 000 Jahren, mit dem Rückgang des Eises zuerst Vegetation, dann Tiere, schließlich Menschen ausbreiteten. Letztere ernährten sich vom Sammeln von Beeren, Früchten, Nüssen, Wurzeln; sie jagten Tiere und lebten in kleinen Gruppen zusammen, die kaum Kontakt zu anderen hatten. Entsprechend ihrer Nahrungsgrundlage wechselten sie oft ihren Ort. Schottland, obwohl recht weit im Norden gelegen, war kein unattraktiver Lebensraum: Um 6500 v. Chr. war das Klima dort durchschnittlich 2 °C wärmer als heute.

Die entscheidende Zäsur dieser frühen Geschichte, über die wir nur archäologische Zeugnisse haben, liegt auch in diesem Teil der Welt im Übergang zu Ackerbau und Viehzucht, den man als »neolithische Revolution« apostrophiert hat und etwa 4000 v. Chr. ansetzt. Möglicherweise aufgrund einer Klimaverschlechterung sahen sich die Menschen gezwungen, bestimmte Pflanzen (Getreide vor allem) intensiver zu nutzen, bewußt anzubauen, zu hegen und zu pflegen sowie sich durch Tierzucht (Rinder, Schafe, Ziegen, Schweine) eine stabilere, berechenbarere Lebensgrundlage zu schaffen.

Damit war nicht nur eine relative Seßhaftigkeit verbunden, sondern wahrscheinlich auch ein religiöser Kultwandel. Zu den ältesten Zeugnissen menschlicher Kultur in jenem Teil Europas, der heute Schottland genannt wird, gehören Formationen aus riesigen Steinen, die augenscheinlich mit Absicht über beträchtliche Entfernungen transportiert, nach bestimmten Berechnungen zueinander in Position gebracht, aufgerichtet und stabilisiert wurden. Erhalten sind ein ungeheurer Ring von Steinen in Brodgar auf den Orkney-Inseln mit einem Durchmesser von 91 m und eine auffallende, wenngleich kleiner dimensionierte Ringstruktur um einen zentralen hohen Stein in Callanish (Calanais) auf der Hebriden-Insel Lewis, zu der außerdem ein doppelt steingesäumter Prozessionsweg führt, der kleinere Seitenarme aufweist. Diese Steinmonumente, welche die Jahrtausende überdauert haben, werden auf die Zeit um 3000 v. Chr. datiert. Sie setzen Beobachtungen des Laufes von Sonne und Mond voraus, wenn auch ihr

Gebrauch und ihre Funktion wesentlich der Erschließung durch unsere Phantasie bedürfen. Mit diesen Steinen verbundene Grabanlagen datieren aus späteren Zeiten.

In der Steinzeit lebten kleinere Menschengruppen relativ isoliert, und doch lassen die erhaltenen Steinkonstellationen erkennen, daß hier schon relativ große Gruppen vereinigt gewesen sein müssen, welche Arbeit organisieren und zusätzlich zu der für den bloßen Lebensunterhalt nötigen Arbeitszeit viele Arbeitsstunden aufwenden konnten: für Erdbewegungen, Steintransporte und Denkmalskonstellationen.

Die nächste wichtige Zäsur menschlichen Lebens besteht auch in diesem Teil der Welt im Aufkommen von Metallen (Gold, Kupfer und Zinn: Bronze). Waffen aus Metall waren solchen aus Holz oder Stein überlegen; insofern bedeutet die Ausbreitung der Metallgewinnung und Metallverarbeitung einen Kulturfortschritt, mag dieser auch eine zunehmende Gewalt gegen Mensch und Tier ermöglicht und mithin eine Brutalisierung befördert haben. Die Beherrschung der Metalle zeugt von physikalisch-chemischen Einsichten und gesteigerten technischen Fähigkeiten, trieb aber auch ihrerseits die Differenzierung menschlicher Gesellschaften voran. Nun waren einige nur noch mit Metallgewinnung beschäftigt, andere wurden Schmiede, wieder andere spezialisierten sich auf die Techniken des Kampfes mit den neuen Waffen. Außerdem lohnte sich nun auch Handel über größere Entfernungen, um an die zunächst noch raren und teuren Güter heranzukommen. Gold kam wohl größtenteils aus Irland, fand sich in geringen Mengen auch in den Flüssen von Sunderland und Lanarkshire, aber Zinn konnte nur aus Cornwall bezogen werden. In Schottland begann das Zeitalter der Metalle etwa 2000 v. Chr.

Ungefähr zur selben Zeit änderten sich die Begräbnissitten; auf größere Gräber für viele folgten Einzelgräber für wenige Herausgehobene. Dies läßt sich zwanglos mit gesellschaftlicher Differenzierung und Hierarchisierung infolge des Gebrauchs der Metalle in Verbindung bringen: Einzelne Kämpfer, die sich zu Herrschern aufgeschwungen hatten, setzten eine exklusive Art der Bestattung durch, die ihrer herausgehobenen Position zu Lebzeiten entsprechen sollte.

Um 1000 v. Chr. ereignete sich eine deutliche Klimaverschlechterung in Schottland, deren Ursachen strittig sind. Kann die nachweisbare Abkühlung etwas mit den Vulkanausbrüchen auf Island und damit zusammenhängenden atmosphärischen Veränderungen zu tun haben? Jedenfalls reduzierte sich in dieser Zeit die ackerbaulich nutzbare Fläche in Schottland; der Kampf um Ackerland verstärkte sich.

Um 700 v. Chr. läßt sich auch in Schottland die Verwendung eincs neuen Metalls, des Eisens, nachweisen. Seine Härte machte es den Bronzewaffen überlegen. Sein reichliches Vorkommen marginalisierte die früher bekannten Metalle. Wer Eisen hatte, konnte sich durchsetzen.

So ist es kein Zufall, daß wir seit dieser Zeit in Schottland auffallende fortifikatorische Strukturen verschiedener Art vorfinden. Da gibt es aus Steinen zusammengefügte Festungen auf Hügeln (*hill forts*); künstliche Inseln in Seen aus Holz und Stein (*crannogs*); ferner zweischalige, kunstvoll aus Stein gebaute Turm- und Kuppelstrukturen mit mehreren Stockwerken als Fluchtburgen (*brochs*), wie man sie etwa bei Carloway (Charlabhaigh) auf Lewis oder in Mousa auf den Shetland-Inseln noch heute sehen kann.

Das Aufkommen von Waffen und Gerätschaften aus Eisen wurde mit der Einwanderung von Kelten nach Schottland in Verbindung gebracht. Von Eroberungen durch *keltoi* berichten griechische Quellen seit dem 6. vorchristlichen Jahrhundert; Caesar identifizierte die Gallier im 1. vorchristlichen Jahrhundert als *Celtae*. Freilich ist nicht eindeutig geklärt, ob diese Leute mit Eisenschwertern Schottland militärisch eroberten. Ihre Waffen und ihre Sprache können sich auch durch Handel und friedlichen Austausch verbreitet haben. Volkstümlich gilt seit dem 19. Jahrhundert die gälische Kultur in Schottland, Irland, Wales, auf der Insel Man, in Cornwall und der Bretagne als »keltische« Kultur, besonders aufgrund der gemeinsamen Sprache.

Zunehmende historische Gewißheit gewinnen wir im Kontext schriftlicher Überlieferung. Die ersten Jahrtausende menschlicher Kultur waren im Norden schriftlos geblieben. Zunächst berichteten einzelne griechische Seefahrer über die Britischen Inseln, seit dem 1. vorchristlichen Jahrhundert finden sich auch römische Zeugnisse. Damit rückte Schottland ins Licht der Geschichte.

Eine Episode: Die Römer in Schottland

Im Zuge der Expansion des Römischen Reiches blieben auch die »letzten Menschen dieser Erde, die letzten der Freien« nicht unbeachtet. Der König der Orcades (Orkney-Inseln) hatte sich 43 n. Chr. dem Kaiser Claudius unterworfen, als dessen Truppen in Britannien vorrückten. Der

Geograph Ptolemäus wußte im 2. Jahrhundert vier keltische Stämme in Schottland südlich der Linie vom Forth zum Clyde namentlich aufzuzählen, nördlich davon weitere zwölf. Bei Tacitus werden alle diese Stämme unter der Sammelbezeichnung »Caledonier« geführt. In der Biographie seines Schwiegervaters Agricola berichtet er von dessen Vorstoß ins nördliche Britannien im Jahre 79 an der Spitze von 25000 kriegserprobten Mannen. Tacitus beschreibt dabei die Caledonier als »halbnackte Wilde mit rötlichem Haar und großer Gestalt«. In den folgenden Jahren wurde das Unternehmen zunächst von Rom aus aufgehalten, aber 82 und 83 zog Agricola erneut gegen die Caledonier. In diesem Zusammenhang wurde die erste Schlacht auf schottischem Boden geschichtsnotorisch; die Truppen trafen im nordöstlichen Schottland aufeinander (*Mons Graupius*). Bei dieser Gelegenheit wurde auch der erste Schotte der Geschichte mit einem Namen belegt: »Calgacus« heißt der Führer der Caledonier bei Tacitus (ein keltisches Wort mit der Bedeutung ›Schwertkämpfer‹). Der römische Historiker hat ihm eine erfundene Rede in den Mund gelegt, in der er vom »letzten Volk auf Erden« spricht, von den »letzten der Freien«, das nun von den habgierigen und ruhmsüchtigen Römern aufgestöbert worden sei: »Raub, Schlächterei und Vergewaltigung nennen sie ›Regierung‹. Sie schaffen eine Wüste und nennen dies Frieden.«

Calgacus und seine Caledonier kämpften mit Streitwagen und Langschwertern, waren aber den kampferprobten Römern unterlegen, welche keine Wagen, jedoch Reiterei und Infanterie sowie effektiv gehandhabte Kurzschwerter einsetzten. Tacitus gibt die Zahl der gefallenen Caledonier am Ende mit 10000 an – gegen 360 gefallene Römer. Trotzdem wurde der Krieg in Schottland eingestellt.

Über die weiteren Auseinandersetzungen zwischen Einheimischen und Römern wissen wir wenig; allerdings sahen sich die Römer 120 veranlaßt, durch eine gigantische Wallanlage von Carlisle im Westen bis Newcastle im Osten eine klare Demarkationslinie zu schaffen. Diese meisterhafte fortifikatorische Leistung bestand aus Graben und Wall sowie einer mehrere Meter hohen steinernen Mauer, welche den Gegebenheiten des Geländes folgte. Nach jeder Meile fand sich ein Fort, dessen Besatzung Angriffe von Norden abzuwehren und den Handel zu kontrollieren hatte. Damit war erstmals so etwas wie eine Grenze zwischen England und Schottland geschaffen. Noch heute ist sie an vielen Stellen in der Landschaft der *Borders* zu erkennen, mögen sich auch Generationen späterer Siedler an den gebrochenen und behauenen Steinen bedient haben. Nur zwanzig Jahre später wurde diese »Hadrianswall« genannte Anlage ergänzt um den »Antoninswall«, und zwar an der schmalsten Stelle der Britischen Insel von Old Kilpatrick am Clyde bis Bo'ness am Forth, der aber nicht aus Steinen, sondern aus einem Graben und einem Wall aus Torf bestand. Hier schufen römische Legionäre die nördlichste Grenze des Römerreiches. Schon 163 mußten sich die römischen Legionen allerdings wieder hinter den Hadrianswall zurückziehen. Agricolas Idee, ganz Britannien zu erobern, war damit freilich noch nicht endgültig aufgegeben.

Seit den Zeiten des Kaisers Commodus (180–192) wird immer häufiger berichtet, daß die Caledonier die Befestigungsanlagen überwanden und die Römer überfielen. Der für Britannien zuständige Lupus erkaufte sich den Frieden mit den Wilden aus dem Norden in einem förmlichen Vertrag. 208 machten die Römer einen letzten Versuch; der Kaiser Septimius Severus führte zu diesem Zweck persönlich seine Prätorianergarde in den Norden, unternahm zwei Vorstöße, plante einen dritten, der abgebrochen wurde, als der Kaiser in York verstarb.

297 tauchen die Caledonier bei dem römischen Schriftsteller Eumenius unter einem neuen Namen auf: *Picti* heißen sie nun, die Wilden aus dem Norden, wegen ihrer Kriegsbemalung oder Tätowierung. (Vielleicht steckt in diesem Wort aber auch eine Eigenbezeichnung aus ihrer Sprache.) Verschiedene Stämme hatten sich zusammengeschlossen, um den Römern Niederlagen beizubringen. 367 mußte die Nordgrenze des Römischen Reiches endgültig aufgegeben werden.

Im Gegensatz zum südlichen Britannien hinterließen die Römer im Norden kaum bleibende Spuren: keine Städte, keine Villen, keine Badeanlagen, keine Heerstraßen. Die caledonischen Stämme wurden erstmals durch den Kontakt mit den Römern mit einer überlegenen Zivilisation konfrontiert. Obwohl Güter meist getauscht wurden, kamen erstmals auch Münzen in den Norden. Wahrscheinlich arrangierte sich die ältere Bevölkerung mit den Besatzern; über diesen *modus vivendi* wissen wir jedoch aus nördlicher Sicht nichts. Archäologische Funde deuten darauf hin, daß zumindest ein Teil der Caledonier mit den Römern ein Auskommen fand, an ihren Luxusgütern partizipierte – vielleicht für Lebensmittel, vielleicht für Dienste. Der Kontakt mit den Römern hatte die Bewohner Schottlands zeitweise in den Scheinwerferkegel der Geschichte gerückt; die Römer verschwanden jedoch nach vorübergehender militärischer Oberherrschaft wieder aus dem Norden, ohne (abgesehen von ihren Verteidigungswällen) dauerhaft bleibende Spuren hinterlassen zu haben.

Die rätselhaften Pikten

Die Pikten erscheinen Historikern und Archäologen auch in neuerer Zeit noch rätselhaft, nachdem es im 18. Jahrhundert zunehmend üblich geworden war, alle alten Funde (*vor* den Wikingern, soweit sie nicht offenkundig römisch waren) den Pikten zuzuschreiben. Nachdem dies revidiert werden mußte, blieb wenig Gewißheit übrig.

Soviel scheint man gegenwärtig zuverlässig sagen zu können: Der Ausdruck »Pikten« stellte im wesentlichen eine römische Sammelbezeichnung dar für Barbaren, welche in das Imperium einfielen. Dementsprechend wurden sie auch beschrieben: als wild und weit von der Zivilisation entfernt. Andere Eigenschaften, die man ihnen zeitweilig zuschrieb, scheinen gegenwärtig nicht mehr haltbar: Es gibt keine stichhaltigen Indizien für eine nicht-indoeuropäische Sprache. Auch die Behauptung, daß sie (im Unterschied zu ihren Nachbarn) eine matrilineare Erbfolge gekannt hätten, führt offensichtlich in die Irre. Rätselhaft bleiben die Pikten insofern, als wir keinerlei Schriftquellen von ihnen selbst haben und die bildlichen Darstellungen auf ihren Grabsteinen nicht entschlüsselt sind. Ob diese bloß dekorativ waren oder ob sie eine kohärente Symbolsprache ausbildeten, ist ungelöst.

Inwieweit man sich unter den Pikten eine ethnisch homogene Kulturgemeinschaft vorzustellen hat, ist unklar.

Sie waren schon in früheren Jahrhunderten in Schottland ansässig, sind also letztlich Nachkommen der steinzeitlichen Bevölkerung und nicht erst später eingewandert. Man kann annehmen, daß die Pikten eine Organisations- und Herrschaftsform ausbildeten, welche frühere Stämme zusammenschloß. Die Abwehr der Vorstöße des Römischen Reiches kann solch eine übergeordnete Organisations- und Herrschaftsform bewirkt haben.

Dál Ríata, Britonen und Angeln

Die Pikten sind zu unterscheiden von einer gälischen Bevölkerung, die im westlichen Schottland lebte und engen Kontakt zu den Gälen jenseits des Meeres, im Nordosten Irlands, hatte. Der Überlieferung zufolge waren diese Leute aus Irland eingewandert; sie nannten sich selbst und ihr Reich *Dál Ríata*, was soviel heißt wie ›die Leute des Reuta‹ (wohl ein Stammesvater). An der Meerenge zwischen dem Mull of Kintyre im südwestlichen Schottland und Antrim im nordöstlichen Irland beträgt die Entfernung nur etwa 20 Kilometer. Es handelte sich um eine seefahrende Bevölkerung, für welche die Flüsse, Seen und Meere dieser Weltgegend kein Hindernis darstellten, sondern ein verbindendes Element. Schottland wurde also gleichzeitig von den gälischen Dál Ríata im Westen, auf den Inseln und in Argyll, und von den Pikten des Festlandes, vor allem im Osten und Norden, bewohnt.

Außerdem gab es in Schottland in der Zeit von etwa 300 bis etwa 800 noch Bewohner anderer Herkunft: Zunächst diejenigen, welche in den Quellen »Britonen« (»Brythonen«) genannt werden. Dies ist wahrscheinlich eine Sammelbezeichnung für Stämme südlich der Clyde-Firth-Linie, welche von den Römern beeinflußt waren. Sie kannten zwei Zentren: Goddodin in Lothian mit dem Hauptstützpunkt Din Eidyn (wahrscheinlich der Castle Rock von Edinburgh) und Strathclyde mit dem Hauptstützpunkt auf dem Clyde Rock (Dumbarton).

Die Bezeichnung *Scot(t)i* taucht in den römischen Quellen erstmals im Zusammenhang der Überfälle der Pikten von 367 auf. Wahrscheinlich bedeutet *Scot(t)i* einfach ›Piraten‹: Gemeinsam mit den Pikten machten die Dál Ríata aus Irland die römische Nordgrenze unsicher. Diese Leute aus Irland, die sich selbst *Goidil* (›Gälen‹) nannten, drangen in den folgenden Jahrzehnten zunehmend in das Machtvakuum ein, das die Römer entstehen ließen, als sie sich aus Schottland zurückzogen. Seit dem fünften Jahrhundert waren manche dieser *Scoti* oder Gälen aus Irland nach Schottland herübergekommen, hatten sich dort angesiedelt und ein Herrschaftsgebiet aufgebaut. (Davon zeugt heute noch der Landschaftsname »Argyll«, der soviel wie ›gälisches Küstenland‹ bedeutet.) Diese Gälen lebten in großen Sippenverbänden (*Clans*) miteinander, waren anfangs noch Heiden und ausgesprochen kriegstüchtig. Aus dem 7. Jahrhundert liegt ein dem späteren englischen *Domesday Book* vergleichbares Register vor (*Senchus Fer nAlban*, d. h. ›Geschichte der Männer von Schottland‹), in dem die einzelnen Sippen und Haushalte aufgezählt, ihre verwandtschaftlichen Beziehungen dargestellt, vor allem aber ihre Wehrleistungen notiert sind: Es war genau festgelegt, welche Sippe wieviel Männer für den Ruder- und Segeldienst aufzubringen hatte. Ihr Herrscher konnte eine Streitmacht von fast 2000 Mann in 140 Schiffen aufbieten.

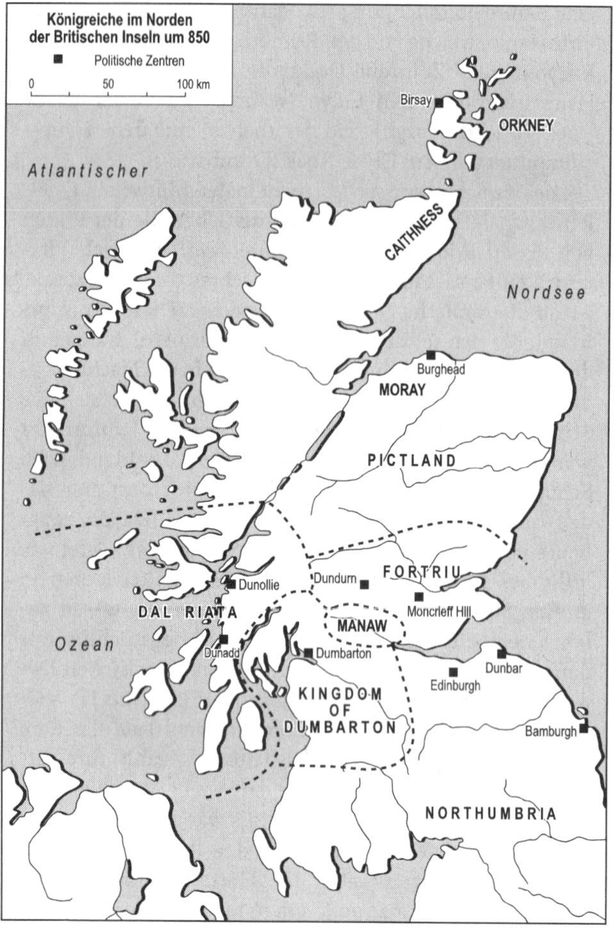
Königreiche im Norden
der Britischen Inseln um 850
Politische Zentren
0
50
100 km
Atlantischer
Ozean
Nordsee
ORKNEY
Birsay
CAITHNESS
Burghead
MORAY
PICTLAND
FORTRIU
Dundurn
Moncrieff Hill
MANAW
Dunollie
DAL RIATA
Dunadd
Dumbarton
KINGDOM
OF
DUMBARTON
Edinburgh
Dunbar
Bamburgh
NORTHUMBRIA

Diese kriegerischen Seefahrer waren seit dem späten 5. Jahrhundert allmählich Christen geworden – dank der Einwirkung von St. Patrick, St. Columba, St. Brendan und den übrigen Missionaren. Sie verbreiteten das Christentum in einer monastischen, den keltischen Strukturen kompatiblen Form auch bei den Pikten und bei den Angeln in Northumbria. Letztere waren Germanen, die seit dem frühen 5. Jahrhundert vom Festland gekommen waren. Zwar hatten sie sich hauptsächlich in England angesiedelt, doch ihr nördlichstes Reich mit Namen »Bernicia« (Hauptstadt Bamburgh) in Northumbria berührte auch den Süden Schottlands. Im Jahre 638 nahmen die Angeln sogar Edinburgh ein und beherrschten die umgebende Landschaft Lothian.

Pikten, Gälen und Angeln können somit als Vorfahren der späteren Schotten betrachtet werden. Es wäre jedoch irreführend, sich diese Gruppen streng getrennt vorzustellen. In der ältesten historiographischen Überlieferung wird einem Mann mit Namen Óengus I. mac Fergusa eine besondere Bedeutung zugeschrieben (er starb 763).

Ein Zusammenschluß wurde nötig, als die Wikinger von außen eindrangen und sich die verschiedenen Gesellschaften und Herrschaften der Britischen Inseln unter ihren Schlägen grundlegend umformten.

Die Christianisierung Schottlands

Die Christianisierung Schottlands bleibt weitgehend anonym. Eine ähnliche Symbolfigur wie St. Patrick für die Iren gibt es nicht. Man kann auch kein Anfangsdatum einer Missionierung oder Bistumsgründung feststellen.

Höchstwahrscheinlich drangen christliche Lehren und Lebensformen osmotisch ein. Händler und Seeleute können vermittelnd gewirkt haben, auch Sklaven. Herrscher können durch Heiratsbündnisse mit dem Christentum in Kontakt gekommen sein und diese neue Religion aus einer überlegenen Kultur aufgenommen haben. Zumindest im gälisch beherrschten Bereich ist es plausibel, daß irisches Christentum binnen kurzem auf Schottland übergriff, und wenig später erreichte es auch die Pikten.

Die ersten namentlich bekannten Symbolfiguren des Christentums wie St. Columba oder St. Ninian kamen in ein Land, in dem das Christentum schon Wurzeln gefaßt hatte. Columba erhielt die Insel Iona wahrscheinlich schon von einem christlichen Herrscher übertragen, und als Ninian auf die Hebriden kam, waren diese bereits christlich. Der Westen muß schon im Laufe des 5. Jahrhunderts christianisiert worden sein. Was den Osten betrifft, ist 635 ein Datum von symbolischer Bedeutung, das Jahr, in welchem St. Aidan auf Drängen der Könige von Northumbria das Kloster Lindisfarne gründete.

Der älteste Beleg des Christentums bei den Britonen, die Weihe des Klosters Whithorn, verweist über Martin von Tours nach Gallien. Das überlieferte Datum 397 läßt sich nicht erhärten, aber im 5. Jahrhundert wurde diese Gegend sicher christlich. Beda Venerabilis zufolge brachte St. Ninian das Christentum zu den Pikten, was heutige Historiker allerdings bezweifeln. Sie nehmen vielmehr an, daß zu Bedas Zeiten, als Whithorn unter englische Herrschaft gekommen war, durch diese Verbindung belegt werden sollte, daß die Pikten dem (englischen) Nachfolger Ninians unterworfen seien.

Während man früher einen wesentlichen Unterschied zwischen einer ›keltischen Mönchskirche‹ und einer ›römischen Bischofskirche‹ gesehen hat, ergaben neuere Forschungen, daß die beiden Formen sich nicht derart konträr unterschieden. Was von der früheren Ansicht bestehen bleibt: Das Christentum paßte sich in jedem Falle den gesellschaftlichen Formen und Institutionen an. In einer von adligen Fürsten bestimmten Clangesellschaft fand es andere Ansatzpunkte als in einer urbanisierten Gesellschaft (wie im Mittelmeerraum).

Einfälle und Einfluß der Wikinger

793 überfielen Wikinger aus Norwegen das Kloster Lindisfarne vor der Küste von Northumbria und plünderten es. 794 zeigten sie sich an der schottischen Küste, 795 an der irischen. Auch in den folgenden Jahren verging kaum ein Sommer, in dem diese kriegerischen Heiden nicht in England, Schottland oder Irland Schaden anrichteten. Sie kamen auf leichten, aber hochseetüchtigen Schiffen, die wenig Tiefgang hatten und deshalb auch in flachen Gewässern navigieren und bequem landen konnten, ja, die sogar leicht genug waren, um sie beträchtliche Strecken über Land ziehen zu können. Columbas Insel Iona wurde 795, 802, 806 zu einem bevorzugten Ziel ihrer Anschläge; sie hatten es vor allem auf das Gold und Silber der Kirchenschätze abgesehen, ermordeten aber bei solchen Gelegenheiten alles, was lebte, mit dem sprichwörtlichen Blutdurst der Berserker. Der überlebende Abt von Iona sah keine andere Möglichkeit, als die Insel aufzugeben und seine Gemeinschaft im irischen Binnenland, in Kells, wieder-

aufzubauen. »Von der Wut der Nordmänner erlöse uns, o Herr!«, war jahrhundertelang das Standardgebet der Mönche im Norden.

Die anfangs nur als Plünderer in Erscheinung getretenen Wikinger gingen allmählich dazu über, sich seßhaft zu machen, Ackerbau zu treiben und Städte zu gründen – in England, Schottland, Irland ebenso wie in anderen Gegenden Europas. Ihre Motive sind umstritten (vielleicht eine Klimaverschlechterung in Skandinavien, vielleicht auch soziale Ursachen), aber ihre Leistung ist dem Historiker unzweifelhaft, wenn auch die von Mönchen geschriebenen Annalen nur Horrorszenarien bieten. Die Wikinger waren nämlich in bezug auf Handwerk und Handel den in Schottland und Irland lebenden Kriegergesellschaften bei weitem überlegen. Sie drückten den Ländern, in denen sie sich niederließen, ihren Stempel auf durch Städtegründungen, Handelstätigkeit, Geldwirtschaft und herausragende handwerkliche Produktion. In vielen schottischen Ortsnamen erkennt man noch heute Elemente altnordischer Sprache: Dingwall bei Inverness ist der Ort, wo die Wikinger ihre Volksversammlung (*thing*) abhielten. Ortsbezeichnungen wie Baltasound enthalten das nordische *sund* für Meeresenge, Ortsnamen mit *nes* wie Inverness und viele andere leiten sich vom nordischen Wort für ›Landspitze‹ ab. Wikinger siedelten in Schottland an der Ostküste, auf den Shetland- und Orkney-Inseln, auf den Hebriden. Vor allem diese Inselreiche prägten sie dauerhaft. Die Gälen nannten die Hebriden fortan *Innse Gall*, d.h. ›Inseln der Ausländer‹. Die Wikinger vermischten sich mit der einheimischen Bevölkerung auch in Schottland und Irland und nahmen allmählich von dieser das

Christentum an. Einfluß auf das zukünftige Schottland übten sie sowohl direkt als auch indirekt aus: Einerseits brachten sie neue kulturelle Elemente in die Gesellschaft ein. Andererseits war es jedoch vor allem ihre Bedrohlichkeit, welche die einheimischen Pikten, Gälen und Angeln dazu veranlaßte, sich zusammenzuschließen und allmählich jene Einheit auszubilden, die zum Königreich Schottland werden sollte.

Die Entstehung eines schottischen Königreiches: Alba

In der Tradition sticht ein Name heraus, dem diese Einigungsleistung zugeschrieben wird: Kenneth mac Alpin (Cinaed mac Ailpín) soll im Jahre 843 das Land der Gälen und der Pikten vereinigt haben; er gilt als erster König von Schottland, damals »Alba« oder »Albany« genannt. Kenneth war gälischer Herkunft und hatte sich um 840 zunächst als oberster Herrscher seines eigenen Volkes durchgesetzt, bevor er, wie es heißt, die Führer der Pikten zu einem Festmahl nach Scone einlud, wo er sie heimtückisch ermordete, um auch ihr Volk zu beherrschen. Das piktische Scone machte er zu seiner Hauptstadt, und das religiöse Zentrum Dunkeld wertete er auf durch eine Translation der Reliquien Columbas von Iona. Das gälische Zentrum Dunadd verließ er, um seinen Sitz nach Forteviot zu verlegen, wo er 858 starb.

Kenneths neues Königreich nahm seinen Aufstieg im Abwehrkampf gegen die Wikinger. 903 erfolgte deren letzte Invasion. In Strathearn stießen sie auf die vereinigte Streitmacht der Gälen und Pikten, vor der man St. Columbas Schrein (*Breachannach*), der noch öfter in der schottischen Geschichte Bedeutung gewinnen sollte, in die Schlacht trug. Die Leute von Alba blieben siegreich.

Die Wikinger gerieten damals von zwei Seiten unter Druck, denn zur selben Zeit vereinigten sich unter König Alfred dem Großen von Wessex auch die Völker im Süden der Britischen Insel im Kampf gegen die Wikinger. 934 fielen die Leute aus dem Süden unter der Führung König Athelstans von England in Alba ein. Für eine nationalistische Geschichtsschreibung war dies der Beginn jahrhundertelanger militärischer Auseinandersetzungen zwischen England und Schottland.

Diese Konfrontation zeitigte freilich auch Folgen für die Völkerschaften dazwischen: Die Britonen von Strathclyde und die Angeln, die sich in Lothian festgesetzt hatten, wurden zerrieben zwischen Engländern und Schotten, die mit wechselndem Kriegsglück Züge gegeneinander unternahmen. Der schottische König Indulf nahm 954 Edinburgh ein; in der Folge eroberten die Schotten Lothian und Strathclyde. Für dieses vergrößerte Alba, das in seiner Ausdehnung schon nahezu dem heutigen Schottland entsprach (abgesehen von Argyll und den Hebriden, den Orkneys und Shetlands, die im Herrschaftsbereich der Wikinger blieben), bürgerte sich der lateinische Name »Scotia« ein.

Als der Süden der Britischen Insel unter Knut in ein dänisches Großreich einbezogen worden war, das freilich durch innere Unruhen geschwächt war, erfochten die Schotten 1018 unter Malcolm II. in Carham am Südufer des Tweed einen Sieg, welcher erstmals ihren Anspruch auf diesen Fluß als Südgrenze dokumentierte. Erst seit dieser Zeit lassen sich auch hier gälische Ortsnamen nachweisen.

In diese Epoche gehört auch jener Macbeth, der (wenn umgedeutet und verfälscht) durch Shakespeares Historiendrama unsterblich gemacht wurde. Macbeth regierte 17 Jahre lang, von 1040 bis 1057; man hat ihn auch den letzten großen keltischen König genannt. Denn sein Nachfolger, der ihn in der Schlacht von Dunsinnan besiegte und entthronte, Malcolm III. oder Malcolm Canmore (von gälisch *Ceann Mór*, was ›großer Häuptling‹ bedeutet), hatte den größten Teil seines Lebens am angelsächsischen Hof verbracht und mit Margaret eine angelsächsische Prinzessin geheiratet, welche das Tor zum Süden aufstieß. Sie brachte Benediktinermönche aus Canterbury mit und verpflanzte sie nach Dunfermline. Seit Malcolm Canmores langer Herrschaft (1058–1093) änderte sich manches in den schottischen Lebensformen. Seither gibt es eine ungebrochene dynastische Sukzession mit Erbfolge in direkter Linie und Primogenitur. Bis dahin hatte kaum ein König eines natürlichen Todes sterben können, weil die clanübliche gälische Erbfolge kollektiv war: Ansprüche erhoben erwachsene Männer unter Berufung auf einen königlichen Großvater, indem sie sich militärisch gegen ihre Rivalen durchsetzten. Von Malcolm Canmore stammen schließlich auch die Stuarts ab.

Nach 1066 machte sich in Schottland ein Einfluß der Normannen geltend. Wilhelm der Eroberer unternahm einen Kriegszug gegen Schottland und erzwang die Huldigung Malcolm Canmores. Auf diesen Präzedenzfall beriefen sich englische Könige später in ihrem Anspruch auf Oberherrschaft über Schottland.

Lebensformen in Schottland um die Jahrtausendwende

Um 1000 war die überwältigende Mehrzahl der Menschen damit beschäftigt, mit Ackerbau und Viehzucht ihren Lebensunterhalt zu erwerben. Die gesellschaftliche Funktionsdifferenzierung war noch gering; nur wenige hatten sich auf das Recht, die Medizin, die Musik oder bestimmte Handwerke spezialisiert.

Herrschaft beruhte auf kriegerischer Durchsetzung der Macht und manifestierte sich im Zugriff auf Ressourcen und im Einfluß auf Anhänger. Nicht Besitz oder Reichtum als solcher war entscheidend, sondern die soziale Macht, die sich darin zeigte, daß ein Mächtiger andere zum Fest einladen und ihnen außer Essen und Trinken auch Kleidung und Waffen sowie Luxusgüter aller Art schenken konnte. Je großzügiger sich einer erwies, desto mehr Anhänger hatte er und desto höher stieg sein Ansehen.

Die Erwirtschaftung von Überschüssen aus Ackerbau und Viehzucht war auf eine große Fläche bezogen; sie geschah dezentralisiert und war noch kaum organisiert. Entsprechende Organisationsansätze zeigen angelsächsischen Einfluß und gehören erst ins 11. Jahrhundert (*thanages*, *shires*). Ein Netz von Pfarreien zeichnet sich in Schottland erst im 12. Jahrhundert ab. Dörfer und Städte findet man kaum – abgesehen vom Herrschaftsbereich der Wikinger, wo Dingwall, Kirkwall und Wick bereits Stadtmerkmale zeigen.

Charakteristisch für die ältere Zeit ist die Stiftung großer Steinkreuze und Skulpturen (oft als Grabdenkmäler) durch die Herrschenden. Im Laufe des 11. Jahrhunderts richten sich Stiftungen statt dessen zunehmend auf Kirchengebäude. Während aus der Zeit von 850 bis 1050 keinerlei Reste steinerner Kirchen- oder Festungsgebäude erhalten sind – man scheint allgemein Holzbauweise bevorzugt zu haben –, kennzeichnen steinerne Gebäude die darauffolgenden Jahrhunderte. Die älteren Gesellschaften wurden von schroffen Festungen in Berglage beherrscht, doch um die Jahrtausendwende richteten sich die Fürsten immer öfter in bequemeren Gebäuden in Tälern ein, von denen aber wegen der Holzbauweise nichts erhalten ist.

Die ältere Zeit kannte überregionale Beziehungen im gälischen Bereich nach Irland und im wikingischen Bereich nach Skandinavien. Doch erst seit dem 12. Jahrhundert intensivierten sich die Beziehungen nach England und Kontinentaleuropa. Kirchliche und akademische Kontakte sowie Handelsverbindungen wurden erst im Hoch- und Spätmittelalter aufgebaut.

Die Entstehung eines schottischen Königreiches
Dynastie, Feudalismus, Städtewesen, Kirche und Kultursynthese
(1124–1286)

Epochenüberblick

Eine schottische Kulturgeschichte nahm als Nationalgeschichte Konturen an mit der zentralisierenden Herrschaftsbildung im Norden der Britischen Insel. Dies geschah unter den Söhnen Malcolms III. Canmore, namentlich unter seinem jüngsten Sohn David. Ihnen gelang es, eine Dynastie zu stabilisieren, indem sie sich freimachten von den gälischen Ausscheidungskämpfen um die Nachfolge (nach denen der durchsetzungsfähigste männliche Blutsverwandte ein Erbe antrat) und statt dessen die Erbfolge für den Ältesten zur Norm machten (Primogenitur), so daß schließlich sogar Erben im Kindesalter die Dynastie fortsetzen konnten. Der Krone trat ein Rat zur Seite, welcher sich schließlich zum Parlament entwickelte, das mit einem *Guardian* seinerseits zur Stabilisierung während der Minderjährigkeiten beitrug.

Entscheidend für diese Entwicklung wurde die Tatsache, daß David, der am englischen Hof erzogen worden war, in anglonormannischer Weise eine Feudalordnung einrichtete. Er bot Anreize für Ritter aus Frankreich, Flandern und England, nach Schottland zu kommen, und belehnte sie dort gegen militärische Dienste mit Land. Herr und Vasall leisteten sich einen wechselseitigen Treueid:

Auf die Unterwerfung des Vasallen (›Handgang‹, *homagium*) folgte die Zusicherung von ›Rat und Hilfe‹ (*consilium et auxilium*). Analog wurden die Verhältnisse zwischen dem Ritter und seinen Untervasallen gestaltet. Der Aufbau einer solchen Pyramide hierarchischer Lehensverhältnisse war neu für die gälische Gesellschaft. Der schottische König stand an der Spitze zweier verschiedener Gefolgschaftssysteme und konnte die militärischen Ressourcen beider ausschöpfen.

Die Epoche ist jedoch auch gekennzeichnet durch die ersten Städtegründungen. David hatte durch die Ausbeutung der nordenglischen Silberminen und die ersten Münzprägungen in Schottland die Voraussetzungen für eine funktionierende Geldwirtschaft geschaffen und damit ein neues Element in die ländlichen Verhältnisse Schottlands hineingebracht. Mit den Silbermünzen und den Städten – Orten mit Marktrecht – entstand auch in Schottland eine nicht nur auf Tausch angewiesene Marktwirtschaft, die sich sogar auf den Export orientierte (Wolle). Auch die Handwerker und Händler, die sich (zu eigenem Recht, meist gegen Steuerfreiheit in den Jahren des Aufbaus) in den Städten ansiedelten, kamen teilweise aus dem Ausland.

Die Klostergründungen stellten ein weiteres innovatives Element dar. Bis zu Davids Mutter Margaret hatte es in Schottland nur die gälische Kirche gegeben, zu der freilich mit den *Culdees* (gälisch *Céli De*, ›Gottesleute‹) mönchsartige Gemeinschaften gehörten. Nun stifteten die Könige für die Orden der cluniazensischen Reform Klöster. Mit ihnen kam nicht nur eine neue Spiritualität, sondern auch ein neuer Baustil aus Frankreich in den Norden, desgleichen kamen neue Techniken des Ackerbaus und vor allem der Viehzucht. Aus den Klöstern gingen Bischöfe hervor. Erst um 1200 entstand in Schottland ein Netz von Pfarrkirchen und Kathedralen (Bistümern), zu dessen Kennzeichen steinerne Sakralbauten wurden: bis dahin eine Seltenheit.

Die Herrscher dieses entstehenden Königreiches Schottland, die sich um Gleichheit mit den europäischen Königen bemühten, lieferten sich jahrzehntelange Kämpfe mit dem englischen König (zeitweise herrschten sie über Teile Nordenglands). Sie expandierten auch im Norden, wo sie die rivalisierenden gälischen Herrscher auf den westlichen Inseln ausschalteten und die norwegische Herrschaft zurückdrängten (abgesehen von den Orkney- und Shetland-Inseln).

Bedeutsam ist, daß im Königreich Schottland (anders als in Irland und Wales) eine Kultursynthese gelang, welche Gälisches und Anglonormannisches einschloß. In den Klöstern und im Recht verschmolzen Bestandteile heterogener Traditionen. Ein gemeinsames schottisches Nationalbewußtsein entstand, für welches die Dynastie ebenso zentral war wie die Abgrenzung gegen die Engländer im Süden.

1124–53	David I. König von Schottland.
1173/74	Wilhelm I. fällt in England ein, wird gefangengenommen und muß im Vertrag von Falaise die Oberherrschaft Englands über Schottland anerkennen.
1189	Gegen eine hohe Geldzahlung verzichtet Richard I. von England auf diesen Anspruch.
1192	Bulle *Cum universi*: Papst Cölestin III. garantiert die Unabhängigkeit der schott. Kirche als einer »speziellen

Tochter« Roms (zunächst ohne eigenes Erzbistum, aber auch nicht unter dem Erzbischof von York oder Canterbury).

1215–17 Erneute Invasion der Schotten in England unter Alexander II.

1237 Vertrag von York: Alexander II. verzichtet auf die eroberten nordengl. Gebiete.

1249 Alexander II. stirbt auf einem Kriegszug gegen die von den Wikingern beherrschten Hebriden.

1249/50 Heiligsprechung Königin Margarets, Translation ihrer sterblichen Überreste nach Dunfermline.

1263 Haakon IV. von Norwegen wird mit seiner Flotte bei Largs geschlagen und stirbt kurz darauf.

1266 Im Vertrag von Perth tritt Norwegen die Hebriden und die Insel Man an Schottland ab.

1284 Anerkennung Margarets (*Maid of Norway*) als Erbin Schottlands durch Alexander III., ihren Großvater, nachdem seine drei Söhne vor ihm gestorben waren.

1286 Tod Alexanders III.

Die Revolution der schottischen Verhältnisse unter König David I.

Mit König David begann eine neue Epoche. Er regierte von 1124 bis 1153 und brachte in Schottland den Prozeß der »Europäisierung Europas« voran. Das bedeutet auch, daß die spezifisch gälischen Traditionen überlagert wurden von den Mechanismen, welche England und Irland in dieser Zeit umformten: Aufbau eines feudalen Personenverbandes, Stabilisierung einer königlichen Dynastie, Kirchenpolitik und Klostergründungen, Städtegründungen und Wirtschaftspolitik.

Das kollektive Werk eines wirtschaftlichen und kulturellen Aufschwungs verdankt tatsächlich Entscheidendes einem einzelnen König, der durch seine Erziehung und Lebensumstände von einer überlegenen Kultur geprägt worden war, derjenigen der Anglonormannen, welche seit 1066 den Süden der Britischen Insel umgeformt hatten (und bald auch Irland zu durchdringen sich anschickten). Nach Schottland kamen sie ebenfalls, aber nicht als feindliche Eroberer, sondern in Diensten des Königs. Zu ihnen gehörten mächtige Mönchsorden mit weitreichenden Verbindungen. Auch Handwerker und Händler folgten ihnen. Schottland war am Ende der Regierungszeit Davids ein anderes Land als zu Beginn seiner Herrschaft.

David, der um 1080 geboren wurde, war der jüngste Sohn von Malcolm III. Canmore und seiner zweiten Frau Margaret, die später heiliggesprochen wurde. Schon Margaret, aus Ungarn gebürtig, hatte jenen europäischen Horizont, der zur Ansiedlung von Benediktinern aus Canterbury in Dunfermline geführt hatte und in dieser Beziehung als Vorspiel der davidischen Ära gelten kann. Nach dem Tod der Eltern war die Familie 1093 in den Süden geflohen, an den anglonormannischen Hof in England, wo David erzogen wurde. Sein Bruder kehrte 1097 im Triumph nach Schottland zurück. Seine Schwester wurde die Gemahlin des englischen Königs Heinrichs I. David selbst schloß 1114 die Ehe mit Matilda, einer Tochter des Grafen von Northumbria: eine Verbindung reich an Gütern und Erbansprüchen, welche den Grund legte zu seiner Karriere auch in Schottland. Sein Bruder Alexander I., seit 1107 König von Schottland, trat David die Herrschaften Strathclyde, Tweeddale und Teviotdale ab; damit wurde David so etwas wie der Herrscher von Cumbria, wo er weltliche und kirchliche Reformen durchführte, sich in effektivem Regieren übte und sich mit Hilfe des Silbers aus den Gruben dieser Landschaft eine Machtbasis für Schottland aufbaute. 1124 folgte er seinem Bruder auf den Thron.

Da David ursprünglich nicht auf die Krone hoffen konnte, war er gezwungen gewesen, sich selber durchzusetzen. Dazu baute er eine schlagkräftige Gefolgschaft von Freunden und Getreuen auf, unter denen eingewanderte normannische Ritter die wichtigste Rolle spielten. Seit dieser Zeit wurde in Schottland ein persönliches Gefolgschaftssystem außerhalb der gälischen Gesellschaft errichtet. Die militärische Durchsetzung wurde gestützt von Bündnissen mit lokalen Machthabern, aber auch von einer ganzen Reihe von Stadtgründungen an der Ostküste – von St Andrews bis Inverness. Hinzu kam eine Kirchenpolitik, deren Hauptziel es war, Strukturen aufzubauen. David bewirkte die Bildung von Pfarreien, indem er den Gläubigen den Kirchenzehnten auferlegte (*teind*). Mit Hilfe dieser fixierten Abgabe wurden Gemeindepfarrer besoldet und steinerne Pfarrkirchen errichtet. Die Grundstruktur von etwa 900 Pfarreien (zuzüglich 100 auf den Inseln, die damals noch zum Erzbistum Nidaros [Trondheim] in Norwegen gehörten) blieb im wesentlichen durch die Jahrhunderte erhalten. Von David wurden auch Bistümer gegründet oder reorganisiert: in Aberdeen, Moray, Ross und Caithness (Gesamtzahl der schottischen Bistümer: zehn, später elf). Seit David I. wurden Bischöfe in Schottland vom König ernannt. Sie bündelten die Ressourcen, um steinerne Kathedralen zu bauen.

Das »Goldene Zeitalter des Mönchtums«

Die Zeit zwischen etwa 1090 und 1250 war auch in Schottland ein »Goldenes Zeitalter des Mönchtums«. Im Hintergrund stand ebenfalls Burgund, nämlich die Reform, die von Cluny und Cîteaux ausgegangen war. Zu Beginn der Herrschaft Davids gab es Benediktinerabteien nur in Dunfermline und Coldringham (Berwickshire). Doch bald schon wurde eine ganze Reihe von Zisterzienserklöstern gegründet, die zumeist von Rievaulx in Yorkshire abstammten: Melrose, Newbattle, Dundrennan, Kinloss, etwas später Coupar Angus. Kennzeichnend für diese »weißen Mönche« war ein einfacher Lebensstil, Baustil und Gottesdienst. Zudem hatte David bereits in seiner Zeit in Cumbria Mönche aus Tiron bei Chartres dazu bewogen, sich in Selkirk niederzulassen. Diese zogen kurz darauf nach Kelso weiter, wo sie eine der bis dahin größten und prächtigsten Klosterkirchen Schottlands errichteten. Binnen weniger Jahrzehnte gründeten diese den Zisterziensern ähnlichen Tironenser vier weitere Klöster in Schottland, darunter Arbroath. Hinzu kamen die Augustiner, geweihte Priester, die als Regularkanoniker in klösterlicher Gemeinschaft lebten (»schwarze Mönche«) und in der Nähe königlicher Residenzen Klosterkirchen erbauten: Jedburgh, Holyrood (Edinburgh), Cambuskenneth (bei Stirling), Scone (bei Perth), St Andrews.

Hundert Jahre nach David wanderten erneut Kongregationen burgundischer Mönche, diesmal Valliscaulianer, durch England nach Schottland, wo sie sich an entlegene Orte in Moray und Ross zurückzogen, um Klöster zu gründen: Ardhattan am Loch Etive, Beauly westlich von Inverness und Pluscarden bei Elgin.

Hinzu kamen schließlich Nonnenklöster, über die wir für Schottland erst seit der Zeit Davids I. konkrete Angaben haben. Ortsnamen lassen allerdings vermuten, daß es davor schon Einsiedlerinnen an Orten gegeben hat, deren gälische Benennungen dies nahelegen: Inchcailleach im Loch Lomond heißt wörtlich ›Nonneninsel‹; Eilean nam Bannaomh im Loch Tay heißt ›Insel der Heiligen Frauen‹. Doch nun entstanden im südöstlichen Schottland zahlreiche kleine Benediktinerinnenabteien, die zumeist an die Zisterzienserinnen übergingen: Berwick-upon-Tweed, Coldstream, Eccles, Abbey St Bathans, North Berwick, Haddington und Manuel bei Linlithgow.

Die Stiftung von Klöstern unter König David und seinen Nachfolgern geschah zumeist in der Form von Landübertragungen, bei denen den Mönchen nur auferlegt wurde, im Rahmen ihrer Regel zu leben und für König und Volk zu beten. Die Regel beinhaltete aber (so bei den Zisterziensern, Tironensern und Valliscaulianern) das benediktinische »Bete und Arbeite«: Zu Armut, Keuschheit und Gehorsam verpflichtete Männer unterwarfen sich einer rigiden Zeitdisziplin mit regelmäßigem Chorgebet und -gesang im Laufe jedes Tages und jeder Nacht, darüber hinaus aber auch praktischer Tätigkeit, womit sie nicht nur staunenswerte Kirchengebäude hervorbrachten, sondern auch die Landeskultur nachhaltig beeinflußten. In den meisten Fällen kümmerten sich Mönche (und von ihnen Abhängende, die kein Gelübde geleistet hatten) um Ackerbau und Viehzucht. Die Mönche von Melrose hielten 15 000 Schafe!

Übrigens waren die Klöster auch Bildungsinstitutionen der Elite. Wenn ein Herrscher einen fähigen Sekretär, Beamten oder Diplomaten brauchte, fand er ihn hier. Aus den Klöstern gingen außerdem im Hochmittelalter die meisten schottischen Bischöfe hervor.

Die Gründung von Städten

Der Name Davids ist außerdem mit der Gründung von etwa 15 Städten verbunden. Stadt- und Marktrechte wurden zumeist an Nordseehafenstädte mit der Möglichkeit zum Überseehandel verliehen. Bürgerrecht erhielten privilegierte Personen, die oft aus Frankreich, Flandern oder England zugewandert waren, frei von Steuern und Abgaben in der Aufbauzeit und mit eigenem Gerichtsstand. Innerhalb der Stadtmauern lebten stets auch Leute ohne Bürgerrecht, hauptsächlich aus der früher schon in dieser Gegend ansässigen Bevölkerung. Die königlichen Städte vereinigten eine ökonomische Funktion mit einer Herrschaftsfunktion; sie dienten sowohl der nun zunehmend auf Geld beruhenden Marktwirtschaft als auch der Rechtspflege und Herrschaftssicherung des Königs.

Die größte, reichste und mächtigste Stadt war Berwick-upon-Tweed, das seinen Aufstieg in erster Linie als zentraler Handelsplatz für die entstehende Textilindustrie nahm. Auch Edinburgh, Perth und Aberdeen dominierten jeweils ein großes Hinterland. Städte mittleren Kalibers waren Stirling, Dundee und Elgin.

Seit David gab es in Schottland Münzen, und zwar Pfennige aus Silber (›Sterling‹) wie in England. Das Edelmetall selbst wurde in den cumbrischen Silberminen (Allanheads, North Pennines, nahe Carlisle) gewonnen, die sich David als Machtbasis erworben hatte. Seit David entwickelte sich die schottische Wirtschaft rasch, so daß immer mehr Silber als Gegenwert für Exporte ins Land strömte. Vor allem durch die Tätigkeit der Mönchsorden wurden Ackerbau und Viehzucht ausgeweitet und besser organisiert, mithin auch ein höherer Gewinn erzielt und abgeschöpft. Wie England entwickelte sich auch Schottland in dieser Zeit zu einem Exportland für Wolle, die vor allem auf den europäischen Märkten in Flandern nachgefragt wurde.

Die wirtschaftliche Entwicklung Schottlands und seine Marktverflechtung lassen sich in der Zunahme des gemünzten Silbers messen. Im späten 12. Jahrhundert waren etwa 4000 Pfund Sterling im Umlauf, in der ersten Hälfte des folgenden Jahrhunderts etwa 20 000, und gegen 1300 waren es bereits über 150 000 Pfund Sterling.

Die Städtegründungen in Schottland erfolgten regional sehr ungleichmäßig. Im Westen erlangten allein Ayr und Dumbarton einige Bedeutung. Man schätzt, daß um 1300 die zehn größten Städte Schottlands Einwohnerzahlen im Bereich von 5000–10 000 aufwiesen, der Durchschnitt lag bei 2000, die meisten Städte waren kleiner. Ungefähr 50 Städte wurden in dieser Zeit gegründet, in denen insgesamt geschätzte 100 000 Menschen wohnten. Das bedeutet: Wenn die Gesamtzahl der Einwohner Schottlands damals etwa 500 000 betrug, würde das die hohe Proportion von 20 % Stadtbewohnern ausmachen.

Im Zuge der Städtegründungen und der Marktwirtschaft entstand eine zunehmende Ungleichheit zwischen den königlich beherrschten und geförderten *Lowlands* und den entfernteren Gebieten, die unter norwegischer und gälischer Herrschaft standen. In diesen letzteren kam es häufig zu Stammesfehden; auch Piraterie war an der Tagesordnung. Während sich die Gebiete im Kernbereich der Krone zunehmend wirtschaftlich entwickelten, fielen die übrigen Regionen zurück.

Einrichtung von Gerichtsbezirken, Wurzeln des schottischen Rechts, Entstehung eines Parlamentes

Zu den Errungenschaften Davids gehörte auch eine durchgreifendere Rechtspflege. Nach englischem Vorbild teilte er seinen Herrschaftsbereich in *Shires* ein, an deren Spitze *Sheriffs* zuständig waren für die Rechtsprechung im Namen des Königs (abgesehen von den Klerikern mit ihren eigenen Rechtsprivilegien). Die neugegründeten Städte wurden zu Gerichtsorten der *Sheriffs*, so daß sie sich auch aus diesem Grund zu regionalen Zentren entwickelten. 1165 bestanden zwölf Gerichtsbezirke von *Sheriffs*, 1296 bereits 30. In dem Maße, wie sich die Herrschaft der schottischen Krone von ihrem Kerngebiet in den östlichen *Lowlands* an die Peripherie ausdehnte, wurden solche Gerichtsbezirke im ganzen Land errichtet.

Trotz älterer Bräuche und Gewohnheiten spricht man von einem eigenen, als solches erkennbaren schottischen Recht erst seit dem 12. Jahrhundert. Entscheidend dafür ist der Bezug auf die Krone: Obwohl Recht nur dezentralisiert angewandt wurde, ergab sich doch eine gewisse Regulierung und Vereinheitlichung durch den König, in dessen Namen Recht gesprochen wurde, und durch die königliche Kanzlei als Berufungsinstanz. Die Entstehung dieses von den gälischen Rechtsbräuchen unterschiedenen Rechts hängt in komplexer Weise mit dem englischen *Common Law* zusammen, das zwar nicht als solches übernommen wurde, an dessen Prinzipien sich aber schottische Richter in selektiver Übernahme orientierten. Dies betraf in erster Linie die Rechte des Landbesitzes, die im Rahmen des Lehenswesens genauestens geregelt wurden (einschließlich des Erbrechts), aber auch das Prozeßrecht und die Geschworenengerichte.

Ein wichtiger Punkt in der Entstehung eines eigenen schottischen Rechts ist außerdem seine Verflechtung mit dem Kirchenrecht. Im Mittelalter waren es grundsätzlich Kleriker, die des Lesens und Schreibens kundig waren. Schon deshalb waren die höheren Gerichte meistens geistlich besetzt. Bei grundsätzlicher Trennung von Kirchenrecht, Zivilrecht und Strafrecht bestand trotzdem ein enger innerer Zusammenhang. Denn im Erbrecht wurden selbstverständlich diejenigen Kriterien für Verwandtschaft, Eheschließung, uneheliche Geburt usw. leitend, mit welchen die Kirche diese Tatbestände definierte. Desgleichen bestand ein Berührungs- und Konfliktfeld infolge des kirchlichen Asylrechts, d. h. der Freiheit von Strafverfolgung für einen Täter, der geweihten Boden erreicht hatte. Hier mußte von kirchlicher und staatlicher Seite abgrenzend definiert werden, was Mord, was Totschlag (ohne Tötungsabsicht), was Handeln im Affekt war (nur im letzteren Fall griff die Berechtigung zum Kirchenasyl).

In diesen Prozessen der Herrschaftsverdichtung gewann auch die Entstehung eines schottischen Parlamentes Bedeutung (das sich erstmals 1235 nachweisen läßt). Wie in England, hatte auch in Schottland der König andere

Mächtige als Ratgeber um sich versammelt, zunächst eine Art von erweitertem Hof. Die Versammlungen der Mächtigen des Königreiches, der Grafen, Barone und führenden Kleriker, nannte man in Schottland zunächst *colloquia*. Der Ausdruck »Parlament« wurde erstmals 1290 verwendet, als sich die schottischen Magnaten in einer dynastischen Krise in Birgham-on-Tweed trafen, um mit den Engländern einen Vertrag auszuhandeln, welcher die Unabhängigkeit des Königreichs Schottland sichern sollte. Dieses Verfahren gemeinsamer Ratsversammlungen unter dem Vorsitz des Königs, die mit einer Frist von 40 Tagen allgemein angekündigt werden mußten, hatte in Schottland im späten 13. Jahrhundert bereits den Charakter einer Institution gewonnen dadurch, daß nahezu alle Herrschaftsträger daran partizipierten und mit einer gewissen Regelmäßigkeit einberufen wurden. In der dynastischen Krise der Jahre 1286–1306 entwickelte sich dieses Parlament zu einer tragenden Institution schottischer Identität und Souveränität.

Dieses Element der Repräsentanz der ganzen politischen Nation im Parlament wurde seit 1326 noch verstärkt durch das Hinzutreten von Städtevertretern (Bürgern). Im spätmittelalterlichen Schottland sprach man (wie anderwärts in Europa auch) von den »drei Ständen«, die im Parlament vertreten waren (Geistliche, Adel, Bürger). Häufig benutzte man den Ausdruck *The Three Estates* schlechthin für das Parlament.

Seit 1286 knüpfte sich an die Zusammenkunft der Adligen im Parlament die Idee eines aus ihrer Mitte zu wählenden *Guardian*: Einer oder mehrere Regenten sollten im Falle der Thronvakanz oder Minderjährigkeit des Herrschers die Leitung des Königreiches übernehmen. Mochte auch jeder Mächtige zunächst seine eigenen Interessen verfolgen, bestand doch ein gemeinsames Interesse am Ausgleich und an Konfliktregelung. Bedeutungsvoll war dabei auch ein gemeinsames Feindbild: die Engländer.

Zum Bewußtsein nationaler Identität unter der schottischen Krone trugen darüber hinaus die Institutionen der Rechtsprechung und Verwaltung bei. In älterer Zeit fast ausschließlich auf Mündlichkeit beruhend, wurden Rechte und Privilegien seit David I. immer öfter schriftlich fixiert. Im Jahre 1292 bestand auf dem Schloß von Edinburgh bereits ein Archiv von fast 800 Rollen.

Stabilisierung und Ausgreifen einer schottischen Dynastie

Das Entstehen einer stabilen Königsdynastie in Schottland war das Ergebnis der Nachfolgekrise Malcolms III. Canmore. Nach seinem Tod 1093 rivalisierten zunächst (nach gälischen Rechtsvorstellungen) sein Bruder und sein Sohn aus erster Ehe, mit Ingibjorg, der Tochter des norwegischen Grafen von Orkney, um den Thron, den beide kurzzeitig besetzten, bevor sich nacheinander die drei Söhne Malcolms aus seiner zweiten Ehe mit Margaret durchsetzten: 1097–1107 Edgar, 1107–1124 Alexander I. und schließlich 1124–1153 David I.

Seit David stabilisierte sich in Schottland eine königliche Dynastie. Eines der Mittel dazu war – neben der Durchsetzung der Primogeniturregelung – ein Verfahren, das schon die Kapetinger geübt hatten (das aber auch Wurzeln im gälischen Recht hat): David erhob 1135 seinen Sohn

Heinrich zum Mitherrscher. Zwar starb Heinrich noch zu Lebzeiten des Königs, doch die Nachfolgeregelung bewirkte, daß ihm sein ältester Enkel, obwohl er erst 12 Jahre alt war, auf den Thron folgen konnte: Malcolm IV. Daß ein Kind als Herrscher fungierte, war in der keltischen Welt undenkbar und für Schottland ein Präzedenzfall.

Malcolm IV., Enkel Davids I., regierte von 1153–1165. Ihm folgte sein Bruder Wilhelm I. *the Lion* (1165–1214). Dessen Sohn Alexander II. regierte 1214–1249, dessen Sohn Alexander III. von 1249–1286. Von Davids Regierungsantritt 1124 bis zum tragischen Unfalltod Alexanders III. 1286 stabilisierte sich die Dynastie der Nachkommen Malcolm Canmores; in dieser Zeit entstand das Königreich Schottland. Den Kern von Davids Reich bildete der sich zunehmend anglisierende Bereich der östlichen *Lowlands* sowie Strathclyde. Der Norden blieb unter skandinavischer Herrschaft, der Westen unter gälischer. Der Aufstieg und die Durchsetzung einer schottischen Dynastie brachte aber auch ein Ausgreifen auf diese Peripherie mit sich.

Die übrigen Herrscher in Schottland waren hauptsächlich daran interessiert, in ihrem jeweiligen Bereich ungestört ihre Herrschaft auszuüben. Die Auseinandersetzung mit der Krone, in deren Hegemonialbereich sie sich befanden, scheuten sie. In den norwegisch und gälisch beherrschten Randgebieten sammelte sich wohl Opposition rivalisierender Clans. Sie wurden jedoch durch Festungsbau und Stadtgründungen, allgemein durch zunehmende Herrschaftsverdichtung, effektiv in Schach gehalten. Als der Norweger Harald Maddadson 1196 Moray angriff, wurde er zurückgeschlagen. Eine Reihe neuer Festungen sollte den Norden sichern. Im Südwesten versuchte Fergus von

Galloway 1160, die schottische Oberherrschaft abzuschütteln; er unterwarf sich statt dessen der englischen Krone. Doch 1186 eroberte Wilhelm I. von Schottland Galloway zurück.

Auf den Inseln im Westen hatte sich Somerled zum »König der Inseln« aufgeschwungen. Von schottischen Angriffen provoziert, machte er selber einen Vorstoß. Doch sein Ausgreifen ins schottische Kerngebiet wurde in der Schlacht von Renfrew gestoppt (1164). Unter den Söhnen Somerleds wurde die Inselherrschaft aufgeteilt; es entwickelten sich drei weitgehend selbständige Herrschaften unter seinen Söhnen Dugall, Ranald und Angus. Unter Ranalds Söhnen war es Donald, der zum mächtigen Stammvater des Clans MacDonald wurde und eine dominierende Stellung im Westen aufbaute, indem er seine Zwischenstellung zwischen dem König von Norwegen und dem König von Schottland ausnützte, um sich selbständig zu erhalten.

Unter Alexander II. gab es eine Zeit stabiler Beziehungen zwischen Schottland und England, welche es dem Schotten ermöglichten, seinen Herrschaftsbereich im Norden zu sichern und abzurunden. Ross und Caithness wurden in den 1220er Jahren definitiv befriedet. Die letzten Autonomiebestrebungen Galloways wurden 1235 erstickt. Argyll wurde 1249 endgültig der schottischen Krone einverleibt. Die Inselherrschaften im Westen beanspruchten nach wie vor Selbständigkeit, und seit Haakon IV. in Norwegen König war und diesem Anspruch erneut mit seiner Flotte Geltung verschaffte, kam es zu militärischen Auseinandersetzungen um die Hebriden. Alexander II. starb bei einem solchen Unternehmen gegen die Norweger 1249 in Oban Bay. Sein Sohn Alexander III. nahm diese Stoßrichtung wieder auf und griff 1262 Skye an. Haakon IV. kam mit einer beträchtlichen Flotte aus Norwegen, verlor die Schlacht von Largs (1263) und starb beim Rückzug auf den Orkneys. 1266 mußte Magnus VI. im Vertrag von Perth die Hebriden und die Insel Man förmlich an die schottische Krone abtreten. Nur die Orkney- und Shetland-Inseln blieben norwegisch. (Die Insel Man gehört seit 1290 zu England.)

Der Status des schottischen Königs wurde demonstriert und gehoben durch sein militärisches und diplomatisches Auftreten auf dem europäischen Parkett und durch Heiratsverbindungen mit europäischen Mächten. David sprach davon, sich an die Spitze eines zweiten Kreuzzuges ins Heilige Land zu stellen (was er freilich unterließ). 1173 unterstützte Wilhelm I. von Schottland Ludwig VII. von Frankreich gegen Heinrich II. von England mit Truppen: der Beginn jener legendären *Auld Alliance* zwischen Schottland und Frankreich, welche erst nach 1560 im Zusammenhang der Konfessionalisierung Europas zerbrach. Alexander I. und Alexander II. nahmen jeweils in erster Ehe englische und in zweiter französische Prinzessinnen als Gemahlinnen. Alexander III. gab seine Tochter dem norwegischen König zur Frau. Insgesamt gelang es der schottischen Dynastie seit David, sich als mittlere Macht im europäischen Konzert zu etablieren. Ein Mittel zur Demonstration europäischer Geltung sollte auch die Krönung und Salbung durch den Papst darstellen. Dagegen intervenierten die englischen Könige in Rom erfolgreich (bis 1329).

Ein weiteres Mittel in diesem Kampf um internationale Geltung bestand auch in einer direkten Herrschaft über die Kirche. Damals stellte Schottland insofern eine gewisse Anomalie dar, als unter seinen Bistümern kein Erzbistum war. Dies hing mit der Begehrlichkeit des englischen Erzbistums York zusammen, das in seiner Rivalität mit Canterbury auch den Supremat über die schottischen Bistümer beanspruchte. Dagegen wehrten sich die schottischen Könige erfolgreich: 1192 wurden die schottischen Bistümer dem Papst direkt unterstellt (Bulle *Cum universi*). Der Papst sprach eine förmliche Anerkennung einer *Scoticana Ecclesia* aus (von der jedoch, der damaligen politischen Herrschaft entsprechend, das englische Whithorn und die zu Norwegen gehörenden Inseln ausgenommen blieben). Erst 1472 stieg St Andrews zum Erzbistum auf und bildete fortan die Spitze der schottischen Nationalkirche.

Bei genauerer Analyse erweist sich, daß es den schottischen Königen dieses Zeitalters gelang, sich der durch die Kirche, die europäischen Monarchien und Sozialformen gegebenen Möglichkeiten zur Stabilisierung ihrer Herrschaft und Etablierung ihrer Dynastie zu bedienen – und gleichzeitig die in ihrem Bereich traditionellen gälischen Sozialformen und Herrschafts- und Gefolgschaftssysteme weiterhin für sich zu nutzen. Ohne den charismatischen Aspekt der Herrschaft konnte sich ein gälischer Führer nicht behaupten. Daß David und die meisten seiner Nachfolger solchen Erwartungen zu entsprechen vermochten, sicherte ihnen ihre regionale Basis in einer Welt, die noch wenig bürokratische Verwaltungsinstrumente kannte und in der Herrschaft noch weitgehend persönlich ausgeübt wurde. Damit verbunden war auch die Möglichkeit schottischer Herrscher, die traditionellen Gepflogenheiten der militärischen Aushebung und des Aufgebots von Kriegern zu nutzen, welche die Voraussetzung für ein entsprechendes Auftreten gegenüber England und auf der europäischen Bühne darstellten. Die schottischen Könige seit David besaßen also beides: Zugriff auf schottische Fußtruppen und feudale Ritter.

Die Auseinandersetzung zwischen Schottland und England (1066–1296)

Mit England und Schottland hatten sich zwei Machtzentren entwickelt, zwischen denen es jahrhundertelang zu Auseinandersetzungen kam. Das England der Anglonormannen war zwar stark kontinental orientiert und beschäftigte sich mehr mit Frankreich als mit dem Norden. Doch beide Interessenrichtungen standen in Konkurrenz: Wenn England militärisch in Frankreich engagiert war, hatte es ein Interesse daran, sich im Norden den Rücken freizuhalten; wenn in Frankreich Ruhe herrschte, konnte die Idee aufkommen, Schottland zu unterwerfen.

Diese Konstellation bestand bereits seit der anglonormannischen Eroberung im Jahr 1066. Wilhelm der Eroberer selbst war gegen Schottland gezogen, um seit 1072 jene lehensrechtliche Oberherrschaft behaupten zu können, welche in den folgenden Jahrhunderten periodisch wieder hervorgeholt wurde. Ein Zankapfel war die englische Grafschaft Huntingdon, welche Schottland 1113 erworben hatte: Für diese Grafschaft leistete der schottische König dem englischen den Lehenseid. Wenn England geltend machte, der schottische König sei dem englischen lehenspflichtig, konterte Schottland: nicht für Schottland, sondern nur für Huntingdon sei Gefolgschaft geschworen worden.

Die Rivalitäten zwischen beiden Kronen führten zu wechselnden militärischen Vorstößen, die jeweils nach aktuellen Machtgegebenheiten Gebietsgewinne oder günstige Verhandlungspositionen erbringen sollten. Englische Armeen drangen 1138, 1173 und 1216 in Lothian ein – aber stets als Antwort auf schottisches Vordringen in Regionen, welche die Engländer als ihre eigenen ansahen. Cumberland, Northumberland und Yorkshire blieben lange umkämpft; eine ›natürliche Grenze‹ bestand nicht. Der heutige Verlauf der englisch-schottischen Grenze ist das Resultat jahrhundertelanger Kämpfe.

Zu Zeiten König Davids schien ein größeres, nach Süden weiter ausgreifendes Schottland durchaus möglich. David sicherte eine schottische Südgrenze an den Flüssen Ribble und Tees; er residierte seit 1141 zumeist nicht im schottischen Kerngebiet, sondern in Newcastle und Carlisle (wo er auch starb). Erst Malcolm IV., der als Knabe auf den Thron kam und dementsprechend eine schwächere Stellung hatte, zog sich 1157 auf die Tweed-Solway-Linie zurück. Wilhelm I. von Schottland stieß 1173 erneut nach Northumberland und Cumberland vor, hatte jedoch das Pech, in englische Gefangenschaft zu geraten, als er sich von seiner Haupttruppe entfernte. Um seine Freiheit wiederzuerlangen, mußte er 1174 im Vertrag von Falaise die englische Oberherrschaft über Schottland in aller Form anerkennen und außerdem die Festungen Berwick, Roxburgh und Edinburgh ausliefern. Schottland hatte inzwischen einen solchen Reichtum angesammelt, daß sein Nachfolger sich 1189 durch eine ungeheure Zahlung in Silber von dieser Oberherrschaft loskaufen konnte.

Das Kriegsglück erwies sich als unbeständig; es kamen

auch Zeiten, in denen Schottland überlegen war. Innere Unruhen stellten immer eine Aufforderung zum Eingreifen dar. Als die englische Krone sich in jener Auseinandersetzung mit den Magnaten befand, welche schließlich in der Erlassung der *Magna Carta* resultierte, mochte Alexander II. von Schottland nicht unbeteiligt zuschauen. 1215 fiel er in Northumberland, Cumberland und Westmorland ein, verbündete sich mit den rebellischen Baronen und marschierte mit einem Heer quer durch England – bis nach Dover, wo er sich mit dem französischen Prätendenten auf die englische Krone vereinigte, der ihm natürlich alle Rechte über die nordenglischen Gebiete zusprach. Das Kriegsglück kippte erneut, als der verhaßte englische König Johann plötzlich starb, die englischen Rebellen umschwenkten und den schottischen König allein stehenließen. 1217 zog sich Alexander II. zurück und war nun seinerseits genötigt, Frieden und Ordnung wiederherzustellen, zumal der Papst inzwischen auf englischer Seite eingegriffen und Exkommunikation und Interdikt über Schottland verhängt hatte.

Für die Beziehungen zwischen den rivalisierenden Kronen von England und Schottland ergab sich nun eine lange Spanne des Friedens, sie dauerte von 1217 bis 1296 und stellte die längste Friedenszeit des ganzen Mittelalters zwischen der Nordmacht und der Südmacht auf der Britischen Insel dar. Ein Ende dieser Friedensepoche trat erst ein, als durch verschiedene Zufälle die dynastische Stabilität gebrochen wurde. 1286 stürzte Alexander III. vom Pferd und brach sich den Hals, als er eines Nachts voll Sehnsucht zu seiner jungen französischen Braut (zweite Ehe) reiten wollte. Seine drei Söhne aus erster Ehe waren schon vor ihm gestorben. Als Erbin blieb nur noch die dreijährige Enkelin Margaret (*Maid of Norway*), für die bereits eine dynastische Verlobung arrangiert worden war (mit dem späteren englischen König Eduard II.), doch starb das Kind unglücklicherweise während der Rückkehr aus Norwegen auf den Orkneys (1290). So entstand die Situation, daß kein Erbe von unzweifelhafter Legitimität für die schottische Krone bereitstand – eine Situation, die der englische König Eduard I. ausnützte, indem er erneut seine Oberherrschaft über Schottland proklamierte und beanspruchte, dieses heimgefallene Lehen neu ausgeben zu können.

Die schottische Kultursynthese

Der kulturelle Wandel, der durch die Feudalisierung Schottlands unter David I. initiiert wurde, machte das Land in vieler Hinsicht dem benachbarten England ähnlicher. Faktisch beherrschte David auch einen Teil des nördlichen Englands. Die Führungsschicht der anglonormannischen Barone war diesseits und jenseits der Grenze identisch. Die geistige und geistliche Elite der Mönche war von Burgund bis Schottland ebenfalls einheitlich.

Die sprachlichen Verhältnisse in Schottland änderten sich in dieser Zeit unter den geschilderten Umständen beträchtlich. Die Mönche sprachen natürlich Latein; damit verwendeten sie eine hochkultivierte Schriftsprache, die einen einheitlichen Kommunikationsraum in Europa eröffnete und Schottland mit England, Irland und dem Kontinent verband. Die anglonormannischen Barone bedienten sich des Französischen wie ihresgleichen in England, Irland und Frankreich. Unterhalb der höfischen Führungselite sprachen viele von denen, die nun in Wirtschaft, Verwaltung und Recht Bedeutung hatten, *Inglis*, eine angelsächsische Sprache, wie sie sich in England unter dem Einfluß der Wikinger entwickelt hatte, mit starken skandinavischen Elementen im Wortschatz und in der Grammatik. Aus diesem *Inglis* ging die Sprache hervor, die im Spätmittelalter *Scots* genannt wurde und als Sprache des Rechts und der Literatur zu vorübergehender Blüte gelangte.

Allem Anschein nach gelang in Schottland etwas, was den Engländern in Wales und Irland nicht glückte – eine Synthese der alten gälischen Formen mit den neuen anglonormannischen. Dies betrifft neben dem Militärwesen und gesellschaftlichen Formen auch das Rechtswesen. Es entwickelte sich so etwas wie ein ›schottisches Recht‹ aus einer Mischung von gälischen und englischen Prinzipien. Wenn die Engländer bzw. Anglonormannen in Wales oder Irland auf gälische Sozial- oder Rechtsformen trafen, lehnten sie diese prinzipiell ab; sie praktizierten ›Apartheid‹. Nicht so in Schottland: Der schottische Weg bestand gerade darin, daß sich eine einheimische Dynastie entwickelte, welche aus Frankreich, Flandern, England zugewanderte Ritter aufnahm und integrierte (ebenso Mönche und Handwerker). Die Aufnahme von Elementen einer Kultur, die als höherstehend angesehen wurde, zerbrach nicht den Kontakt zur gälischen Herkunftswelt. Fragt man sich, warum dies gerade in Schottland erreicht wurde, in Wales und Irland aber nicht, bietet sich als nächstliegende Erklärung, daß Schottland nicht erobert wurde, also nie jene machtpolitische Asymmetrie bestand, welche die Durchsetzung der Vorstellung einer siegreichen Kultur mit all ihren Konsequenzen bewirkte. Außerdem hatte Schottland auch vorher einen Bereich gemischter Herrschaften, unterschiedlicher Ethnien und Sprachen dargestellt. Die Einwirkung der Wikinger auf die gälisch-piktisch-anglische Synthese hatte infolge der peripheren Reichsbildung in Schottland zu einem anderen Ergebnis geführt als in England und Irland. Im Kernbereich der schottischen Krone kam es zu einer bemerkenswerten Kultursynthese, welche die Ausbildung eines eigenen Nationalbewußtseins in Anknüpfung an Dynastie, Parlament, Rechtswesen und Kirche erlaubte. Die Jahrhunderte des Kampfes gegen England bestärkten diese schottische Identität.

Die Unabhängigkeitskriege und die Entstehung eines schottischen Nationalbewußtseins (1286–1488)

Epochenüberblick

Schottland im Spätmittelalter – das sind zwei Jahrhunderte wirrer Kämpfe, feudaler Fehden, geprägt von Kriegen gegen England. In nationaler Perspektive erscheinen sie als Unabhängigkeitskriege: In dieser Zeit entwickelte sich das schottische Königreich definitiv zu einer distinkten Einheit, die als unteilbar angesehen wurde. Dazu trug wesentlich die Krone durch die Stabilisierung einer Dynastie bei (seit 1371: Stewarts), ebenso das Parlament, zu dem seit den 1360er Jahren regelmäßig die Bürger der Städte als Dritter Stand hinzugezogen wurden. Allerdings bestehen Differenzen zwischen dem schottischen und dem englischen Parlamentstyp, namentlich in Form der *Lords of the Articles*, einem engeren, vom schottischen König ernannten Kreis von Männern, welche zunächst während der parlamentslosen Zeiten die Geschäfte weiterführten, dann aber überhaupt zum Kern der Regierungsführung wurden. Das Parlament war auch wichtig als Keimzelle eines ständigen obersten Gerichtshofes, der sich im Spätmittelalter herausbildete.

Während die staatlichen Institutionen (im neuzeitlichen Sinne) noch defizient blieben und die Krongewalt immer wieder durch selbständige Magnaten herausgefordert wurde, erweiterte sich das Herrschaftsgebiet der Krone zunächst um die Hebriden und Argyll, schließlich um die Orkney- und Shetland-Inseln.

Tragend wurde das Verhältnis der schottischen Krone zur Kirche; im Spätmittelalter bildeten sich gegenüber dem Papst feste Regeln heraus. Vom inneren Ausbau des schottischen Königreiches zeugen auch die Universitätsgründungen in St Andrews, Glasgow und Aberdeen.

Kennzeichnend für die spätmittelalterlichen Jahrhunderte, welche beherrscht wurden von Kriegen gegen England und der Allianz mit Frankreich, ist ein zunächst aufkeimendes, dann verbreitetes schottisches Nationalbewußtsein. Es konnte auf Krone und Dynastie bezogen werden, aber auch für charismatische Figuren wie William Wallace und Robert the Bruce den nötigen Rückenwind im Kampf gegen die Engländer erzeugen. Es war verbunden mit allgemein antienglischen Einstellungen. Der wirtschaftliche Aufstieg der Städte an der Ostküste und in den *Lowlands* machte die in diesem Bereich herrschenden politischen Meinungen zu den schottisch national vorherrschenden. Die Sprache dieses Bereiches, *Lowland-Scots*, wurde im 15. Jahrhundert zur dominierenden Sprache des Parlaments und des Rechtswesens sowie einer aufblühenden muttersprachlichen Literatur. Versepen und Chroniken in *Scots* trugen entscheidend zur Heroisierung der Führungsfiguren der Unabhängigkeitskriege gegen England bei (*The Wallace*, *The Brus*). Es entstand eine nationale Geschichtsschreibung auf europäischem Niveau, teilweise in lateinischer Sprache, teilweise in *Scots*.

1286	Tod Alexanders III. und dynastische Krise.
1290	Tod der *Maid of Norway*.
1292	*The Great Cause:* Eduard I. von England macht John Balliol zum König von Schottland.
1295	*Auld Alliance* zwischen Schottland und Frankreich.
1296	Sieg der Engländer über die Schotten bei Dunbar. Absetzung John Balliols. Verschleppung des Krönungssteines von Scone nach Westminster.
1297	Schlacht von Stirling Bridge: Sieg der Schotten unter William Wallace und Andrew von Moray gegen die Engländer.
1298	Sieg der Engländer über die Schotten bei Falkirk.
1305	Hinrichtung William Wallace' in London.
1306	Robert the Bruce krönt sich zum König der Schotten.
1314	Sieg der Schotten unter Bruce gegen die Engländer bei Bannockburn.
1320	Erklärung von Arbroath.
1329–71	David II. (zeitweise bestritten).
1350/62	Große Pest in Schottland.
1371–90	Robert II. (der erste König aus dem Hause Stewart).
1390–1406	Robert III.
1406–37	Jakob I. (1406–1424 Regentschaften).
1410	Gründung der Universität St Andrews.
1437–60	Jakob II.
1451	Gründung der Universität Glasgow.
1460–88	Jakob III.
1472	Orkney- und Shetland-Inseln definitiv schott.
1461–82	Berwick-upon-Tweed letztmals schottisch, seither engl.
1472	St Andrews Erzbistum.

Die dynastische Krise

In späteren Zeiten blickten die Schotten auf jene Epoche von David bis zu Alexander III. als ein Goldenes Zeitalter zurück: Aufbau der Institutionen und der Lebensverhältnisse, die dauern sollten; wirtschaftliche Prosperität und eine lange Zeit des Friedens. Diese Einschätzung hängt nicht zuletzt mit dem Kontrast der folgenden Jahrzehnte zusammen: eine Zeit der politischen Unsicherheit, des wirtschaftlichen Rückganges und kriegerischer Auseinandersetzungen, die oft genug Züge eines Bürgerkrieges trugen.

Entscheidend für die Ereignisabläufe, die sich nach 1286 entspannen, war die dynastische Krise. Nach dem plötzlichen Unfalltod Alexanders III. hatten die *Guardians* zunächst auf Margaret (*Maid of Norway*) gesetzt. Dieser Erbgang war doppelt riskant: Sie war noch ein Kind; und: noch nie war in Europa bis zu dieser Zeit eine Frau zur Königswürde gelangt. Das Risiko schien beherrschbar durch die Verbindung mit einem erwachsenen, mächtigen Mann. Dieser bot sich im Sohn des englischen Königs Eduard, mit Namen Eduard von Caernarfon, des ersten Prince of Wales. Bei einer solchen ehelichen Verbindung hatten die *Guardians* nur darauf zu achten, daß Schottland in jedem Falle selbständig blieb.

Dieses Vorhaben schlug fehl, als das Mädchen, von Norwegen kommend, noch vor der Verlobung auf den Orkneys verstarb. Nun war die dynastische Krise nicht mehr zu reparieren. Eine Auseinandersetzung um die schottische Krone stand bevor, in welcher sowohl innerhalb Schottlands als auch unter den Nachbarn Begehrlichkeiten geweckt werden mußten. Mehr noch: Schottland war als

Königreich noch keineswegs so konsolidiert, daß nicht Magnaten auf die Idee kommen konnten, bei dieser Gelegenheit das Reich unter sich aufzuteilen.

Der nächste Schachzug zu einer Lösung sollte eine Art Schiedsgericht sein: Der ohne Zweifel mächtigste Mann auf der Britischen Insel, König Eduard I. von England, der gerade das Fürstentum Wales unterworfen und auch in Frankreich bedeutende Besitzungen erworben hatte, sollte als Schiedsrichter eingesetzt werden und zwischen den Bewerbern um die schottische Königskrone entscheiden. Klug daran war, daß jeder Eventualerbe im Einverständnis mit England würde regieren müssen und daß die englische Unterstützung für einen Schotten diesem auch die nötige Rückendeckung gegenüber unzufriedenen Mitbewerbern verschaffen würde. Die offensichtliche Gefahr, daß man damit den Bock zum Gärtner machte, hielt man für relativ gering, weil Eduard in den Verhandlungen um die Heirat seines Sohnes die Frage der englischen Oberherrschaft über Schottland nicht berührt hatte. Präzedenzfälle für dynastische Schiedsgerichte sich gegenseitig als gleich anerkennender europäischer Monarchen gab es durchaus; die englische Erbfolge war selbst einmal unter Zuhilfenahme eines Urteils des französischen Königs entschieden worden. Wenn man den englischen König zum Schiedsrichter bestellte, bedeutete das keinesfalls, daß man seine Oberherrschaft über Schottland anerkannte.

In einem langwierigen Prozeß (*the Great Cause*) bestellte Eduard die 13 Bewerber um die schottische Krone und die führenden Männer Schottlands überhaupt nach Norham (bei Berwick-upon-Tweed) ein – allerdings nicht als Schiedsrichter, sondern unter Berufung auf seine Oberherrschaft. Alle Bewerber hatten zunächst diese zu bestätigen und sich dem englischen König als Vasallen zu unterwerfen – was sie auch taten, um zu ihrem Ziel zu gelangen. Ein Protest des schottischen Parlamentes gegen diesen Anspruch verhallte ungehört. Nach Prüfung aller erhobenen Erbansprüche blieben zwei ernsthafte Bewerber übrig, welche ihre Herkunft auf David I. zurückführen konnten: Robert the Bruce (der Ältere) und John Balliol, benachbarte Herren in Galloway und Rivalen seit langem. 1292 machte Eduard I. John Balliol zum König, der auch vom schottischen Parlament akzeptiert wurde. Die Einheit des Königreiches Schottland schien gerettet, eine friedliche Entwicklung möglich.

Diese wurde allerdings dadurch gestört, daß der alternde und in Wales und Frankreich unter Druck geratene englische König in psychologisch ungeschickter Weise mit John Balliol umging, so daß dieser immer öfter brüskiert und seine Autorität in Schottland untergraben wurde. Er erschien als bloße Marionette des englischen Königs. Wiederholt wurden Rechtssachen nach London gezogen; aus geringfügigen Gründen wurde der schottische König zum Rapport an den englischen Hof zitiert. Das Faß kam zum Überlaufen, als Eduard I. von den Schotten Unterstützung für seinen Krieg in Frankreich verlangte. Das schottische Parlament reagierte, indem es nicht nur dieses Ansinnen abschlug, sondern seine frühere Verbindung zu Frankreich wiederherstellte und mit dem französischen König einen förmlichen Unterstützungsvertrag abschloß (*Auld Alliance*, 1295). Dies bedeutete eine Kriegserklärung an Eduard I. und ein Mißtrauensvotum gegenüber dem nominellen schottischen König John Balliol.

Der Aufstieg des William Wallace

Eduard I., dem man später den Beinamen *the Hammer* beilegte, verhielt sich erwartungsgemäß: Er rüstete zum Krieg gegen die Schotten; er verbreitete Furcht und Schrecken, indem er mit einem Heer von 30 000 Mann zur Grenze zog und zunächst die Bewohner der reichsten und mächtigsten Stadt, der Grenzstadt Berwick-upon-Tweed, abschlachten ließ. Die geschätzten 7500 Toten machten zwei Drittel der Einwohnerschaft von Berwick aus.

Während die Schotten nach langen Jahrzehnten des Friedens kaum mehr über Kriegserfahrung verfügten, trat ihnen nun die gefürchtetste Armee Europas entgegen, die in Wales und Frankreich reichlich Erfolge erfochten hatte. Die Schlacht von Dunbar (1296) war insofern von Anfang an hoffnungslos. Die Engländer nahmen die Festungen von Roxburgh, Edinburgh, Stirling und Dumbarton; John Balliol, verlassen von vielen seiner Anhänger, ergab sich in Kincardine. Er wurde aufs äußerste gedemütigt, indem er Eduard persönlich die Insignien der Königsgewalt (Krone, Schwert, Szepter und Ring) wieder zurückgeben mußte. Eduard nahm ihn gefangen und verschleppte ihn nach Süden, nachdem er seine Macht durch einige Züge im Norden demonstriert hatte und den Stein von Scone, der für das Krönungszeremoniell schottischer Könige seit der Zeit von Kenneth mac Alpine verwendet wurde, demonstrativ nach Westminster mitnahm – zum Zeichen, daß ein schottischer König fortan nicht mehr ohne die Zustimmung des englischen Königs gekrönt werden könne. Eduard regierte in der Folge Schottland (wie Wales und Irland) durch einen Statthalter. Die Magnaten standen dem ablehnend gegenüber, wenn sie sich auch abwartend verhielten, da viele sich an den Treueid gebunden fühlten, den sie dem englischen König hatten leisten müssen.

In dieser Situation stand ein Mann geringerer Herkunft auf (ein Ritter und Lehensmann des Stewart); er hatte dem englischen König keinen Lehenseid geleistet und sammelte die Unzufriedenen im Wald von Selkirk um sich. Sein Name wurde später legendär: William Wallace. Er war nicht der einzige, der gegen die englische Besatzung arbeitete; im Norden sammelte Andrew Earl of Moray Truppen. Er war zwar nach der Schlacht von Dunbar in englische Gefangenschaft geraten und nach Chester in Festungshaft gebracht worden, konnte jedoch fliehen und in sein angestammtes Herrschaftsgebiet zurückkehren. Wallace und Moray verbanden sich nun und stellten ihre Anhänger auf, um den erwarteten englischen Einmarsch abzuwehren. Wallace hatte jahrelang eine Art Guerillakrieg geführt, indem er englische Abteilungen überfiel, englisch besetzte Festungen angriff, wo er sie schwach fand, und sogar den englischen *Sheriff* von Lanark ermordete. Im Laufe der Zeit war immer deutlicher geworden, daß die Engländer zwar die strategischen Punkte besetzt hielten und die meisten Festungen in ihrer Hand hatten, nicht aber das flache Land und die einfache Bevölkerung kontrollieren konnten. Der Rückhalt in der Bevölkerung machte Wallace' Stärke aus. Ob er es wagen konnte, sich einem disziplinierten Heer in offener Feldschlacht zu stellen, war eine andere Frage.

Als der Statthalter Surrey, der Sieger von Dunbar, und der Schatzkanzler Cressingham an der Spitze eines Heeres erneut nach Norden vorrückten, stellten sich ihnen die vereinigten Truppen von Wallace und Moray an der strategisch günstigsten Stelle entgegen – bei Stirling, wo die Engländer den Forth überqueren mußten, wenn sie nach Norden vorstoßen wollten. Das Treffen ging als Schlacht von Stirling Bridge in die Geschichte ein (1297). Im Vertrauen auf ihre kämpferische Überlegenheit wagten die Engländer den Übergang über die schmale Holzbrücke. Wallace und Moray brauchten nur den günstigsten Augenblick abzuwarten, in dem eine nicht zu große Zahl am Nordufer des Forth angekommen war, welche sie mit ihren Speeren niederstoßen konnten. Daraufhin kamen die schwergepanzerten Reiter auf der Brücke ins Wanken; wenn sie nicht vom Gewicht ihrer Rüstungen ins Wasser gezogen wurden und ertranken, wurden sie mit Waffen angegriffen. 100 Ritter und 5000 Infanteristen fanden bei Stirling Bridge den Tod. Der Sieg wurde vor allem Wallace gutgeschrieben, welcher danach (trotz seiner geringen Herkunft) unter die *Guardians* des Reiches aufgenommen wurde. Moray, in der Schlacht verwundet, starb bald darauf.

Eine Macht wie die englische unter Eduard konnte zwar eine überraschende Niederlage erleiden, aber diese nicht auf sich sitzen lassen. Im Jahr darauf fiel erneut ein englisches Heer in Schottland ein. Nach dem Erfolg von Stirling Bridge wagte Wallace etwas Unmögliches: wiederum eine offene Feldschlacht, diesmal ohne den strategischen Vorteil des Nadelöhrs an der Brücke. Bei Falkirk verlor Wallace 1298 den Nimbus des Siegers. Die Schotten, deren Kampftechnik darin bestand, sich mit ihren Speeren zu einem Igel (*schiltron*) zu formieren und sich so den gepanzerten Rittern entgegenzustellen, vermochten den englischen Langbogenschützen, welche ihre Reihen dezimierten, nicht standzuhalten und wurden entscheidend geschlagen. Wallace konnte entkommen. Er floh auf den Kontinent, um die Unterstützung des französischen Königs zu gewinnen, desgleichen diejenige des Papstes. Nach einigen Jahren kehrte er wieder zurück und wurde erneut in Schottland mit seiner erfolgreichen Guerillataktik tätig. Verrat war im Spiel, als Wallace 1305 aufgestöbert wurde (auch manchem schottischen Herrn war der Ruhm eines solchen Heerführers aus dem gewöhnlichen Ritterstand ein Dorn im Auge). In London machte man ihm einen Schauprozeß, in dem er sich als schuldig im Sinne der Anklage bekannte, nur nicht im entscheidenden Punkt: »Hochverrat« könne man ihm nicht zur Last legen, da er nicht auf den englischen König geschworen habe. Eduard kümmerte sich nicht darum und ließ ihn trotzdem hängen, schleifen, vierteilen; die verschiedenen Körperteile wurden einzeln in die großen Städte des Nordens geschickt und sein Kopf in London ausgestellt. In den Augen der Schotten erschien Eduard als Tyrann und William Wallace als Märtyrer für die Freiheit Schottlands. Sein Ruhm sollte in der Folgezeit ins Legendäre wachsen. Der wesentliche Baustein der Wallace-Legende (bis zu dem Hollywood-Film *Braveheart* von 1995 mit Mel Gibson) ist das Epos *The Wallace* von einem Dichter, der in der Tradition »Blind Harry« heißt. Er gehört in die Zeit um 1460, und sein Epos (in der Volkssprache *Scots*) hatte in der zu seiner Zeit aktuellen Politik die Funktion eines politischen Protestes gegen die proenglische Politik Jakobs III. Seitdem wurde William Wallace immer wieder einmal politisch vereinnahmt, allerdings teilweise auch in Konkurrenz zu einem anderen Nationalhelden: Robert the Bruce.

Robert the Bruce und Bannockburn

Den besiegten Schotten erstand in der Folge ein neuer charismatischer Führer. Er war der gleichnamige Enkel des Robert the Bruce, welcher sich mit John Balliol um die Würde eines schottischen Königs beworben hatte und unterlegen war. Damit gehörte Bruce (anders als Wallace) zu den führenden, mächtigsten Familien Schottlands. Er hatte den Ehrgeiz, König zu werden, und versuchte dies mit allen Mitteln und nicht immer geradlinigem Vorgehen. Mit seinen bedeutenden Besitzungen in England war er ohne Zweifel dem englischen König lehenspflichtig. Er unterstützte diesen zeitweilig auch wirklich: In der Schlacht von Dunbar stand er auf englischer Seite; von Wallace hielt er sich fern; bei Stirling Bridge kämpfte er nicht. Doch nach Wallace' Niederlage bei Falkirk sah Bruce seine Stunde gekommen, sich an die Spitze des schottischen Widerstandes zu stellen.

Zumal sich Eduard, um weiter in Schottland und gleichzeitig in Frankreich Krieg führen zu können, gezwungen sah, die Steuern so stark zu erhöhen, daß er viele Schotten in die Rebellion trieb. Freilich entstand eine neue Situation, als John Balliol, der ins Exil nach Frankreich gegangen war und sich auf dem Sitz seiner Ahnen in der Picardie niedergelassen hatte, erneut, wie es schien, nach Schottland kommen wollte. Wiederum schlug sich Robert the Bruce auf die Seite Eduards. 1303 fiel ein englisches Heer siegreich in Schottland ein; Bruce stand auch jetzt auf der Seite des Siegers. Warum er im Jahr darauf umschwenkte, ist nicht völlig geklärt. Offen unterstützte er den englischen König bei der Belagerung Stirlings; im geheimen aber verhandelte er mit dem Kopf des schottischen Widerstands, Bischof Lamberton von St Andrews. Die Zeit des Handelns schien ihm auch deshalb gekommen, weil sein Vater soeben verstorben war, so daß er für sich selbst einen Erbanspruch anmelden konnte. Außerdem war Eduard mittlerweile 65 Jahre alt geworden, so daß Bruce mit seinem baldigen Ableben rechnen konnte. Schließlich wurde er durch die Dynamik der Ereignisse vorangetrieben: Im Zuge der Verhandlungen um die Organisation des Widerstandes gegen England war es zu einem Treffen mit seinem alten Erzfeind und Rivalen John Comyn, Lord von Badenoch, gekommen; die beiden gerieten in Streit, Bruce erstach seinen Gegner in einer Kirche in Dumfries vor dem Hochaltar. Wenn er nicht untergehen wollte, mußte Bruce zum Angriff übergehen. Er nahm die Festung Dumfries ein, erreichte die Lossprechung durch den Bischof von Glasgow und krönte sich selbst in Scone – am richtigen Ort, aber ohne den entscheidenden Stein! – zum König der Schotten (1306). Er setzte sich an die Spitze des schottischen Widerstandes und griff die Festung Perth an; seine Streitmacht wurde vernichtet; Eduard hielt ein blutiges Strafgericht, aber Bruce entkam. Nach der seit Wallace bewährten Manier ging er zum Guerillakrieg über.

1307 verstarb Eduard I. auf einem erneuten Kriegszug gegen die Schotten in der Nähe von Carlisle. Robert the Bruce nahm dies als Signal. Nun griff er wieder englische Festungen an und verbreitete auf einem Kriegszug durch den Nordosten Schottlands Furcht und Schrecken unter den Anhängern des englischen Königs und unter seinen persönlichen Feinden. Im Bund mit anderen mächtigen schottischen Magnaten erzielte Bruce eine eindrucksvolle

Folge von Siegen gegen die Engländer, die Festung um Festung abgeben mußten. Stirling war noch in englischer Hand, und Bruce hatte die Kühnheit, dem jungen englischen König Eduard II. ein Ultimatum für die Übergabe zu stellen. Dieser antwortete mit einem neuen Kriegszug: An der Spitze von 2000 Reitern und 15000 Fußsoldaten kam er nach Schottland. Bruce hatte vielleicht die Hälfte an Infanterie und ein Viertel an Kavallerie aufzubieten. Die ungleiche Konstellation wurde aufgewogen durch die Geländekenntnis der Schotten, welche ein unübersichtliches Sumpfgebiet südlich von Stirling Castle ausgewählt hatten: Bannockburn (1314). Der Name steht für die größte Schlacht in der schottischen Geschichte und für den staunenswertesten Sieg der Schotten unter ihrem selbsternannten König Robert the Bruce, der sich bei dieser Gelegenheit auch als Stratege bewährte. Tausende von Engländern verbluteten auf dem Schlachtfeld – und trotz alledem brachte Bannockburn nicht den definitiven Durchbruch zur Unabhängigkeit Schottlands. König Eduard II. weigerte sich nämlich, in Friedensverhandlungen einzutreten. Edward the Bruce, Roberts Bruder, fiel 1315 in Ulster ein und ließ sich zum König von Irland krönen – ohne daß dies starken Eindruck auf die Engländer gemacht hätte. 1318 nahmen die Schotten Berwick-upon-Tweed und stießen von dort aus mehrfach nach Yorkshire vor – vergeblich.

In diese Situation gehört die berühmte Erklärung von Arbroath (1320). Sie wurde in lateinischer Sprache von einem Kleriker verfaßt und von den schottischen Magnaten gesiegelt. Ihre Zielrichtung ist eine europäische Öffentlichkeit; sie wendet sich an den Papst, um diesem die Situation zu erläutern (und ihn davon abzubringen, über Schottland das Interdikt zu verhängen). Die Erklärung von Arbroath steht insofern im Mittelalter einzigartig da, als sie eine Differenz von Nation und Krone statuiert und der Nation (d.h. faktisch den Magnaten) das Recht zuspricht, die Krone auch einem anderen aufzusetzen. Die Erklärung rühmt Robert the Bruce wegen seiner Taten für die schottische Nation, fährt dann aber fort: »Wenn jedoch dieser Fürst von den Prinzipien, die er so edel verfolgt hat, abgehen und zustimmen sollte, daß wir oder unser Königreich dem König oder Volk von England unterworfen würden, werden wir ihn sofort als unseren Feind ausstoßen, als Umstürzer seiner und unserer Rechte, und wir werden einen anderen zum König machen, der unsere Freiheiten verteidigt. Denn solange hundert von uns am Leben sind, werden wir uns nie, unter welchen Bedingungen auch immer, der englischen Herrschaft unterwerfen. Denn wir kämpfen nicht für Ruhm oder Reichtum noch Ehre, sondern für die Freiheit allein, welche kein tapferer Mann aufgibt, es sei denn mit seinem Leben.«

Im Laufe der Geschichte wurden schon viele Erklärungen abgegeben und vergessen – diese nicht. Das liegt im wesentlichen daran, daß sie zum Kern einer schottisch-patriotischen historiographischen Tradition wurde, welche sich von John of Fordoun (um 1320–1384) über Hector Boece (um 1465–1536) und John Mair (1467–1550) bis zu George Buchanan (1505–1582) zieht. Immer wieder wurden die entscheidenden Sätze der Erklärung von Arbroath zitiert, bekräftigt und ausgesponnen. In diesem Dokument spiegelt sich der Stand des schottischen Nationalbewußtseins nach Bannockburn, wie es seinerseits dazu beitrug, immer wieder diesen Geist der Freiheit und des Widerstandes gegen die Engländer zu wecken.

Unterdessen hatte sich in England selbst Widerstand gegen die endlosen Kriegszüge und unerträglichen Steuern organisiert; Eduard II. wurde abgesetzt. Dies bot die entscheidende Gelegenheit für Robert the Bruce: Er kam doch noch zu einem Friedensschluß mit dem Nachfolger, der ihn als König von Schottland anerkennen mußte (Vertrag von Edinburgh, 1328). Nicht lange darauf starb er (1329).

Daß Robert the Bruce, der sich als schottischer König Robert I. nannte, im schottischen Nationalbewußtsein so präsent ist, verdankt er nicht zuletzt einem populären Epos in der Volkssprache (*Scots*), das 1378 von John Barbour verfaßt wurde und den Titel *The Brus* führt. Barbour ist der erste namentlich identifizierbare schottische Dichter; er hatte in Oxford und Paris studiert und gelehrt und wurde Archidiakon von Aberdeen. Er kannte noch persönlich einige der Männer, die in Bannockburn gekämpft hatten. Die spätere Heldenverehrung für Robert the Bruce geht auf dieses Epos zurück.

Der zweite Unabhängigkeitskrieg nach dem Tode Roberts I.

Auf Robert I. folgte sein Sohn David II., der damals aber erst fünf Jahre alt war. Es läßt sich denken, daß die Engländer diese Minorität auszukosten gesonnen waren, wenngleich der Friedensvertrag zunächst noch ein Hemmnis für neue Kriege darstellte. Schottische Magnaten, die in den verschiedenen Zügen Roberts I. um ihren Besitz gekommen waren, sammelten sich, um in England und Frankreich Krieg gegen Schottland zu schüren. Es gelang ihnen, Edward Balliol, den Sohn John Balliols, zu veranlassen, aus der Picardie nach Schottland aufzubrechen und sich an ihre Spitze zu stellen. Ihre Streitmacht betrug nur etwa 2000 Mann, und trotzdem gelang es ihnen, sich gegen die Schotten, die sich ihnen in der Schlacht von Dupplin Moor bei Perth entgegenstellten, durchzusetzen (1332). Edward Balliol ließ sich in Scone als Eduard I. zum König von Schottland krönen.

Allerdings mußte er einsehen, daß seine Macht zu wirklicher Herrschaft nicht ausreichte. Er floh nach England, um die Engländer zu einem neuen Kriegszug zu bewegen, was ihm auch gelang. 1333 nahmen sie die meisten Festungen in Schottland ein. David II. floh nach Frankreich, um die *Auld Alliance* zu reaktivieren. Eduard III. von England suchte Schottland zu unterwerfen, doch vernachlässigte er dieses Ziel, seit sich sein Ehrgeiz darauf richtete, König von Frankreich zu werden. Edward Balliol vermochte sich ohne seine Unterstützung nicht zu halten, und 1341 kehrte David II. aus dem Exil als König der Schotten zurück. Allerdings war auch ihm angesichts der europäischen Lage keine ruhige Herrschaft bestimmt, denn der französische König forderte nun seinerseits Unterstützung ein. David II. suchte Frankreich zu helfen, indem er dem englischen König in den Rücken fiel. Bei diesem Unternehmen geriet er allerdings in englische Gefangenschaft und mußte elf Jahre im Tower von London zubringen. Dort gesellte sich der französische König zu ihm, der nach dem Sieg der Engländer bei Poitiers (1351) ebenfalls gefangengenommen worden war. Schließlich gewann wiederum das englische Interesse an Frankreich die Oberhand über dasjenige an Schottland, und Eduard III. entließ den Schotten gegen eine gewaltige Geldzahlung (1357). David II. kehrte erneut nach Schottland zurück, um sein Land nie mehr zu verlassen. Er richtete sein Augenmerk auf innere Stabilisierung und Sanierung der Finanzen. Als er 1371 starb, hinterließ er allerdings keinen männlichen Erben, so daß sich Schottland erneut in einer dynastischen Krise fand.

Die schwachen ersten Stewarts

Das Haus Stewart (von Maria später französisiert in Stuart) sollte am Ende 343 Jahre lang den Thron besetzen – ein Ergebnis, das kaum jemand vorhergesagt hätte, der die ausgesprochen schwachen ersten Könige dieses Namens erlebte. Robert the Stewart, in siebter Generation bereits im Kronamt eines ›Steward‹ tätig, war der Sohn von Walter the Stewart und Marjorie, einer Tochter von Robert the Bruce. Daß er 1371 auf den Thron folgte, verdankte er seiner königlichen Abkunft, vielleicht aber auch der Tatsache, daß er seinen Rivalen als manipulierbarer, schwacher König erschien. Unter seiner Herrschaft verwirrten sich die familiären und dynastischen Verhältnisse zunehmend: Er hatte 21 Kinder, größtenteils uneheliche, die er durch Landschenkungen zufriedenzustellen suchte; die Gültigkeit seiner ersten Ehe wurde bestritten, und auch aus einer zweiten, unbestrittenen waren Kinder vorhanden. Dies komplizierte nicht nur spätere Erbfolgen, sondern rief schon zu seinen Lebzeiten Wirren hervor, da mehrere seiner Söhne genau die machtlüsternen und kriegerischen Eigenschaften an den Tag legten, die dem König fehlten.

Dieser zog sich zeitweise geradezu ins Privatleben zurück, während de facto die Söhne herrschten, vor allem John, Earl of Carrick (sein Nachfolger als König unter dem Namen Robert III.), Robert, Earl of Fife and Menteith (der künftige Duke of Albany) und Alexander, Earl of Buchan (der nach seinem Wappentier, aber auch wegen seiner räuberischen Eigenschaften, »Wolf von Badenoch« genannt wurde). Letzterer krönte seinen »Ruf wie Donnerhall« durch die Zerstörung der Kathedrale von Elgin, deren Ruinen noch heute so stehen, wie er sie 1390 hinterlassen hat – aus keinem triftigeren Grund als dem, daß ihn der Bischof des Ehebruchs bezichtigt hatte.

Auch wenn der erste König aus dem Hause Stewart offiziell bis 1390 regierte, war doch seit 1384 bereits der Earl of Carrick am Ruder. Seit dieser Zeit fielen immer wieder die Engländer ins Land ein; mit wechselndem Kriegsglück schlugen sich die Magnaten Schottlands für ihre Krone in die Schanze. 1388 erfochten sie einen wichtigen Sieg bei Otterburn; 1402 mußten sie bei Homildon Hill eine empfindliche Niederlage einstecken. Wenn sich die schottische Dynastic schwach zeigte, war das immer eine Einladung für die Engländer; wenn England infolge der Kriege in Frankreich oder der »Rosenkriege« im eigenen Land verwundbar schien, griffen die Schotten an.

Robert III. (1390–1406) war von einem Pferd getreten worden und seitdem verkrüppelt. Er mußte erleben, daß sein jüngerer Bruder, der Duke of Albany, sichtlich nach der Krone strebte. Um dessen Erfolg zu verhindern, wollte er seinen 12jährigen Sohn nach Frankreich in Sicherheit bringen. Dieser wurde jedoch, kaum hatte er das Schiff betreten, von englischen Piraten geschnappt und in den

Tower gebracht (möglicherweise nicht ohne Hinweise aus der Umgebung seines Onkels). Als Robert davon erfuhr, legte er sich auf sein Totenbett und starb binnen kurzem.

Von 1406 bis 1420 fungierte Robert, Duke of Albany, als Regent im Namen seines gefangenen Neffen Jakob; energisch ergriff er das Ruder des Staatsschiffes und behauptete seine Autorität. Als er 1420 im Alter von 80 Jahren starb, war sein Neffe in langjähriger Gefangenschaft gereift; beherzt riß er, als er zurückkehrte, die Zügel an sich, indem er die Söhne und Anhänger seines Vorgängers in der Regierung verhaften und mehrere von ihnen köpfen ließ. Sodann zog er gegen die *Lords of the Isles*, welche sich zunehmend selbständig gemacht hatten. Seine Macht verfiel, als er trotz großer Übermacht bei der Belagerung der von den Engländern gehaltenen Festung Roxburgh erfolglos blieb. Im Jahr darauf wurde er ermordet von Sir Robert Graham of Kincardine, einem Mann aus der Gefolgschaft seines Bruders, den er bei seinem Regierungsantritt zu köpfen unterlassen hatte.

Sein Sohn, Jakob II. (1437–1460), war bei der Ermordung seines Vaters erst sechs Jahre alt, so daß erneut eine lange Regentschaft folgte. Als er schließlich selbst regierte, erwies er sich als tatkräftig und kriegstüchtig. Er war der erste schottische König, der sich die waffentechnischen Veränderungen, welche in Europa in Gang gekommen waren, zunutze machte. Er schaffte als erster Kanonen und Schießpulver an und war höchst erfreut, als er 1457 vom Herzog von Burgund zwei ungeheure Kanonen geschenkt bekam. Seine Leidenschaft für die neuen Waffen wurde ihm jedoch zum Verhängnis, als eine dieser Kanonen explodierte und den nahe dabeistehenden König mit in den Tod riß.

Die Ära Jakobs III.

Beim Tod seines Vaters war Jakob erst acht Jahre alt. Siebzehnjährig verlobte er sich mit Margaret, der Tochter des Königs von Dänemark, Norwegen und Schweden. Bei dieser Gelegenheit erweiterte sich das schottische Königreich gegen Norden und erreichte damit die Grenzen, die auf Dauer Geltung hatten. Während die Shetland-Inseln in ihrem Selbstverständnis norwegisch blieben, herrschte auf den Orkney-Inseln ein Gefühl der Zugehörigkeit zu Schottland. Auf den Inseln war ein beträchtlicher Teil des Landes dänisches Königsland. Dieses wurde nun aus Anlaß der Eheschließung von 1469 für die Mitgift verpfändet. Da die Mitgift ausblieb, ergriff der schottische König die Gelegenheit, übernahm das Königsland und die Herrschaft über die Orkney- und Shetland-Inseln insgesamt. Diese wurde zwar von skandinavischer Seite erst spät völkerrechtlich anerkannt, aber faktisch gehörten diese Inselgruppen seit 1472 dauerhaft zu Schottland.

Umgekehrt klärte sich die Situation an der Südgrenze: Berwick-upon-Tweed, einst die reichste Stadt Schottlands, war wiederholt zerstört worden, dann lange in englischer Hand geblieben. 1461 ergriffen die Schotten die Gelegenheit: Die Verwicklung Englands in die Rosenkriege bedeutete einen Moment der Schwäche; Berwick wurde wieder schottisch. Allerdings war es nur als befestigte Stadt etwas wert, und der Aufbau der Befestigungsanlagen wurde den Schotten bald zu teuer. Als Schottland in einer schwierigen Lage steckte, wechselte Berwick ein letztes Mal die Seite; 1482 wurde es definitiv englisch.

Jakob III. wollte regieren und etwas bewegen. Doch gerade mit seiner Tatkraft schuf er sich Feinde. Zwei seiner Brüder hielt er zeitweise in Kerkerhaft, weil er sich von ihnen bedroht fühlte. Solch hartes Durchgreifen rief jedoch den Widerstand der Magnaten hervor, die keinen wirklich durchsetzungsfähigen König über sich dulden wollten. Immer wieder verwickelte sich Jakob III. in Machtkämpfe mit seinen Rivalen, die schließlich in einen Aufstand der zuvor enteigneten Homes von Coldringham und ihrer Anhänger mündeten. Die Entscheidung fiel in der Schlacht von Sauchieburn bei Stirling, in deren Verlauf das Roß mit dem König durchging; er wurde abgeworfen und von einem unbekannten Geistlichen schändlich erstochen. An der Spitze der Rebellen stand sein eigener Sohn, der nun den Thron bestieg.

Die Entwicklung des Parlamentes im Spätmittelalter

Im Spätmittelalter entwickelte sich das schottische Parlament durch eine gewisse Regelmäßigkeit seiner Einberufung zu einer Institution von eigener Bedeutung. 1399 war die Forderung nach jährlichen Parlamenten erhoben worden. Vor allem die Zeiten der Minderjährigkeit und Regentschaft waren es, in denen der *General Council* des Parlamentes für Kontinuität und Legitimation sorgte (namentlich 1406–1424). Jakob I. hielt in 13 Jahren nicht weniger als 10 Parlamente ab, um eine kontinuierliche Rechtspflege und Regierungsführung zu gewährleisten. Er unternahm einen Versuch, die persönliche Teilnahme der Grundbesitzer am Parlament verpflichtend zu machen, womit er jedoch nicht durchkam. Ersatzweise wurde vorgesehen, daß sich die kleineren Eigentümer entschuldigen konnten, sofern nur aus jedem Bezirk eines *Sheriffs* mindestens zwei gewählte Abgeordnete im Parlament anwesend waren. Mithin entwickelte sich auch in Schottland eine Institution, die dem englischen Zweikammerparlament ähnlich war: auf der einen Seite die Magnaten, auf der anderen Seite die Vertreter der kleineren Landeigentümer mit einem eigenen Sprecher an der Spitze. Hinzu kamen die Vertreter der Städte. Der Hauptunterschied zum englischen Modell bestand darin, daß das schottische weniger festgelegt war: Nach wie vor betrachteten sich alle Landbesitzer als zum Parlament berechtigt, wenn auch die meisten von ihrem Recht keinen Gebrauch machten. 1458 und 1504 fixierten Gesetze Eigentumsqualifikationen, unterhalb derer persönliches Fernbleiben entschuldigt wurde. Umgekehrt wurde das Recht zur Teilnahme am Parlament auch den Magnaten nicht erblich erteilt; es blieb die Vorstellung bestehen, daß der König sich die Ratgeber, die er zu solchen Versammlungen einberief, aussuchen konnte, so daß ein Nicht-Eingeladener nicht auf ein Recht der Teilnahme pochen konnte. Allerdings wurde es seit Jakob II. üblich, den Adligen zunehmend solche erblichen Parlamentssitze zuzusprechen, und zwar auch einfachen, wenig vermögenden *Lairds*, die davon vielleicht gar keinen Gebrauch machen konnten. Diese Eigentümlichkeit des schottischen Parlamentes sollte in der kommenden Epoche bedeutsam werden, weil nämlich zum Reformationsparlament von 1560 plötzlich die Mehrzahl der Berechtigten persönlich erschien, während sie in den Jahrzehnten zuvor von ihrem papierenen Recht keinen Gebrauch gemacht hatte.

Unter Jakob I. begann mit Zuziehung des Parlamentes

Stadtgründungen bis 1430
Königliche Stadt
Baroniale Stadt
Kirchliche Stadt
0
50
100 km
Atlantischer
Ozean
Nordsee
Wick
Cromarty
Rosemarkie
Dingwall
Inverness
Nairn
Forres
Elgin
Cullen
Banff
Rattray
Fyvie
Inverurie
Kintore
Newburgh
Aberdeen
Inverbervie
Montrose
Forfar
Arbroath
Dundee
Perth
Cupar
St Andrews
Crail
Auchterarder
Newburgh
Dunblane
Kirkcaldy
Stirling
North Berwick
Dunbar
Kirkintilloch
Dumbarton
Tabert
Renfrew
Glasgow
Rothesay
Rutherglen
Lanark
Haddington
Dalkeith
Lauder
Langton
Kelso
Irvine
Prestwick
Newton upon Ayr
Ayr
Peebles
Selkirk
Jedburgh
Crawford
Sanquhar
Lochmaben
Staplegorton
Dumfries
Annan
Innermessan
Urr
Wigtown
Buittle
Kirkcudbright
Whithorn
1 Kinghorn
2 Dunfermline
3 Inverkeithing
4 Linlithgow
5 Queensferry (South)
6 Edinburgh
7 Canongate
8 Musselburgh
9 Seton

eine umfassende Gesetzgebungstätigkeit. Nun wurden für alle möglichen Bereiche des Lebens, die bis dahin nur gewohnheitsrechtlich geregelt waren, schriftliche Gesetze und Ordnungen erlassen: für Ackerbau und Gewerbe, Münzen, Maße und Gewichte, Wirtshäuser und Fährdienste, Bettler und Leprakranke, um nur einige Gebiete zu nennen. Das Parlament zeigte auch Ansätze zu seiner Verstetigung als Gerichtshof, indem 1426 festgelegt wurde, der Kanzler und bestimmte vom König aus den drei Ständen zu berufende Personen hätten sich dreimal jährlich zu festen Terminen zu treffen, um die Rechtsgeschäfte auch dann weiterzuführen, wenn kein Parlament tagte. Dies erwies sich als schwierig, weil für die Bezahlung solcher Personen nicht gesorgt war. Unter Jakob I. entstand außerdem ein spezifisch schottischer Gebrauch, nämlich die Zurückbehaltung eines engeren Komitees von Ratgebern, wenn das Parlament aufgelöst wurde, um spezifische Einzelfragen (*articuli*, daher *Lords of the Articles*) zu klären. Indem Jakob I. seit 1426 dazu überging, diesen engeren Kreis auch dann wirken zu lassen, wenn das Parlament einberufen war, entstand allmählich ein Kreis engerer Geschäftsträger, welcher das Parlament zu manipulieren in der Lage war: durch Sachkenntnis wie auch durch die Nähe zum König.

Das 14. und 15. Jahrhundert sind auch gekennzeichnet durch den Aufstieg der Städte und ihre zunehmende Einbeziehung in das parlamentarische Verfahren. Die Mehrzahl der Städte schickte Vertreter zu den Parlamenten und war auch unter den *Lords of the Articles* vertreten. Sie brachten ein Fünftel des Staatshaushalts auf und trafen sich zur Aufteilung dieser Summe in eigenen Versammlungen (*Conventions of Royal Burghs*). Die Städte emanzipierten sich im Laufe des Spätmittelalters zunehmend von ihrem königlichen Gründer und bauten eigene Verwaltungs- und Regierungsstrukturen auf.

Clans

Im Spätmittelalter entwickelten sich in Schottland Mischformen des alten Clan-Systems und des jüngeren Feudalsystems. Im Bereich der *Highlands* war nach wie vor der ›Name‹ entscheidend, d.h. die Zugehörigkeit zu einem Clan. An der Spitze eines Clans stand ein *Chief*, aber dieser *Chief* entwickelte sich mehr und mehr zum Führer eines Personenverbandes, der nur zum Teil mit ihm blutsverwandt war. Gewiß bildete die adlige Familie eines Magnaten den Kern des Clans. Doch zählten sich zu diesem auch größere Zahlen von Klienten und Anhängern, welche diese Zugehörigkeit gewählt hatten oder dazu gezwungen worden waren.

Diese Personenverbände stellten Gefolgschaftssysteme dar, beruhend auf einem Schutz-und-Treue-Verhältnis, das teilweise im Sinne der keltischen Sippentraditionen verstanden wurde, teilweise aber auch im Sinne der feudalen Vertragsverhältnisse. Kennzeichnend war jedenfalls, daß ein *Chief* seine Leute mobilisieren und mit Waffen ausstatten konnte; sie mußten ihm militärische Gefolgschaft leisten. In diesem Sinne standen sie neueren Vorstellungen von Staatlichkeit entgegen. Faktisch wurden sie von ihren *Chiefs* sowohl im Dienste der Kroninteressen als auch gegen sie eingesetzt, je nach Gelegenheit und Situation. Vor allem aber bekämpften sich diese Clans gegenseitig: Schottland im Spätmittelalter (und noch in der Frühen Neuzeit!) war durchzogen von Fehden der Clans untereinander, von wechselnden inneren Koalitionen und Aufständen. Im Sinne einer neueren Vorstellung von Staat und Recht bestanden insofern in Schottland große ›Unordnungen‹. Die Strukturen beruhten wesentlich auf bloßer Gewalt und Durchsetzung. Gegen die Unterdrückung der gewöhnlichen ›kleinen Leute‹ suchte sich die Krone im Spätmittelalter als Ordnungsmacht zu profilieren, was ihr jedoch nur selten wirklich gelang. Schottland blieb eine Gesellschaft mit Clan-Strukturen.

Die Kirche im Spätmittelalter

Die Lebensbedingungen im spätmittelalterlichen Schottland wurden zu einem beträchtlichen Teil von der Kirche gestaltet. Vom Verhältnis von Krone und Kirche hing vieles ab. Traditionell hatten in Schottland die Könige Bischöfe eingesetzt, wenn diese auch päpstlicher Zustimmung bedurften. Als sich nach dem Großen Schisma (1378–1417) das römische Papsttum konsolidierte und an Macht zunahm, forderte es das Recht der »Provision« nicht nur für Bischöfe, sondern auch für andere kirchliche Ämter, und zwar auch in Schottland. Damit verbunden waren bestimmte Gebühren, die bei Amtsantritt nach Rom abzuführen waren. Jakob I. trat dem entgegen; er erwirkte Gesetze, welche es den Geistlichen untersagten, gutes schottisches Silber aus dem Land zu schicken. Allerdings waren damit seine eigenen Geistlichen nicht durchwegs einverstanden, da sie eine eigene Loyalität dem Papst gegenüber entwickelt hatten und sich in ihren Karriereaspirationen behindert fühlten. Verhandlungen zwischen dem Papst und dem König begannen; auch der berühmte Humanist Enea Silvio Piccolomini, der spätere Papst Pius II., kam als päpstlicher Gesandter nach Schottland. 1487 wurde eine Vereinbarung getroffen, nach welcher der König binnen acht Monaten nach einer Vakanz einen Kandidatenvorschlag machen konnte, den der Papst wohlwollend zu prüfen versprach; im Gegenzug hatte der König nichts mehr gegen die Abführung von Gebühren bei Amtsantritt einzuwenden. Bischöfe (und andere höhere Kleriker) waren nicht nur Männer der Kirche, sondern auch des Staates, die oft wichtige Aufgaben in Verwaltung, Rechtsprechung und Diplomatie erfüllten. Hier hatte die Krone ein Instrument gegen die Magnaten in der Hand; die Bischöfe wurden wichtig für die Konstitution eines neuzeitlichen Staates. Und sie wurden auch benötigt für den Aufbau eines Bildungswesens, wie er in Schottland seit dem 15. Jahrhundert im Gange war, am sichtbarsten in seinen neuen Universitäten.

Die Gründung schottischer Universitäten

Seit der Gründung der ersten europäischen Universitäten in Bologna, Paris, Oxford und Cambridge um 1200 hatten Schotten am akademischen Leben teilgenommen – als berühmtester Duns Scotus. Naheliegenderweise studierten Schotten in Oxford und Cambridge, doch umgingen sie England seit 1296 wegen der kriegerischen Auseinandersetzungen zwischen Schottland und England. Besonders zahlreich waren schottische Studenten in Bologna, Paris, Löwen und Köln.

1410 wurde mit St Andrews die erste schottische Universität gegründet. Die Krone war zwar an solchen Institutionen interessiert, doch waren sie zunächst kirchliche Institutionen, auf welche von seiten des Staates so gut wie kein Einfluß genommen wurde. Auch die erste Gründung war zumindest teilweise von religiösen Motiven bestimmt: Henry Wardlaw wollte den schottischen Klerus gegen die Häresie immunisieren, die er im England Wyclifs sich ausbreiten sah. Deshalb orientierte er sich mit seinen Statuten für St Andrews an der Universität Köln und am dort herrschenden Nominalismus, den er als ein Gegenmittel gegen die Häresie empfand. 1451 wurde in Glasgow eine zweite schottische Universität gegründet.

Mit etwa 15 Jahren kamen die Studenten an die Universitäten, nachdem sie Lesen und Singen auf sogenannten *Song Schools* und Latein an sogenannten *Grammar Schools* gelernt hatten, die meist an Kathedralkirchen bestanden. Binnen drei Semestern erwarben sie als ersten Abschluß den *Baccalaureus artium* mit dem *Trivium* (Grammatik, Dialektik, Rhetorik), bevor sie sich weitere zwei Jahre entweder als Studenten der Freien Künste (*artes liberales*) dem *Quadrivium* (Arithmetik, Geometrie, Astronomie, Musik) widmeten, der Theologie, dem Kirchenrecht, dem Zivilrecht oder der Medizin (Abschluß: *Magister*). Den Anfang in der Lehre machten z. B. in Glasgow Mönche aus dem Kloster Melrose, welche Professoren der Theologie wurden. Ansonsten zogen die neuen Universitäten schottische Gelehrte an, die bereits im Ausland an Universitäten gelehrt hatten.

Quellen und Daten zur schottischen Wirtschaftsgeschichte des Mittelalters sind besonders rar. Schon die Basisdaten über die Bevölkerungsentwicklung fehlen. Relativ verläßlich scheinen Aufzeichnungen über Zoll- und Steuereinnahmen. Erzählende Quellen lassen erkennen, daß in der zweiten Hälfte des 14. Jahrhunderts viele Gebiete, die vorher ertragreich waren, wüst lagen, doch lassen sich solche Beobachtungen nicht quantifizieren. Da die Quellen über die Pest in Schottland überhaupt dürftig sind, läßt sich nicht feststellen, was sich aufgrund von Bevölkerungsmangel änderte oder was eventuell auf die ebenfalls notorische klimatische Verschlechterung des Spätmittelalters zurückgeführt werden muß. Deshalb gehen die Schätzungen über die Folgen der Pest weit auseinander. Manche meinen, die Verluste seien so groß wie in England gewesen, also etwa ein Drittel der Bevölkerung. Andere sehen Gründe, warum die Verluste in Schottland geringer gewesen sein könnten: vielleicht ein Viertel? Die Überlegung dieser letzteren geht dahin, daß sich eine Epidemie wie die Beulenpest wahrscheinlich in einem kalten, nördlichen Klima weniger ausgebreitet hat als in einem warmen, südlichen. Dem wird entgegengehalten, daß die Bevölkerungsverluste durch die Pest in Skandinavien ebenso hoch waren wie in England, demnach also wohl auch in Schottland. Im Vergleich mit anderen Ländern lassen sich folgende Strukturfaktoren beurteilen: 1. Die Handelsverflechtung, da die Pest (durch Ratten bzw. die mit ihnen transportierten Flöhe) ohne Zweifel auf Schiffen aus Übersee eingeschleppt wurde. Schottland insgesamt war weniger überseeisch verflochten als beispielsweise England. Man kann vermuten, daß die Pest eher die Handelsstädte an der Ostküste betraf als die städtelosen Weiten der *Highlands* im Norden. 2. Die Bevölkerungsdichte bzw. die Siedlungsdichte, welche auf die Ausbreitung der Pest erwiesenermaßen Einfluß hatte. Schottland war insgesamt dünn besiedelt und (abgesehen von den etwa 50 Städten) von schwacher Infrastruktur. Möglicherweise hat dieser Strukturnachteil die Schäden der Pest in Grenzen gehalten. 3. Die Auftretenshäufigkeit. Während in England die Pest schon 1348–1351 auftrat und erneut 1361/62, 1369 und 1375 ausbrach, gibt es für Schottland nur Quellen für die ersten beiden Wellen von 1350 und 1362. Es läßt sich vermuten, daß die geringere quellenmäßig gesicherte Auftretenshäufigkeit auch eine geringere Anzahl von Pestopfern bedeutet. Angenommen also, die Bevölkerung Schottlands hätte vor der Pest eine Million betragen, kann vielleicht eine Dreiviertelmillion die Katastrophe überlebt haben.

Nach der Pest nahm die Bevölkerung rasch zu. Die Löhne für Bauern und Landarbeiter stiegen; ihre relative Position am Arbeitsmarkt wurde gestärkt. Nahrungsmittel waren billiger als vor der Pest.

Steuerlich belastet war im Schottland des 13. Jahrhunderts nur Wolle. Als die Ausfuhrzölle für dieses Produkt immer weiter gesteigert wurden, ging der Export zurück, und zwar zugunsten der Verarbeitung von Wolle im eigenen Land. In der Folge wurde dann auch der Export von Tuchen besteuert, so daß sich dies wieder ausglich. Allerdings fielen die Erträge aus Steuern und Zöllen im Laufe des 14. und 15. Jahrhunderts immer weiter. Komplementär wurden immer neue Güter belastet: Salz, Fisch und Häute.

Aber auch damit wurden die Erträge des 13. Jahrhunderts längst nicht mehr erreicht.

Das englische und das schottische Pfund Sterling wurden bis 1367 gleich bewertet. Danach wurde der Silbergehalt in schottischen Münzen immer weiter reduziert, so daß im späten 15. Jahrhundert ein englisches Pfund mit 4–5 schottischen Pfund aufgewogen werden mußte. Ähnliche Währungsoperationen wurden auch von manchen Handelspartnern verfolgt, etwa Frankreich und den baltischen Staaten, so daß sich der Effekt egalisierte. Wo die Disproportion der Währung jedoch fühlbar wurde, etwa im Handel mit England und Flandern, hemmte sie den Import und stimulierte den Export, was wirtschaftspolitisch erwünscht war.

Einen wirtschaftlichen und politischen Aufstieg nahm im 14. und 15. Jahrhundert Edinburgh. Der wichtigste wirtschaftliche Grund hierfür war sein Exporthafen Leith, der günstig für den Handel zum Kontinent lag. Teilweise ging dieser Aufstieg wohl auf Kosten Aberdeens, teilweise hing er aber auch mit dem Niedergang Berwicks zusammen. Berwick war in älterer Zeit die wirtschaftlich potenteste Stadt in Schottland gewesen. Im Zuge der geschilderten Kriege wurde es mehrfach verwüstet und verlor seine Bedeutung. Der Aufstieg Edinburghs hatte aber auch politische Gründe. Im Mittelalter war Herrschaft zunächst (allgemein in Europa) Reiseherrschaft gewesen. Auch die schottischen Könige zogen von einem Schloß zum anderen. Die Parlamente wurden an wechselnde Orte einberufen – je nachdem, wo sich der König aufhielt. Im Laufe der Zeit kristallisierten sich drei bevorzugte Orte königlicher Hofhaltung heraus: Edinburgh, Perth und Stirling. Seit

Jakob I. machte eindeutig Edinburgh das Rennen; Jakob ging gar nicht mehr an andere Orte und richtete einen ständigen Hof in dieser Stadt ein. So kann Edinburgh seit dieser Zeit als Hauptstadt des Königreiches Schottland gelten.

Der Aufstieg des *Scots* zur Literatursprache

Einer der großen kulturellen Prozesse des 15. Jahrhunderts ist der Aufstieg des *Scots* zur Literatursprache. Die germanische Sprache der *Lowlands* setzte sich mit dem wirtschaftlichen und politischen Aufstieg dieser Region zunehmend durch. Für den Aufstieg des *Scots* und die Zurückdrängung des Gälischen im Festlandsbereich spielten die an der Ostküste besonders zahlreichen Städte eine große Rolle. Denn in diesen lebte eine herkunftsmäßig gemischte Bevölkerung, in der das Gälische nicht vorherrschte. Aber auch das Französische oder Flämische, welche ihre Spuren zurückließen, wurden nicht vorherrschend, sondern vielmehr jene Sprache, die zunächst *Inglis*, seit dem späten 15. Jahrhundert *Scots* genannt wurde. Der Übergang von der einen Benennung zur anderen ist schon für sich selbst ein interessantes Faktum, welches die politische Bewußtseinsbildung spiegelt: Infolge der Unabhängigkeitskriege war es für Schotten zunehmend von Bedeutung, die unter ihnen vorherrschende Sprache auch als eigene Nationalsprache zu definieren, die von derjenigen der englischen Feinde deutlicher unterschieden wurde.

Scots stand außerdem in Konkurrenz zum Lateinischen der Kirche, der Klöster und der Universitäten. Der Übergang vom Lateinischen zu den jeweiligen Volkssprachen und der Aufstieg der Volkssprache zur Literatursprache ist ein gemeineuropäischer Prozeß des späten Mittelalters, der sich am frühesten in Italien bemerken läßt und schließlich alle übrigen Länder ergreift. *Scots* als Sprache einer blühenden Literatur ist in dieser Hinsicht nicht überraschender als Englisch.

Die Bedeutung des *Scots* als Nationalsprache des Königreichs Schottland steigerte sich mit seiner Anwendung in Recht und Politik. Die schottische Krone und die schottischen Parlamente gingen seit 1424 zum Gebrauch des *Scots* in Gesetzestexten und Verordnungen über. In diesem Bereich verdrängte das *Scots* teils das Latein der Kleriker, teils aber auch das Französische, das als hohe Kultursprache seit den Anglonormannen in vielen Rechtstexten verwendet wurde.

Der Aufstieg des *Scots* wird auch und vor allem darin deutlich, daß im 14. und 15. Jahrhundert poetische und prosaische Werke von schottischen Autoren in dieser Sprache abgefaßt wurden. Die anglonormannische feudale Aristokratie, die sich in Schottland niedergelassen hatte, verwendete zu dieser Zeit *Scots* als gesprochene Sprache, Französisch aber als geschriebene. Seit etwa 1380 wurde *Scots* auch von diesem sozial führenden Personenkreis als Schriftsprache verwendet, beispielsweise in Briefen. Das erste größere literarische Werk in *Scots* ist John Barbours Versepos *The Brus* (1378). Auch aus diesem Faktum der Verknüpfung von nationalem Heldenstoff und Übergang zur Volkssprache wird die Bedeutung einer kulturellen Revolution deutlich. Diese Tradition wurde später fortgeführt von Blind Harry mit *The Wallace* (um 1470).

Im 15. Jahrhundert entstanden aber auch Gedichte ganz anderer Art in dieser Sprache. Die Dichter, welche in dieser Zeit *Scots* zur Literatursprache machten, nennt man kollektiv *Makaris* (= engl. *Makers*). Sie konnten sich ein Beispiel nehmen an König Jakob I., der in englischer Gefangenschaft eine Stanzendichtung verfaßt hatte (*The Kingis Quair*), in der er autobiographische Elemente in eine Traumvision kleidet. Unter den schottischen Sprach- und Wortschöpfern ragen vor allem vier heraus: Robert Henryson (um 1425 – um 1505) dichtete den klassischen Stoff von Troilus und Cressida weiter in seinem Versepos *The Testament of Cresseid.* Solch nachdichtendes Anverwandeln ist eine wichtige Etappe in der Entstehung aller Literatursprachen aus Volkssprachen: Der Dichter führt vor, daß das, was vorher nur lateinisch sagbar schien, auch in der eigenen, gewöhnlichen Sprache gesagt werden kann. Damit adelt er gewissermaßen die Sprache des Alltags und bereichert sie. Gavin Douglas (um 1475 – 1522) schuf eine *Scots*-Version von Vergils *Aeneis*. William Dunbar (um 1460 – um 1520) gilt als größter aller *Makaris*, seine Spannweite erstreckt sich von Allegorien über Moralsatiren bis zu einer Gestaltung des Themas der sieben Todsünden. David Lindsay (um 1490 – 1555) ist der Autor einer geistlichen Dichtung *Satire of the Three Estates* wie auch von Versdichtung mit weltgeschichtlicher Thematik (*The Monarche*). In herkömmlichen Darstellungen der englischen Literaturgeschichte gelten diese Autoren als Nachahmer Chaucers. Die Apologeten des *Scots* als einer eigenen Sprache betonen dagegen stärker die Unabhängigkeit von englischen Vorbildern und die Verflechtung mit den anderen europäischen Literaturen. Ist *Scots* nur ein Dialekt des Englischen oder eine eigene Sprache?

Zunächst einmal steht fest, daß *Scots* eine angelsächsische Sprache ist, in jedem Fall also dem Englischen sehr ähnlich. Man hat hervorgehoben, daß im *Scots* die skandinavischen Elemente stärker sind als im Englischen, nämlich insofern, als sich die Sprache aus dem Mittelenglischen entwickelte, wie es sich im *Danelag* entfaltete (dem wikingischen Reich in Northumbria) und von dort weiter nach Norden wanderte (während sich in Northumbria das Englische in der Form durchsetzte, die sich weiter südlich ausgeprägt hatte). Das wird im Wortschatz kenntlich an Beispielen wie *kirk* (Kirche), *kist* (Kiste), *breeks* (Hose) oder *brig* (Brücke). Die Grundlage ist also zunächst einmal eine angelsächsische Parallelentwicklung zu derjenigen Sprache, die sich in England ausprägte. Sie enthält aber Rudimente einer distinkten schottischen Entwicklung. Für die Geschichte des Handels und der Städte war die enge Verbindung zu Flandern und die Ansiedlung von Flamen in Schottland bedeutsam, welche sich auch im Wortschatz niedergeschlagen hat, z.B. in Wörtern wie *pinkie* (Bootstyp), *scone* (Art von Gebäck), *bucht* (Schafspferch) oder *craig* (Hals). Dasselbe gilt für die traditionell engen Verbindungen zwischen Schottland und Frankreich. *Scots* enthält französische Wörter, die sich im Englischen nicht durchgesetzt haben, wie *ashet* (für einen tiefen Teller, von frz. *assiette*), *douce* (weich oder süß), *dour* (hart oder unnachgiebig), *disjune* (Frühstück). Darüber hinaus enthält *Scots* natürlich gälische Wörter, die ebenfalls dem Englischen fremd sind: *glen* (Schlucht), *ben* (Kopf, Gipfel), *loch* (See, Meeresarm). Solche charakteristischen Wortschatzelemente stellen zumindest ein Argument dar, wenn es gilt, *Scots* als eigene Sprache zu charakterisieren. Auffallender sind Eigenheiten der Aussprache, die sich aus der

Weiter- und Sonderentwicklung des *Scots* seit angelsächsischen Zeiten ergeben, insbesondere im Bereich der langen Vokale und Diphthonge (*dead/deid, sore/sair, cow/coo*) sowie der Wortbildung (Pluralbildung: *eye/een, shoe/shune, cow/kye*) und Syntax (*the boys comes here, twa Pound*). In der überlieferten Schriftform älterer Dichtung wirkt *Scots* zudem deshalb besonders fremd, weil die Orthographie nie reguliert wurde.

Die Blütezeit des *Scots* als Literatursprache fällt in das Jahrhundert vor der Reformation. Daß die nationale Sprache der *Lowlands* danach ins Hintertreffen geriet und seit dem 18. Jahrhundert der englischen Schriftsprache weitgehend weichen mußte, hängt mit einem langfristigen Prozeß der Anglisierung Schottlands zusammen, zu dem zunächst die Reformation wesentlich beitrug (keine Übersetzung der Heiligen Schrift in *Scots*, sondern in die englische Sprache; Bevorzugung englischer Sprachformen durch John Knox und die weiteren Schriftsteller der Reformation).

Das Potential dieser Sprache wurde verschüttet, aber nicht vernichtet. Robert Burns machte das gesprochene *Lallans* im späten 18. Jahrhundert erneut zur Sprache der Dichtung. Walter Scott brachte durch die *Scots*-Elemente in den Dialogen seiner Romane die schottischen Eigenheiten ins allgemeine Bewußtsein zurück. Im 20. Jahrhundert gab es zwei Wellen einer Renaissance des *Scots*, für die sich vor allem der Dichter Hugh MacDiarmid ein Leben lang einsetzte.

Renaissance und Reformation in Schottland (1488–1603)

Epochenüberblick

Dieses Zeitalter zeigt das Königreich Schottland in engem Kontakt mit den europäischen Entwicklungen, im Wirtschaftlichen, Politischen und Kulturellen. In der Literatur, in der Architektur und in den Wissenschaften gewann Schottland Anschluß an die europäische Renaissance. Dazu trugen nicht zuletzt die engen Verbindungen einerseits zu England, andererseits zu Frankreich (*Auld Alliance*) bei, welche beide in dieser Epoche auch dynastisch bekräftigt wurden.

Mit der Reformation geriet Schottland zunehmend in den Einflußbereich Englands. Es entwickelte unter John Knox eine eigene, an Calvins Genf orientierte Spielart einer gemeindekirchlichen Reformation, in der die Laien viel zu sagen hatten. Es entwickelte sich aber auch ein nahes Verhältnis zu England. Die Protestantisierung Schottlands bedeutete faktisch zugleich eine Anglisierung.

In Schottland gab es zwar schon eine ältere Bildungsbewegung, die vor allem darin deutlich wird, daß seit 1496 eine königliche Vorschrift bestand, derzufolge die Ältesten der adligen Familien und der vermögenden Landbesitzer Latein lernen und möglichst studieren sollten, um dem König in dieser oder jener Funktion dienen zu können. Die Universität Aberdeen (seit 1495), an der zuerst Laien zum Studium zugelassen waren, bot dafür Möglichkeiten. Durch die Reformation jedoch wurden solche Bildungsbestrebungen auf eine breitere Basis gestellt: Möglichst jeder Christ sollte lesen und schreiben können, um sich selbst im Kontakt mit der Heiligen Schrift ein Fundament seines Glaubens zu legen. Das führte zu einer im europäischen Maßstab relativ geringen Analphabetenrate, die auch als Grundlage für den staunenswerten Aufstieg schottischer Wissenschaft zu Weltgeltung im Zeitalter der Aufklärung gesehen werden kann.

Unter der Stuart-Dynastie stabilisierte sich das Königreich Schottland; die Krise unter Maria Stuart konnte langfristig bereinigt werden. Ihr Sohn und Nachfolger auf dem schottischen Thron, Jakob VI., bestieg nach dem Tod ihrer Rivalin Elisabeth den englischen Thron. Mit ihm begann die Personalunion von England und Schottland, mithin eine neue Epoche der schottischen Geschichte.

1488–1513	Jakob IV.
1492	Glasgow wird Erzbistum.
1503	Jakob IV. schließt die Ehe mit Margaret Tudor.
1507	Chapman und Myllar errichten in Edinburgh die erste Druckerei in Schottland.
1513	Schlacht von Flodden: Niederlage der Schotten gegen die Engländer und Tod Jakobs IV.
1513–42	Jakob V.
1542	Schlacht von Solway Moss: Niederlage der Schotten gegen die Engländer und Tod Jakobs V.
1543–60	Regentschaft der Maria von Guise. Kardinal Beaton ermordet.
1546	Schlacht von Pinkie: Sieg der Engländer.
1557	Erster *Covenant* protestantischer *Lords of the Congregation.*
1558	Maria Stuart heiratet den franz. Dauphin.
1560	Vertrag von Berwick zwischen England und Schottland. Reformationsparlament. *Book of Discipline.*

1561 Rückkehr der Maria Stuart nach Schottland.
1567 Maria Stuart abgesetzt. Jakob VI. Regentschaft.
1578 *Second Book of Discipline.*
1582 Gründung der Universität Edinburgh.
1586 Bündnisvertrag Jakobs VI. mit England.
1587 Maria Stuart in Fotheringhay hingerichtet.
1592 *Golden Act*: Bestätigung der Presbyterianischen Kirche.
1593 Gründung einer zweiten Universität in Aberdeen: Marischal College.
1598 Jakob VI.: *True Law of Free Monarchies.*
1599 Jakob VI.: *Basilikon Doron.*
1603 Nach dem Tode Elisabeths wird Jakob VI. von Schottland als Jakob I. auch König von England.

Von Jakob IV. zu Jakob V. (1488–1542)

Die Durchsetzungsfähigkeit eines Monarchen mußte sich in Schottland zunächst im Umgang mit seinen Rivalen, mit den Magnaten, insbesondere auch in den entfernteren Gebieten in den *Highlands* zeigen. Ohne Zweifel arbeiteten die Könige aus dem Hause Stewart hart daran, sich gegenüber den Douglases, den Macdonalds, den Campbells usw. die nötige Statur zu geben. In stärkerem Maße als diese Familien, die wesentlich in ihren Regionen verwurzelt waren, hatte der König einen europäischen Horizont. Das betraf die Möglichkeiten von Heiratsbündnissen und Außenpolitik sowie die künstlerischen und wissenschaftlichen Beziehungen. Im Ergebnis zeigte sich, daß die schottischen Stewarts gleichberechtigt mit den europäischen Monarchen verkehren konnten und die Verbindungen zu nutzen verstanden, die sich ihnen boten.

Seine Kirche hatte der schottische König vollkommen in der Hand. Bis zur Mitte des 16. Jahrhunderts kooperierten Kirche und Krone in Schottland reibungslos; die Könige sahen keine Versuchung darin, die Klöster zu enteignen und die Macht der Kirche zu brechen – im Gegenteil: Die Stabilität der Kirche diente auch zur Stabilisierung der Krone. Für den Aufbau von Institutionen der Verwaltung und der Gerichtsbarkeit war die Kooperation der Kirche unverzichtbar.

Wenn die schottischen Könige dieses Zeitalters einen erkennbaren Renaissance-Charakter aufwiesen, so hauptsächlich in einem äußerlichen Sinne, daß sie sich nach Kleidung und Hofhaltung, Architektur und Repräsentation, Waffentechnik und Patronage den Formen anpaßten, die sie in Frankreich erleben konnten. Jakob IV., der Sohn des ermordeten Jakobs III., paßte insofern in sein Zeitalter, als er splendid auftrat und sich aktiv um die Durchsetzung seiner Herrschaftsrechte kümmerte (gegen rivalisierende Familien, auch gegen die *Lords of the Isles*, schließlich auch gegen die *Border Reivers*, welche damals das englisch-schottische Grenzgebiet unsicher machten und vom Viehdiebstahl lebten). Er war bemüht, neben seinem Heer (Förderung der zeitgemäßen Artillerie) auch eine Marine aufzubauen und ließ mit dem *Great Michael* das vielbestaunte größte Schiff seiner Zeit bauen.

Jakob IV. förderte die Bildung: 1495 wurde die dritte schottische Universität in Aberdeen gegründet mit der Besonderheit, daß dort auch Nicht-Geistliche studieren konnten. Im Jahr darauf erließ er jene berühmte Aufforderung an die Adligen und Landbesitzer, den ältesten Sohn Latein lernen und studieren zu lassen, welche auf Dauer aus Schottland ein anderes Land machen sollte. 1507 stellte er ein Patent aus, das Schottland die Anfänge des Buchdrucks brachte: Der Kaufmann Walter Chapman und der Buchhändler Andrew Myllar, beide Bürger von Edinburgh, begannen dieses Pionierwerk. Hinter der technischen Neuerung stand ein konservatives Anliegen: Durch die Verbreitung eines schottischen Meßbuches sollte das Eindringen englischer Neuerungen verhindert werden. Aber auch für die Dichtung in *Scots* und für die Chroniken, desgleichen für Gesetzgebung und Parlament, wurde die Verfügung über die neue Drucktechnik mit beweglichen Lettern wichtig.

Die Außenpolitik Jakobs IV. war bestimmt durch sein Heiratsbündnis mit England und einen Friedensvertrag; allerdings wurde auch die *Auld Alliance* mit Frankreich erneuert. Der König konnte nur hoffen, beide Tendenzen zu einem Ausgleich zu bringen und nicht auf seine militärische Beistandspflicht von beiden Seiten angesprochen zu werden. 1503 heiratete er Margaret Tudor, die Tochter Heinrichs VII., des ersten Tudor-Königs, der sich auf dem englischen Thron durchgesetzt hatte. Dieser war an einer Stabilisierung seiner Herrschaft durch Frieden interessiert; er hatte genug zu tun, indem er sich gegen Prätendenten wehren mußte, die ihm seine Herrschaft streitig machten.

Dieses friedliche Verhältnis wurde aufs Spiel gesetzt von seinem Sohn und Nachfolger Heinrich VIII. von England, der einen glanzvollen Auftritt auf der europäischen Bühne erstrebte und sich nicht scheute, einen Krieg gegen Frankreich vom Zaun zu brechen. So wurde auch Schottland in den Krieg hineingezogen. Heinrich VIII. zog 1513 gegen seinen Schwager im Norden zu Felde. In der Schlacht von Flodden (bei Berwick-upon-Tweed) wurde das schottische Heer vernichtend geschlagen; der König selbst war unter den Toten.

Dieses Ereignis war ein Desaster, auch wenn Heinrich VIII., bedingt durch die Lage an den anderen Fronten, nicht weiter nach Schottland vorrückte. Wieder einmal war der Thronfolger nur ein Kind, dessen mangelnde Handlungsfähigkeit durch Regentschaften überbrückt werden mußte. Zwar erwies sich Jakob V., als er sechzehnjährig die Zügel selbst in die Hand nahm, als fähiger und durchsetzungsfähiger Herrscher. Er trat mit Stärke gegen die rivalisierenden Magnaten auf, kümmerte sich persönlich um die Verbesserung und Beschleunigung der Rechtspflege und verstetigte den obersten Gerichtshof, der sich in Edinburgh herausgebildet hatte, indem er Besoldungen für die Richter sicherte (*College of Justice*, 1532). Er heiratete zweimal französische Prinzessinnen (zunächst 1537 Madeleine, Schwester des Königs; als diese binnen kurzem verstarb, 1538 Maria von Guise) und suchte eine Stärkung der schottischen Position durch die Erneuerung der traditionellen Kooperation mit Frankreich. Aber sein Schicksal ähnelte dem seines Vaters: Heinrich VIII. zog, erzürnt durch die französische Verbindung, wiederum zu Felde. Ohne Kriegserklärung überschritten seine Truppen die schottische Grenze, wo sie zwar zunächst bei Hadden Rig (bei Berwick-upon-Tweed) geschlagen wurden, doch das wahre Desaster ereilte den schottischen Gegenangriff: Bei Solway Moss erfochten die Engländer einen rauschenden Sieg. Jakob V., heißt es, zog sich vom Leben zurück und starb kurz darauf vor Gram. Er hinterließ als einzigen

Leibeserben eine Tochter, die gerade erst geboren worden war, Maria. Und deren nächster männlicher Verwandter war der englische König…

Universitäten

Erstaunlicherweise wurde außer den schon bestehenden beiden Hochschulen 1495 in Aberdeen noch eine weitere schottische Universität gegründet, so daß Schottland seit dem Ende des Mittelalters mehr Universitäten sein eigen nannte als England. Eine Neuerung in Aberdeen war, daß nun das Studium auch für Nicht-Kleriker geöffnet wurde. Die Verteilung folgt den Strukturen, die sich im mittelalterlichen Schottland herausgebildet hatten: St Andrews war der führende Bischofssitz und seit 1472 als Sitz eines Erzbischofs und Primas von Schottland anerkannt; Glasgow war die zweitwichtigste Kathedrale und dominierte den westlichen Bereich der *Lowlands*; außerdem sollte Glasgow stärker das Studium des Rechts ins Zentrum stellen als St Andrews. Die dritte schottische Universität Aberdeen wurde zur Universität für die *Highlands*. Entsprechend ihrem Charakter als Universitäten für bestimmte Regionen waren die Studentenzahlen der schottischen Universitäten verhältnismäßig gering, aber konstant.

Unter der Herrschaft Jakobs IV. richtete einer seiner Söhne 1512/13 in St Andrews ein neues College ein (St Leonard's), das hauptsächlich den theologischen Nachwuchs fördern sollte. 1505 gründete Jakob IV. ein folgenreiches *College of Surgeons*, eine Schule der Medizin. Im Zuge der Reformation erhielt dann auch Edinburgh eine Universität.

Gewiß gab es auch im Spätmittelalter noch bedeutende Kirchenbauten – man denke nur an die heute noch staunenerregende Rosslyn (auch Roslin) Chapel, die mit ihren gotisch verzierten Säulen nur im Bezug auf maurische Steinmetzkunst verständlich ist. William Sinclair, der letzte Duke of Orkney, ließ hier von 1450 bis zu seinem Tod 1484 den reichsten Schmuck, den man an einem Gebäude in Schottland finden kann, aus dem Stein heraushauen. Vor allem die kannellierte, zugleich aber auch spiralig emporstrebende, vielfach ausziselierte Überfülle an Verzierungen der Lehrlingssäule (*Prentice Pillar*) ist durch den Bestseller von Dan Brown (*The Sacrilege*, dt. *Der Da-Vinci-Code*, 2003) zu einem Magneten für die Massen geworden.

Seit Jakob I. begannen die Könige auch in Schottland, repräsentative Gebäude zu errichten, welche über die bloße Verteidigungs- und Festungsfunktion hinausgingen. Ausgangspunkte dieser Entwicklung waren die adligen Landsitze überall in Europa. Nun aber gehörte es zu einem königlichen Palast, daß für den Herrn und die Herrin getrennte Flügel gebaut wurden. Die Dimensionen änderten sich, weil inzwischen immer zahlreicheres Personal (300–350 Personen im späten 15. Jahrhundert) zu einem königlichen Haushalt gehörte. Immer mehr Wert wurde auf kunstvolle Dekorationen gelegt; der Unterschied zu den Festungen der Magnaten wurde ständig größer. Vor allem die zentrale Halle solcher Schlösser wurde möglichst großzügig und repräsentativ gestaltet. Jakob I. begann zwei ganz und gar neue Residenzschlösser, in Linlithgow (1424–

1428) und Leith (1434). Letzteres ist vollkommen zerstört, aber Linlithgow, obwohl ohne Dach und stark beschädigt, läßt noch die Dimensionen einer gewaltigen vierflügligen Anlage mit Türmen an den vier Ecken erkennen. Jakob IV. initiierte zwischen 1500 und 1513 den Ausbau verschiedener Residenzen, vor allem in Edinburgh und Stirling. Das früheste weltliche Gebäude Schottlands, das offenkundig Renaissance-Einflüsse zeigt, ist die Große Halle von Stirling Castle, 1503 vollendet. Diese Halle war auch wegen ihres Anspruchs bemerkenswert: der größte überdachte Raum in Schottland außerhalb der Kirchen. In dieser Zeit wurde viel Geist darauf verwendet, in Wappen und Turnieren, in Verzierungen und symbolischen Verschlüsselungen aller Art eine mittelalterliche Ritterwelt zu evozieren, in welcher König Arthur und seine Tafelrunde im Zentrum standen. Alle diese Türmchen und Erkerchen sind von den klaren Formen späterer Zeit noch weit entfernt; sie verkörpern eher den »Herbst des Mittelalters« als den Beginn der Neuzeit.

Das gilt zunächst auch noch für die Verbesserungen und Hinzufügungen, welche Jakob V. verantwortete (beispielsweise ein neuer Wohnturm zu Holyrood Palace, 1528–1532), es änderte sich jedoch, als er durch seine beiden Ehen mit französischen Frauen nähere Bekanntschaft mit dem aktuellen Stil in Frankreich schloß. Nun wurden vom französischen Hof königliche Baumeister und Steinmetze gesandt, welche nach den Architekturbüchern der Renaissance arbeiteten und die vorhandenen Paläste teilweise nach ihren Vorstellungen umarbeiteten. Sie schufen Säulenordnungen (dorisch, ionisch, korinthisch); die Fassadengestaltung wurde nach formalen Gesichtspunkten neu gestaltet. Dies betraf zunächst den königlichen Palast von Falkland (seit 1538). Auf Schloß Stirling fügte Jakob V. einen neuen Flügel hinzu (1538–1542), welcher in seinen Bogen und Nischen mit Statuen Einflüsse der Renaissance erkennen läßt.

Insgesamt zeigt die Baukunst dieses Zeitalters Schottland in engem Kontakt mit europäischen Entwicklungen, wenn auch die Ergebnisse oft eklektizistisch ausfielen und die avanciertesten Neuerungen hier am Rande Europas nicht kompromißlos durchgeführt wurden. Es läßt sich allgemein eine Verschiebung von der kirchlichen auf die weltliche Baukunst feststellen und eine Erhebung der königlichen Dynastie über alle minderen Gewalten.

Die Reformation und Maria Stuart: Schottland zwischen Frankreich und England

Die Reformation zeitigte einschneidende Konsequenzen für Schottland; das schottische Volk wurde langfristig durch die Reformation geprägt. Und doch ist das Zustandekommen dieser Veränderung in Schottland alles andere als konsequent. Eine komplexe Ereignisfolge enthält viele Zufälle und überraschende Umschwünge.

Schottland lag einerseits am Rand Europas, andererseits hatte es über England wie auch über Frankreich engste Verbindungen zum zentralen Geschehen. Daß das Auftreten Martin Luthers und die Reformationsereignisse in Deutschland die Schotten stark beeindruckt hätten, läßt sich nicht erkennen. Es waren einzelne Theologen, Kaufleute und Adlige, welche reformatorische Schriften lasen und mitbrachten, z.B. aus Dänemark, wo in den 1530er

Jahren einiges für den schottischen Markt gedruckt wurde. In Schottland selber gab es keine reformatorische Presse. Allerdings beobachtete man die Vorgänge im benachbarten England mit wachem Bewußtsein. Aber die Reformation, die sich dort infolge der Loslösung der anglikanischen Kirche von Rom unter Heinrich VIII. entwickelt hatte, blieb lange uneindeutig in ihrer Doktrin und konsolidierte sich erst um die Jahrhundertmitte.

Einzelne Personen, welche in Schottland als Propagatoren der Reformation auftraten, wurden ebenso wie in andern Ländern hart verfolgt. Patrick Hamilton wurde 1528 als Lutheraner hingerichtet.

Mißstände innerhalb der Kirche, die in anderen Ländern beim Übergang zum neuen Glauben oft eine große Rolle spielten, fehlten auch in Schottland nicht. Es war vor allem die schamlose Entfremdung von Kirchengut, welche die Fundamente der Kirche erschütterte. Immer mehr hatten die Krone und auch Magnaten Kirchengut verpfändet, kirchliche Pfründen aus politischen Gründen vergeben, Kirchengut zur Fundierung von Universitäten und anderen Anstalten verwendet. Dies führte allerdings in Schottland keineswegs zu einem kochenden Antiklerikalismus wie in Deutschland oder England. Vielmehr waren die Laien sehr interessiert an solchen Möglichkeiten, von denen sie selber auch zu profitieren hofften.

Die Fronten waren in Schottland noch unklarer geworden, nachdem das Papsttum, erschreckt von kirchenfeindlichen Bestrebungen gerade auch in England, alles tat, um die schottischen Interessen nicht zu verletzen. Während der frühen Jahrzehnte der Reformation wurden die Schotten hofiert; die Könige konnten in bis dahin ungekanntem

Maße auf Kirchengut zurückgreifen und dem Klerus und den Klöstern Sondersteuern auferlegen. So waren es schließlich politisch-dynastische Zufälle, welche das historische Geschehen ins Rollen brachten, an dessen Ende das Ergebnis der Reformation steht.

1542 ruhten die Aussichten der Stewart-Dynastie auf einem soeben erst geborenen weiblichen Säugling: Maria. Dieses Kind war Spielball europäischer Großmachtinteressen (zwischen England und Frankreich, zwischen Tudor und Valois) wie auch der Machtauseinandersetzungen zwischen schottischen Magnaten, deren Wohl und Wehe davon abhing, ob dieses Kind überleben würde und wer sich gegebenenfalls damit ganz nah am Thron positionieren konnte oder alle Chancen auf ein Vorwärtskommen verlor. Die nächsten beiden Interessenten und Rivalen waren James Hamilton, der zweite Earl of Arran, Urenkel König Jakobs II., und Matthew Stewart, vierter Earl of Lennox, ebenfalls ein Nachfahre Jakobs II., außerdem verheiratet mit Margaret Douglas, einer Tochter von Margaret Tudor aus deren zweiter Ehe mit dem Earl of Angus. Man sieht, daß bei diesen Personen stets nicht nur die schottische Erbfolge im Visier war, sondern zugleich die englische.

Deshalb wurde 1542 auch von England aus alarmiert auf Schottland geachtet. Denn angesichts der sechs Ehen des Königs zweifelten in England selbst nicht wenige an der Legitimität der Erbfolgeregelung, welche Heinrich VIII. getroffen hatte. Von katholischer Seite war die Scheidung Heinrichs von seiner ersten Frau, Katharina von Aragón, nie anerkannt worden. Aus dieser Sicht galten seine Kinder aus späteren Ehen (Eduard, Elisabeth) als illegitim. Die Erbfolge hätte damit zuerst Maria Tudor berücksichtigen müssen, dann aber die Nachfahren von Margaret Tudor, in erster Linie Maria Stuart.

Diese war nun als Säugling Königin von Schottland; ein Machtkampf um die Regentschaft schien unvermeidlich. Im Januar 1543 wurde zuerst der Earl of Arran zum Regenten ernannt, der sich durch zwei Merkmale positioniert hatte: Er war reformationsfreundlich und englandfreundlich. Unter seiner Regentschaft wurden Bibeln in englischer Sprache in Umlauf gebracht; die Verbreitung protestantischer Schriften wurde nicht mehr verfolgt. Und es wurden Verhandlungen über ein dynastisches Bündnis mit England aufgenommen. Im Vertrag von Greenwich (1. Juli 1543) wurde eine Heirat zwischen Maria und Eduard, dem englischen Thronerben, vorgesehen. Dies allerdings war nur ein vorübergehendes Ergebnis, weil es alle Gegenkräfte weckte. Besonders Heinrich VIII. versäumte keine Gelegenheit, die Schotten vor den Kopf zu stoßen und in ihren nationalen Gefühlen zu verletzen, indem er beispielsweise die Auslieferung des Babys und seine Erziehung in England verlangte. Der Umschwung kam prompt: In Edinburgh setzten sich die Gegenkräfte durch, an ihrer Spitze Erzbischof Beaton. Im Dezember 1543 weigerte sich das schottische Parlament, den Vertrag von Greenwich zu unterzeichnen. Die Verbreitung protestantischer Schriften wurde wieder unter Strafe gestellt, die *Auld Alliance* mit Frankreich wiederhergestellt; Maria Stuart sollte den Sohn des französischen Königs heiraten.

Der englische König reagierte erwartungsgemäß verärgert und brutal. Was sich in den folgenden Jahren abspielte, ging in die Geschichtsbücher ein als *Rough Wooing* (›ungehobelte Brautwerbung‹). Mit militärischen Schlägen in den *Borders* suchte der alternde Monarch den nördlichen Nachbarn zu zeigen, wo wirklich Macht und Stärke lagen. Doch als Heinrich VIII. im Januar 1547 starb, brachte das wenig Erleichterung. Denn er hatte seinen Sohn Eduard VI. zum Nachfolger bestimmt, dessen Onkel als Regent fungierte (Edward Seymour, Earl of Hertford, nun zum Duke of Somerset erhoben). Dieser setzte in England den Protestantismus durch und zog erneut gegen die Schotten. 1547 besiegte er ein schottisches Heer bei Pinkie und belegte eine Reihe von Festungen in den *Lowlands* mit englischen Besatzungen. Er setzte sich zwar militärisch durch, machte aber die Sache des Protestantismus und Englands in Schottland nicht gerade beliebt. Dort reagierte das Parlament vielmehr gerade so, wie es in vergleichbaren Situationen immer reagiert hatte: mit Trotz. Im Juli 1548 wurde das königliche Kind mit Franz, dem zweiten Sohn des französischen Königs, verlobt. Die Franzosen investierten begeistert, um die entscheidenden Figuren in Schottland günstig zu stimmen (Arran wurde mit der Grafschaft Châtelherault beschenkt, deren Namen er fortan führte). Als Somersets Regentschaft zusammenbrach (1550), zog England seine Truppen aus Schottland zurück. Franzosen übernahmen nun wichtige Ämter in Schottlands Regierung und Verwaltung. Maria von Guise, die streng katholische und französisch ausgerichtete Mutter des königlichen Kindes, wurde 1554 zur Regentin Schottlands ernannt.

Währenddessen hatte in England ein erneuter Umschwung stattgefunden: Nach dem frühen Tod des Kindkönigs (Eduards VI.) 1553 kam Maria Tudor auf den Thron; es folgte eine Phase der katholischen Gegenreformation mit zahlreichen protestantischen Märtyrern. Da Maria Tudor 1552 die Ehe mit Philipp II. von Spanien schloß, schien es nun plötzlich so, als reiche das habsburgische Interesse bis zum Tweed; das Haus Valois hatte um so mehr Grund, die Festungen der *Borders* auszubauen und in Schottland zu investieren.

In dieser politisch und dynastisch höchst komplexen Großwetterlage nahm nun auch die religions- und kirchenpolitische Auseinandersetzung eine neue Wendung; die für die schottische Reformation entscheidende Figur betrat die Bühne: John Knox. Er war ursprünglich ein katholischer Priester, der sich jedoch von George Wishart für die Lehre Luthers hatte begeistern lassen. Dieser war 1544 und im Jahr darauf als protestantischer Prediger und Propagator aufgetreten, aber 1546 als Unruhestifter und Irrlehrer hingerichtet worden. John Knox schloß sich jenen protestantischen Adligen an, die sich dafür rächten, indem sie im selben Jahr den Erzbischof und Kardinal Beaton ermordeten. Sie verschanzten sich in St Andrews; als die Franzosen das Schloß belagerten und einnahmen, wurde Knox zu einer Galeerenstrafe verurteilt. 1549 entlassen, ließ er sich im protestantisch gewordenen England Eduards VI. nieder und erwarb sich einen Ruf als mitreißender Prediger. Nach dem Wechsel zu Maria sah er sich erneut ins Exil getrieben. Er floh zu Calvin nach Genf. Von dort kehrte er, noch fanatischer als zuvor, 1555 nach Schottland zurück, wo er umherreiste, um die vorhandenen Protestanten zum Aufstand zu bewegen. Es gelang ihm, einige der Adligen für die protestantische Sache zu gewinnen, die in den folgenden Jahren in Schottland die Reformation bewirkten.

Zunächst aber waren in Schottland noch Maria von Guise und die französische Partei an der Macht. Knox wurde unter dem Vorwurf der Ketzerei vor ein bischöfliches Gericht zitiert; aber Maria von Guise ließ ihn nach Genf entkommen. Dies hing damit zusammen, daß sie zwischen beiden Lagern zu vermitteln suchte und gelegentlich diese, gelegentlich jene Seite förderte. In Schottland breitete sich auch nach der Abreise von John Knox protestantisches Schrifttum aus; eine nicht unbeträchtliche Gruppe von Adligen war für das neue Denken und den neuen Glauben gewonnen worden und schloß sich förmlich in einem Bund zusammen (Dezember 1557). Sie mußten fürchten, daß ihre Entfaltungsmöglichkeiten durch die bevorstehende dynastische Union von Schottland und Frankreich bald völlig beschnitten würden. Maria Stuart war inzwischen 15 Jahre alt geworden; die Eheschließung mit dem französischen Königssohn wurde im April 1558 vollzogen. Doch im November desselben Jahres starb die englische Königin Maria Tudor, und es folgte ihr ihre Halbschwester Elisabeth, welche den protestantischen Kurs einschlug. In katholischer Sicht war Maria Stuart die Anwärterin mit dem triftigeren Recht auf die englische Krone, mochte das auch im englischen Parlament anders entschieden worden sein!

Damit nicht genug der Überraschungen: In einem Turnier zog sich der französische König Heinrich II. eine tödliche Verletzung zu und starb am 10. Juli 1559. Sein Bruder rückte als Franz II. nach; die schottische Königin Maria Stuart war plötzlich zugleich Königin von Frankreich geworden! An der Stelle des jungen Königs regierten in Frankreich seine Onkel aus dem Hause Guise, welche durch harte Maßnahmen der Rekatholisierung in Frankreich einen Religions- und Bürgerkrieg auslösten und dadurch dieses Königreich für mehrere Jahrzehnte lähmten. Aber auch in Schottland wurde durch diese Ereignisfolge ein komplexes Geschehen in Gang gesetzt, das einerseits als Reformation beschrieben werden kann, andererseits aber ebenfalls als Bürgerkrieg.

Seit Mai 1559 war John Knox erneut in Schottland. Die Zahl der politisch unzufriedenen und protestantisch orientierten Adligen wuchs. Durch seine rabiaten Predigten, die nicht nur zu neuem Glauben, sondern auch zu politischem Handeln aufriefen, wurden verschiedentlich Volksmassen zum Bildersturm aufgewiegelt, zuerst in Perth im Mai 1559. Im Sommer 1559 wurden neue Truppen aus Frankreich nach Schottland geschickt. Dies trieb die protestantischen Adligen schließlich zur Rebellion. Die protestantische Sache verband sich mit der Sache der schottischen Freiheit und der Unabhängigkeit des schottischen Königreiches. Die *Lords of the Congregation* erklärten im Oktober 1559 die Regentin Maria von Guise für abgesetzt und beanspruchten, mit dem Earl of Arran (nun Châtelherault) als Prinzen von Geblüt an der Spitze, im Namen der abwesenden Maria Stuart und ihres Gemahls Franz' II. als provisorische Regierung zu fungieren.

Hinter dieser Konstellation stand der anglophile und protestantische Lord James Stewart. Er konnte die englische Hilfe vermitteln, welche die *Lords of the Congregation* dringend brauchten, wenn sie gegen Maria von Guise und die französische Partei bestehen wollten. Dies traf mit den Intentionen von John Knox zusammen, der in seiner Zeit in England die Vorstellung eines gemeinsamen englisch-schottischen Reiches entwickelt hatte, dessen Religion selbstverständlich protestantisch sein sollte. Die treibende Kraft in England war William Cecil. Elisabeth selbst hatte Skrupel, in die dynastisch verbrieften Rechte ihrer Verwandten Maria Stuart einzugreifen. Im Februar 1560 wurde in Berwick ein Vertrag geschlossen, in dem sich England verpflichtete, die Herrschaft Châtelheraults militärisch zu stützen und die französischen Truppen zum Abzug aus Schottland zu bewegen. Daß Frankreich nicht mit entsprechenden Gegenmaßnahmen reagieren konnte, lag einerseits an den inneren Unruhen, andererseits daran, daß Maria von Guise am 11. Juni 1560 verstarb, also die Führungsfigur des französischen Interesses in Schottland plötzlich weggefallen war. Frankreich kapitulierte; der Vertrag von Edinburgh (Juli 1560) legte fest, daß die französischen und die englischen Truppen sich aus Schottland zurückziehen sollten, erklärte aber auch eine Anerkennung Elisabeths als Königin von England.

In dieser Situation trat im August 1560 in Edinburgh ein Parlament zusammen, an dem überraschend viel mehr Adlige und Landbesitzer teilnahmen als gewöhnlich, und zwar vor allem aus den *Lowlands*, so daß sich plötzlich eine protestantische Mehrheit zeigte und die entscheidenden Schritte für eine Reformation Schottlands eingeleitet werden konnten. Zwar wurden nicht auf einen Schlag die radikalen Maßnahmen durchgesetzt, welche John Knox in seinem *First Book of Discipline* zur Grundlage einer Reformation gemacht hatte. Aber nun war der Weg für weitere Veränderungen im Sinne der Reformation prinzipiell frei. Einer radikalen Umstellung der kirchlichen Verhältnisse standen vor allem die Besitz- und Eigentumsverhältnisse entgegen, denn die Adligen und Landbesitzer waren es ja, welche in erster Linie von der Entfremdung der Kirchengüter profitiert hatten.

Im Dezember 1560 starb unerwartet der junge französische König Franz II. Seine 18jährige Witwe Maria Stuart fand keinen Platz mehr am französischen Hof und entschloß sich, nach Schottland zurückzukehren (August 1561). Dort stand mittlerweile ihr Halbbruder Lord James Stewart an der Spitze der provisorischen Regierung der protestantischen Rebellen. Verhandlungen sicherten einerseits die Ergebnisse des Reformationsparlamentes vom Vorjahr, andererseits sollte Maria Stuart für sich bei ihrem katholischen Glauben bleiben dürfen, sofern sie nur die protestantischen Ratgeber als ihre Regierung akzeptierte. Für einen Radikalen wie John Knox war ein solcher Kompromiß unerträglich; er stachelte seine Hörer zum Aufstand gegen die erste katholische Messe der Königin an, wurde jedoch in seine Schranken gewiesen. Für viele Schotten bot Maria Stuart, eine kluge und politisch erfahrene, aber auch schöne und gewinnende Frau, die Gewähr für eine Stabilisierung der Dynastie und ein Ende des Bürgerkrieges. Sie lavierte anfangs geschickt zwischen den gefährlichen Klippen, die es in ihrem Land in einer Bürgerkriegssituation zu umschiffen galt. Sie machte sich beliebt durch öffentliches Auftreten und splendide Hofhaltung und sicherte sich die Loyalität des Landes durch Reisen. Vor allem aber gelang es ihr, in der Frage der Kirchengüter zu einer Lösung zu kommen, welche die jeweiligen Interessenten zufriedenstellte (freilich nicht den Papst und die Vertreter der Prinzipien der alten Kirche). Diese Lösung sah vor, den Inhabern entfremdeter Kirchengüter zwei

Drittel zu lassen und das übrige Drittel zur Besoldung der Pfarrer und für Belange der Krone zu verwenden.

Daß nun eine katholische Königin an der Spitze eines protestantischen Staates stehen sollte, war im 16. Jahrhundert kaum zu vermitteln. Hinnehmbar war es nur als ein Übergangszustand, der sich so oder so klären würde, wenn die Königin wieder heiratete. Maria entschloß sich 1565 zu einer Ehe mit Henry Stewart, Lord Darnley. Er war der Erbe des Earl of Lennox und hatte seit Jahrzehnten im englischen Exil gelebt. Außerdem war er ein Prinz von Geblüt, nämlich ein Enkel von Margaret Tudor, mithin ein naher Verwandter Marias. Klug war an dieser Verbindung, daß sie mit den Lennox Stewarts eine der führenden Magnatenfamilien restituierte, auf die sie sich künftig in Schottland stützen konnte; unklug, daß sie damit Rivalen wie Moray und Châtelherault in die Rebellion trieb. (Beide wurden niedergeworfen und ins Exil geschickt.) Die Hochzeit mit dem katholischen Darnley erfolgte nach katholischem Ritus, so daß die neuetablierten Protestanten den Beginn der Gegenreformation fürchteten. Marias Idee war ein Ausgleich der verschiedenen Interessen; sie wollte die Königin aller Schotten sein. Am Ende wurde sie zwischen den divergierenden Interessen der Schotten zerrieben: zwischen den rivalisierenden Magnatenbündnissen, zwischen den verfeindeten Konfessionen und zwischen den gegnerischen Bündnisoptionen.

Maria heiratete Darnley nicht zuletzt auch wegen seines Äußeren: Sein Glück und Unglück war seine strahlende männliche Schönheit. Diese scheint sie anfangs über seine charakterlichen Defizite hinweggetäuscht zu haben, die binnen kurzem offenkundig wurden und zu einer Entfremdung der beiden führten. Gerüchte gingen um von einem kompromittierenden Umgang der Königin mit ihrem italienischen Sekretär David Riccio. An der Spitze einer protestantischen Verschwörung drang Darnley im März 1566 bei der Königin ein, um den Italiener vor ihren Augen zu ermorden. Maria war hochschwanger. Am 19. Juni 1566 gebar sie einen gesunden Knaben, der in einer feierlichen Zeremonie nach katholischem Ritus auf den französischen Namen Charles und den englischen James getauft wurde. Die Stuart-Linie hatte wieder einen männlichen Erben, der später als Jakob VI. König von Schottland werden sollte – doch mehr als das: Auch die englische Krone erbte er nach dem Tode Elisabeths und schuf so durch Personalunion jene nahe Verbindung von Schottland und England, welche zu einer staatlichen Einheit ausgestaltet werden konnte.

Während in diesem Kleinkind ein Symbol schottischer Einigkeit entstanden war und es zeitweilig so aussah, als sei der Bürgerkrieg nun beendet und ein Ausgleich von Katholiken und Protestanten möglich, trieben die Ereignisse doch von Bluttat zu Bluttat und von Greuel zu Greuel weiter. Am 10. Februar 1567 wurde Darnley ermordet, indem Unbekannte das Haus anzündeten, in dem er sich aufhielt, und ihn erdrosselten, als er sich aus den Flammen rettete. Darnley hatte Feinde genug; aber sofort war auch das Gerücht in der Welt, Maria habe davon gewußt oder gar dazu angestiftet. Wer der oder die Mörder waren, wurde nie geklärt; allerdings wurde ein Hauptverdächtiger, James Hepburn, der vierte Earl of Bothwell, von einem Gericht ausdrücklich freigesprochen. Dieser Bothwell entführte kurz darauf die Königin (mit ihrem Einverständnis?), ließ sich von seiner ersten Frau scheiden und heiratete Maria nach protestantischem Ritus auf seinem Schloß (15. Mai 1567).

Eine solche Verkettung von Geschehnissen und Taten brachte dann doch das Faß zum Überlaufen; eine Konföderation protestantischer Lords erzwang ihre »freiwillige« Abdankung (24. Juli) und die Krönung des einjährigen Kindes als Jakob VI. (29. Juli). Bothwell mußte ins Exil und starb später, nachdem er als Pirat aufgegriffen worden war, in einem dänischen Gefängnis. Maria Stuart wurde auf Lochleven Castle festgesetzt, entkam jedoch (Mai 1568). Als eine Gruppe ihrer Anhänger im Feld geschlagen wurde, floh sie überraschend nach England und überantwortete sich der Gnade Elisabeths. Nach beinahe zwei Jahrzehnten Gefangenschaft wurde sie wegen Hochverrats hingerichtet (Fotheringhay, 8. Februar 1587).

In Schottland ließen sich Wirren nach Marias Flucht kaum vermeiden, wenn nun auch offensichtlich die protestantischen Adligen Oberwasser hatten. Moray wurde 1570 ermordet, Lennox 1571. 1572 übernahm ein dezidiert protestantischer und englandfreundlicher Regent die Geschäfte: James Douglas, der vierte Earl of Morton. Jede Herrschaft konnte nur im Namen des unmündigen Königs ausgeübt werden; jede rivalisierende Gruppe suchte sich seiner zu bemächtigen und ihn in ihrem Interesse für volljährig zu erklären – bereits seit seinem 12. Lebensjahr. Das Hin und Her dieser Palastrevolten braucht uns hier nicht zu interessieren. Der katholisch getaufte König wurde jedenfalls unter protestantischem Einfluß erzogen. Mit George Buchanan gehörte von 1570 bis 1582 ein Gelehrter von europäischem Ruf zu seinen Erziehern. Buchanan vertrat die

Lehre von der Souveränität des Volkes in seinem lateinischen Dialog *De iure regni apud Scotos* (1579) und schrieb eine umfangreiche schottische Geschichte *Rerum Scoticarum historia* (1582) zur Rechtfertigung der neuen Verfassungsverhältnisse. Unter solcher Ägide entwickelte sich Jakob selbst zu einem bedeutenden Gelehrten, der freilich in Fragen der Volkssouveränität vollkommen entgegengesetzte Meinungen vertrat, ebenso in Kirchenfragen. In der Nähe des Thronfolgers wirkte auch Andrew Melville, der nach dem Tod von Knox (1574) aus Genf nach Schottland zurückgekommen war und dessen Vorstellungen einer Überordnung der Kirche über die Monarchie vertrat sowie eine eindeutig presbyterianische Ausrichtung der Kirche (im Gegensatz zu Jakob, der eine Bischofskirche beibehalten wollte und im politischen Ehrgeiz der Kirchenmänner eine Gefahr für den Staat sah). Solche ideologischen Fronten zeichneten sich bereits mit aller Schärfe ab, als Jakob VI. 1585 nach einem erneuten fehlgeschlagenen Komplott 19jährig die Zügel in die Hand nahm.

Wie seine Mutter wollte auch Jakob König aller Schotten sein, der Protestanten wie der Katholiken, der Presbyterianer wie der Episkopalen, der Englandfreunde wie der Frankreichfreunde, und ohnehin sei sein Platz als Monarch oberhalb der Adelsrivalitäten. Im übrigen verfolgte er eine Politik großzügiger Schenkungen: Immer wieder balancierte er durch königliche Freigebigkeit gegnerische Interessen aus. Haushälterische Sparsamkeit blieb ihm vollkommen fremd; zum Geld als abstraktem Wert gewann er nie eine Beziehung. Mit Jakob VI. hatten die Schotten zwar wieder ein männliches Staatsoberhaupt, aber zugleich ein finanzielles Problem. Positiv schlug zu Buche, daß sich der neue König zum Friedensstifter stilisierte und seinem Land die humanitären und materiellen Kosten überflüssiger Kriege ersparte.

Diese konziliante Linie verfolgte er nicht ohne Geschick. Obwohl seine Mutter in englischer Gefangenschaft saß, kam er mit Elisabeth zu einem Einverständnis. Seit 1586 bezog er sogar eine Pension aus England. Gegen die Hinrichtung seiner Mutter protestierte er zwar, ergriff aber keine weiteren Maßnahmen. Als die spanische Armada 1588 Gefahr für die Regierung Elisabeths heraufbeschwor, verhielt er sich mit England solidarisch. 1589 heiratete er Anna, eine Tochter des Königs von Dänemark. Durch seine Haltung Elisabeth gegenüber schuf Jakob die Voraussetzungen dafür, daß sie ihn schließlich als Thronfolger designierte – den Sohn jener Frau, mit der sie lange rivalisiert hatte und für deren Hinrichtung sie letztlich verantwortlich war.

Die Kirche wollte Jakob VI. durch Bischöfe regiert wissen, doch erntete er auch die Früchte des presbyterianischen Regiments mit durchgreifender Sozialdisziplinierung. Zumindest in den *Lowlands* setzte sich diese Form des Glaubens und Lebens im Laufe der Zeit durch (*Test Act* 1574, *Acts of Uniformity* in den 1590er Jahren). Zwar blieben nicht wenige adlige Häupter nebst ihren Anhängern katholisch (sie wurden wegen ihres Glaubens nicht verfolgt, dafür stand der König mit seiner toleranten Grundeinstellung), aber insgesamt waren die reformierten Vorstellungen auf dem Vormarsch.

Wo sie sich durchsetzten, bedeutete das auch, daß die Clanstrukturen zurücktraten bzw. daß sich Gefolgschaftssysteme eher auf Gemeinsamkeit der politischen und religiösen Anschauungen bezogen als auf blutsmäßige Verwandtschaft. Und die humanistische Bildungsbewegung, die Jakob V. angestoßen hatte, erwies sich gleichfalls als durchgreifend. Häupter adliger Familien, die Latein gelernt und Jura studiert hatten, verhielten sich anders als ihre Vorfahren, die sich hauptsächlich durch Unerschrockenheit und Waffengeschick ausgezeichnet hatten. Die Bildung in führenden Familien ermöglichte es der Krone auch, eine sachgemäße Verwaltung aufzubauen – und zwar unabhängig von den Geistlichen, welche früher dem König zur Seite gestanden hatten. Jakobs VI. Vorstellung entsprach es, mit den getrennten Systemen der Kirche und Verwaltung die Gesellschaft zunehmend zu durchdringen, die Clanstrukturen zu schwächen, sein Volk am Rande Europas zu zivilisieren. Jakob unterließ es nicht, seine Auffassungen über die Rolle des Monarchen von Gottes Gnaden und der Unabhängigkeit der weltlichen von der kirchlichen Gewalt in gelehrten Schriften gedruckt unter seinem Volk zu verbreiten. 1598 erschien *The True Law of Free Monarchies*, 1599 *Basilikon Doron*.

Versucht man, die schottische Reformation im europäischen Vergleich zu beurteilen, fällt zunächst auf, daß sie verhältnismäßig spät kam. Damit hängt es auch zusammen, daß für die schottischen Verhältnisse weniger Martin Luthers Wittenberg als vielmehr das Genf Johannes Calvins und Theodor Bezas maßgeblich wurde. Dies betrifft in erster Linie die Doktrin, die Rechtfertigungslehre (*sola fide*, ›allein durch den Glauben‹), aber auch die Prädestinationslehre (Vorherbestimmung des Menschen zum Heil oder zur Verdammnis, Frage der Möglichkeit menschlichen Einwirkens auf die Ratschlüsse Gottes). Stärker als in den lutherischen Zusammenhängen einer fürstenstaatlichen und obrigkeitlichen Reformation entfaltete sich in Schottland das gemeindekirchliche Element, die Betonung der aktiven Laien als Konsequenz aus der theologischen Lehre vom allgemeinen Priestertum aller Gläubigen und der Zurückweisung der Kirche als Anstalt der Vermittlung des Heils. Die schottische Reformation war insofern eine ›Reformation von unten‹, als sie nicht von Fürsten und Obrigkeiten ausging. Die Rolle der Städte in der Reformation war zwar nicht dieselbe aktive und führende wie beispielsweise in Deutschland und der Schweiz, wohl aber waren die Städte der *Lowlands* durch ihre Verbindung mit Flandern, Skandinavien und England der Umschlagplatz für Nachrichten aus dem Ausland und mithin auch für reformatorisches Gedankengut. Doch mehr als die Bürger der Städte waren es die Adligen (genauer gesagt: ein Teil der Adligen), welche sich die neue Lehre aneigneten und aus ihr eine Berechtigung und Verpflichtung zum Handeln ableiteten. Auf dieser Ebene der personalen Gefolgschaftssysteme war die schottische Reformation also eine ›Reformation von oben‹, indem die adligen Zwischengewalten für ihre Gefolgsleute und Untertanen als Obrigkeit fungierten. Beim damaligen Stand von herrschaftlicher Durchdringung und Verwaltung bedeutete das zwangsläufig ein Fortbestehen des alten Glaubens in Gebieten katholischer Adliger. Weiter von der Zentrale entfernte, ländlich strukturierte, gälisch sprechende Gebiete wurden erst spät an die Reformation herangeführt.

Die Entstehung einer protestantischen Kultur

Was bedeutete es, daß Schottland ab 1560 protestantisch wurde? Ohne klare Einsicht in dieses Phänomen kann man die schottische Kultur späterer Epochen nicht begreifen, weder die rapide wirtschaftliche Entwicklung noch die europaweit ausgreifende schottische Aufklärung. Es lohnt sich also, genauer darauf einzugehen, wie die calvinistische Reformation Schottlands die Lebensverhältnisse auch der kleinen Leute umgestaltete.

Noch heute stößt man in Schottland an wichtigen Stellen immer wieder auf Ruinen, die bei der Durchsetzung der Reformation entstanden sind: beispielsweise in St Andrews, wo die gigantische Ruine der alten Bischofskathedrale auf die Zerstörungen einer von John Knox aufgewiegelten Volksmenge zurückzuführen ist. Offenbar setzte die Reformation Gewalt gegen Sachen frei, gegen Inneneinrichtungen von Kirchen, gegen Altäre und Kunstwerke. Während jedoch die Durchsetzung der Gegenreformation in England unter Königin Maria an die dreihundert Menschen das Leben kostete und in den Jahrzehnten der Durchsetzung der Reformation unter Königin Elisabeth an die zweihundert Katholiken ihre Glaubensstärke mit dem Leben büßen mußten, forderte die schottische Reformation weniger als zwanzig Menschenleben. Es gab auch keine der in anderen Ländern berüchtigten Säuberungen des politischen Apparates: Kein einziger Schotte verlor sein Amt aus religiösen Gründen. Bei der geschilderten Gewalt gegen Sachen spricht man von einem »Ikonoklasmus«, von einem Bildersturm, der offensichtlich symbolische Konkretionen der katholischen Kultur des Mittelalters traf.

Aus einer neuen Sicherheit des Glaubens wandten sich John Knox und seine Anhänger gegen religiöse Symbole, in denen sie Zeugnisse eines falschen Glaubens sahen. Bilder, Statuen und Altäre bedeuteten für die Reformatoren insofern eine Provokation, als sie auf Werkgerechtigkeit hindeuteten, auf erkaufte Ablässe, kirchliche Gnadenmittel, eine verdinglichte Form des Glaubens. Strenge Reformatoren legten Wert darauf, daß den einfachen Gläubigen alles aus dem Weg geräumt wurde, was Mißverständnissen Vorschub leisten konnte. Reformierte Kirchenräume waren bilderlos, ohne Statuen und Schmuck, ohne Altar. Wenn die katholische Kultur des Spätmittelalters eine Kultur der Sinnlichkeit, der Versinnlichung, Verbildlichung, der Erfahrbarmachung des Heils und der Gnade war, brachte die protestantische Wendung eine radikale Umkehr.

Auch Orgeln und andere Musikinstrumente wurden aus den Kirchen verbannt, weil man den Verdacht hatte, daß schöne Musik die Gläubigen vom Wesentlichen der Botschaft ablenken würde. Anders als in der Reformation Martin Luthers und auch anders als in England war kunstvoller Kirchengesang unerwünscht; man beschränkte sich auf einfache, unbegleitete Melodien zu den Psalmen.

Die neue Kirche wollte eine Kirche des Wortes sein, der Bibel, der Predigt, des Katechismus. Sie traf Anstalten, das gesamte gläubige Volk zum Hören des Wortes und zum Lesen der Heiligen Schrift zu qualifizieren. Aus der Reformation entstand eine Alphabetisierungskampagne, eine Gründungswelle von Schulen, eine Blüte der Universitäten. Zu einem gewissen Teil kann man in der schottischen Reformation durchaus einen Rationalisierungsschub sehen: eine besondere Betonung des Kognitiven, Intellektuellen. Die magischen Elemente wurden zurückgedrängt. Wallfahrten wurden abgeschafft, der ganze Heiligenkult, die Weihe des Wassers. Wir werden sehen, wie diese Formverwandlung christlichen Glaubens einerseits konsequent war, andererseits viele Menschen hilflos gegenüber bedrängenden Erscheinungen des Lebens zurückließ: Krankheiten und Schwangerschaften, Witterungseinflüssen und Mißernten. Was sie in ihrem Glauben nicht fanden, suchten sie im Aberglauben.

Man kann sich fragen, wo die neuen Werte eines rationalisierten, intellektualisierten Glaubens ihre Wurzeln hatten. Zumindest die Fachtheologen waren beeinflußt von der wissenschaftlichen, humanistischen Bewegung ihrer Zeit. Aber die Reformation wäre auch in Schottland nicht durchsetzbar gewesen ohne die Obrigkeit. Sie muß sich etwas versprochen haben von der Durchsetzung der neuen religiösen Ordnung auch für die soziale und politische Ordnung. Die Reformation bedeutete auch in Schottland Sozialdisziplinierung.

Offensichtlich manifestierte sich in der schottischen Reformation ein Wertesystem, das nicht eigentlich neu und heterogen war, sondern sich auf Wurzeln in der schottischen Gesellschaft stützen konnte. Allem Anschein nach ist es etwas Städtisches, aus Handwerkerkreisen Hervorgehendes, dieses Pochen auf Ordnung, Pünktlichkeit, Sparsamkeit, Nüchternheit, sexuelle Zurückhaltung, rastlosen Wissenserwerb, kurz: Regulierung der Lebensführung. Im städtischen Milieu setzte sich die Reformation zuerst durch, auf dem Lande später, in den Clangesellschaften der *Highlands* zuletzt. Die Reformation hätte auch in Schottland nicht durchdringen können, wenn sie nur die Theologen von Beruf für sich gehabt hätte. Auf Gemeindeebene waren es Tausende Aktive aus dem Laienstand, welche sich für die neue Lehre einsetzten. Zu einer *Kirk Session* gehörten neben dem Prediger mindestens ein Dutzend Laien, die sich für die presbyterialen Aufgaben zur Verfügung stellten. Sie konnten aus allen Ständen und Berufen stammen, aber natürlich standen die Gebildeten und die Wohlhabenden an der Spitze. Die Tätigkeit aktiver Laien ist ein Spezifikum Schottlands, das so weder zur deutschen noch zur englischen Reformation gehört. Von der Kirchenverfassung her stammt dieses Merkmal aus der Genfer Reformation Calvins. Es geht im wesentlichen um die Ebene der Kirchengemeinde, auf der »Presbyter« mitwirkten, d.h. von der Kirchengemeinde selbst gewählte Laienälteste, die den Prediger beim Katechismusunterricht unterstützten oder andere Aufgaben übernahmen: Vorleser, Vorsänger, Ordner in der Kirche. Vor allem bildeten sie mit den *Kirk Sessions* ein Gremium der Aufsicht und Überwachung der Gläubigen. Gottesdienstbesuch war verpflichtend; wer nicht erschien, wurde ermahnt und im Wiederholungsfall mit immer höheren Geldstrafen belegt. Die Presbyter schickten auch Aufseher aus, welche während der Gottesdienstzeiten umhergingen, um »Sabbatschänder« aufzuspüren. Sie hatten sogar das Recht, in Häuser einzudringen, in denen sie Übertreter der religiösen Vorschriften versteckt vermuteten.

Das Entscheidende der Reformation war der Bezug auf das Wort, die Heilige Schrift, die Predigt. In Schottland wurde von den Gläubigen ein rigides Zeitmanagement verlangt; die Termine, zu denen sie bei der Predigt anwesend sein mußten (und bei Abwesenheit bestraft wurden!), häuften sich. Natürlich hatte man jeden Sonntag in der Kirche zu erscheinen. Allerdings ging es nicht nur um eine Predigt vormittags, sondern auch nachmittags. Dazwischen wurde der Katechismus eingepaukt und abgefragt, was vor allem die Kinder und die Dienstboten betraf. Die Anforderungen zum Gottesdienstbesuch brachten starke Ansätze der Sozialdisziplinierung mit sich. Wo es einriß, daß Kirchenbesucher zu spät kamen oder zu früh gingen, wurden die Kirchentüren verschlossen. Störungen des Gottesdienstes wurden streng bestraft. Auch Schlafen während der Predigt wurde geahndet: Hausväter waren angewiesen, mit ihren Kindern und Hausgenossen die Inhalte der gehörten Predigt durchzusprechen. Tatsächlich war es nicht selten, daß die Gläubigen ihre eigenen Bibeln mit zum Gottesdienst brachten und dem Prediger Fragen stellten. In Schottland war etwas üblich, was es sonst auch in der protestantischen Welt kaum gab: das Mitschreiben von Predigten. Tausende solcher Mitschriften haben sich in den Archiven erhalten. Sie lassen erkennen, daß die Prediger sehr stark die Gedächtniskapazitäten berücksichtigten und Merkhilfen gaben, beispielsweise indem sie ihre gedanklichen Schritte und Beispiele durchnumerierten. Während man in England seit der Reformation die Vorschrift getroffen hatte, Prediger hätten vorher ausgearbeitete Predigten vom Blatt abzulesen (was sie kontrollierbar machte und ihre lehrmäßige Zuverlässigkeit sichern sollte), war es in Schottland üblich, freie Predigten zu halten – hauptsächlich, um so dem Walten des Heiligen Geistes Raum zu schaffen. Die schottischen Predigten folgten fast immer einem Dreierschema. Zuerst wurde der

Predigttext Satz für Satz erläutert, dann der Gesamtinhalt interpretiert, in einem dritten Schritt schließlich die praktische Anwendung auf das Leben der Gläubigen vollzogen.

Über die Predigten hinaus war in Schottland das Singen der Psalmen auf einfache Melodien geläufig. Die Psalmenübersetzung war metrisch, und so war es ein Leichtes, sich die Worte zu merken, die viele Gläubige auswendig konnten. Außer dem Besitz einer eigenen Bibel war es auch ein Statussymbol, einen eigenen Psalter mit in die Kirche zu bringen.

Während in der mittelalterlichen katholischen Welt das rituelle Element entscheidend war, sollte seit der Reformation jeder einzelne sein Heil finden durch persönliche Auseinandersetzung mit dem Wort Gottes. Entscheidend dafür wurde (neben der Predigt) der Katechismusunterricht. In Frage und Antwort wurden die wesentlichen Sätze des Glaubens eingeübt, unendlich oft wiederholt, erneut abgefragt. Es genügte nicht, bei solchen Katechisationen anwesend zu sein; es wurde tatsächlich von jedem einzelnen verlangt, daß er in Glaubenssätzen sattelfest war, und dieses Wissen wurde an den Vorbereitungssamstagen vor den Abendmahlssonntagen abgefragt. Zum Abendmahl wurde nur zugelassen, wer eine mit Kirche und Datum bezeichnete Marke aus Blei vorweisen konnte. Diese erhielt er nur dann, wenn er an der Vorbereitung teilgenommen hatte und die Katechismusfragen bestanden hatte. Das absolute Minimum, das jeder Gläubige auswendig beherrschen mußte: das Glaubensbekenntnis, das Vaterunser und die Zehn Gebote. Zwischen Männern und Frauen wurde dabei kein Unterschied gemacht, auch nicht zwischen Hoch und Niedrig. Ausgeschlossen wurden auf diese Weise Kinder: Die reformierte Kirche legte großen Wert darauf, daß jeder seinen Glauben verstanden hatte und darüber Rechenschaft abzulegen wußte.

Durch die Reformation waren die sieben Sakramente der katholischen Kirche abgeschafft worden, bis auf Taufe und Abendmahl. Die Taufe wurde in manchen Orten mit dem Wort des Predigers sinnfällig verbunden, indem man eine Vorrichtung zum Spenden der Taufe an der Kanzel anbrachte. (In der katholischen Kirche befand sich grundsätzlich ein Taufbecken am Eingang der Kirche.)

Das Abendmahl wurde zum zentralen Sakrament der Reformation: Die Gemeinde kam zusammen, um nicht nur das Wort Gottes zu hören, sondern sich auch, im Gedenken an Christi letztes Abendmahl, um einen Tisch zu setzen und in symbolischer Form Brot und Wein zu nehmen. In der katholischen Kirche nahm der Priester Brot und Wein; die Gemeinde erhielt nur Brot. Die Kommunion unter beiderlei Gestalten bedeutete also eine Höherschätzung der Laien. In der katholischen Kirche zelebrierte der Priester die Messe zum Altar hin. In den reformierten Kirchen wurde der Altar abgeschafft und zerstört. Zum Abendmahl setzte man sich um Holztische herum. Um dem Sakrament seinen magischen Charakter zu nehmen, verzichtete man auf Gold und Silber; man verwendete zum Abendmahl in der Kirche gewöhnliches Gebrauchsgeschirr, das sich der Prediger von Gemeindegliedern auslieh. Die schottische Reformation feierte das Abendmahl als reines Gedächtnismahl, also ohne den Glauben an die Transsubstantiation, an dem mit der katholischen Kirche auch Luther festgehalten hatte, nicht aber Zwingli und Calvin. In Schottland waren Abendmahlssonntage selten –

meist nur einmal pro Jahr. Sie wurden umrahmt durch Vorbereitungssamstage und Danksagungsmontage. Teilweise wurde auch an zwei aufeinanderfolgenden Sonntagen das Abendmahl gefeiert, so daß sich um diese herum eine eigene Festzeit bildete. Die Gläubigen wollten diese Festzeit meist mit Ostern verbinden, wie es in der mittelalterlichen Kirche üblich gewesen war. Die Osterkommunion bildete so etwas wie einen Frühlingsritus. Die Teilnahme am Abendmahl umfaßte die Gemeinde der Gläubigen beinahe vollständig. Nur selten schloß sich einer absichtlich aus. Die Abendmahlsteilnahme stellte auch einen Test der Rechtgläubigkeit dar: Wer nicht kam, zog den Verdacht auf sich, er sei vielleicht ein heimlicher Katholik.

Kennzeichen der schottischen Reformation war neben der Kanzel ein weiteres Möbelstück im Kirchenraum: der Sündenstuhl. Wer sich irgend etwas gegen seine Mitmenschen oder gegen Gott hatte zuschulden kommen lassen, wurde vor die *Kirk Session* zitiert und zur Rechenschaft gezogen. Je nach Schwere des Delikts gehörte dazu auch die Anprangerung, nämlich das Platznehmenmüssen auf dem Armesünderbänkchen. In manchen Gemeinden gab es einen höheren und einen niedrigeren Stuhl, um die Schwere oder Geringfügigkeit des Vergehens anzuzeigen. Überall mußte der Sünder ein spezielles Armesünderhemd aus Leinen oder Sackleinen tragen. Die Grobheit oder Feinheit des Gewebes zeigte die Grobheit oder Feinheit des Verbrechens an. Während die Gemeinde versammelt war und die Predigt hörte, mußte also einer (oder mehrere) alle Blicke auf sich ziehen, indem er aus der Gemeinde herausgerissen und zur Schau gestellt wurde. Häufig wurde ihm auch ein Schild umgehängt, auf dem sein Vergehen geschrieben stand, oder ein Hut aus Papier aufgesetzt. Wenn er Reue zeigte, konnte er wieder in die Gemeinde aufgenommen werden. Während man in der katholischen Kirche die Buße kannte, die Beichte und anschließende Absolution, war in der reformierten Kirche Schottlands dieses Ritual einer dramatischen Performance von Reue zu einem zentralen Akt geworden. Übrigens wurden Sündenstrafen meist in Verbindung mit Geldstrafen verhängt. Das einkommende Strafgeld floß in die Armenkasse und wurde dann wiederum an die Armen der Gemeinde ausgeteilt. Die größten Sünder wurden also wider Willen gleichzeitig zu den größten Wohltätern der Armen. Das Strafmaß wurde nicht nur nach der Schwere der Tat bestimmt, sondern auch nach der wirtschaftlichen Leistungsfähigkeit des Sünders. Allmählich kam es dahin, daß manche Beschuldigte von sich aus mit den *Kirk Sessions* in Verhandlung traten und freiwillige Geldzahlungen anboten, wenn man von entehrenden Prangerstrafen absah.

Die reformierte Sündenzucht kann man nur verstehen, wenn man sich klarmacht, daß die Gemeinde in kollektiver Haftung gegenüber Gott gedacht wurde. Gott strafte mit Donner und Blitz, mit Seuchen und Mißernten, mit Fluten und Erdbeben. Gottes Zorn konnte man nur durch ein wohlgefälliges Leben besänftigen. Die Gemeinde mußte deshalb darüber wachen, daß kein Übeltäter ungestraft in ihrem Schutze wohnen konnte. Sie stand kollektiv in der Verantwortung, die Übertreter zu Reue und Umkehr zu bringen, um Gottes Zorn abzuwenden.

Das Leben im protestantischen Schottland war also streng geregelt und wenig freudvoll. Zu diesem Schluß wird man insbesondere dann kommen, wenn man miteinbezieht, daß ja durch die Reformation die Vielzahl der katholischen Feiertage abgeschafft worden war. Während man im katholischen Europa zumeist den Sonntag außerhalb des Gottesdienstes freigab, wurde der Sonntag in Schottland (alttestamentlich »Sabbat« genannt) streng geheiligt; jede Art von Fest, Tanz oder Spiel war aufs schärfste untersagt. Während in den meisten europäischen Ländern ein gutes Mittagessen zum Sonntag gehörte, lag für Schotten zwischen der Vormittagspredigt und der Nachmittagspredigt die Katechisation, und damit war höchstens ein frugaler Imbiß möglich.

Die *Kirk Sessions* wachten auch über den Frieden der Familien, indem sie sexuelle Übergriffe bestraften. Der Tendenz nach arbeiteten sie auf stabile Familienverhältnisse hin. Sie bestraften also Ehebrecher aufs härteste. Sie sorgten dafür, daß möglichst keine defekten Familien entstanden. Wenn ein Mann eine Frau nichtehelich geschwängert hatte, wurde alles aufgeboten, um ihn zu verfolgen und zur Eheschließung zu zwingen. Kindsmord und Abtreibung wurden aufs schärfste verfolgt. Hebammen entwikkelten spezielle Fähigkeiten, Gebärende zur Nennung unehelicher Väter zu bringen. Wenn Hebammen bei Totgeburten assistierten, mußten sie Zeugen aufbieten, welche aussagten, daß das Kind nicht gelebt hatte, andernfalls kamen sie in den Verdacht der Beihilfe zum Mord. Die Ältesten dienten auch als Eheberatungsstelle, indem sie Gewalt in der Familie ahndeten oder entzweite Ehegatten wieder zusammenbrachten. Ehe war in der reformierten Gemeinde bis zu einem gewissen Grad eine öffentlich überwachte Institution. Heiraten durfte nur, wer eine strenge Prüfung in Glaubensdingen bestanden hatte. Dies war in der reformierten Kirche besonders wichtig, weil man nur so die Erziehung rechtgläubiger und glaubensfester Nachkommen sicherstellen konnte. Die Reformation wirkte gegen die ständischen Eheschließungen, bei denen die Väter das Sagen hatten und hauptsächlich finanzielle und familienpolitische Gesichtspunkte verfolgten. Nicht selten ergriffen die *Kirk Sessions* Partei für junge Leute, die aus Liebe heiraten wollten, weil sie sich davon stabile Ehen versprachen, nicht aber von arrangierten Zwangsehen. Außerdem waren im protestantischen Europa Scheidungen möglich geworden – genau deshalb, weil die Ehe nicht mehr als Sakrament angesehen wurde. In Schottland waren Scheidungen sogar auf niederer Ebene erreichbar, d. h. durch die *Kirk Sessions* einer Gemeinde. Zuerst hatten sie die Pflicht, den ehelichen Frieden wiederherzustellen und auf Einigung zu drängen. Wo dies als hoffnungslos angesehen wurde, konnten kirchliche Scheidungen ausgesprochen werden.

Die schottischen Reformatoren vertraten das Ideal, es möge in jeder Kirchengemeinde eine Schule geben. Dies erreichten sie zwar erst später: 1633 wurde ein Gesetz erlassen, das eine Schule pro Pfarrei verpflichtend machte. Aber auch schon vor diesem Datum sind 405 Schulen in den *Lowlands* aktenmäßig bezeugt, eine beträchtliche Zahl in den *Highlands*, fünf auf den Orkney- und Shetland-Inseln und fünf auf den Hebriden. Nach 1633 erreichte die Zahl der Schulen bald (beinahe) die Zahl der Kirchengemeinden. Wir wissen außerdem, daß häufig Lesen und Schreiben von Winkelschullehrern und Frauen unterrichtet wurde, teilweise dort, wo es noch keine Schulen gab, teilweise aber auch in Konkurrenz zu bestehenden Schulen.

Die Mitwirkung der Gemeindeältesten in den *Kirk Sessions* und die umfassende Bedeutung, welche diesen im Alltagsleben der Gemeinden zukam, verliehen der schottischen, presbyterianisch geprägten Kirche ihren eigenen Charakter. Entscheidend waren nicht übergeordnete kirchliche Instanzen und Hierarchien, sondern entscheidend war die Ortsgemeinde selbst. Die reformierte Kirche konkretisierte sich in diesen Gemeinden. Die Einsetzung von Predigern geschah nicht durch Bischöfe oder Superintendenten, sondern durch die Gemeinde in Gestalt ihrer gewählten Ältesten. Die auf Lebenszeit gewählten Ältesten bildeten eine Elite in jeder Gemeinde. Grundsätzlich gehörten dazu die sozial einflußreichsten Personen, meist auch die reichsten, aber auch die besonders amtseifrigen, denn die Tätigkeit als Kirchenältester war bei der geschilderten Überwachung und den zahlreichen Sitzungen, der Sorge für die Armen und der Bestrafung der Missetäter, höchst zeitaufwendig. Möglich wurde sie nur, indem man die Last auf mehrere Schultern verteilte, mindestens auf ein Dutzend. Diese Mitglieder der *Kirk Sessions* nahmen so offensichtlich teil an der religiösen Leitung der Gemeinde, daß sie, obwohl Laien, gewissermaßen am Priesteramt partizipierten. Umgekehrt stand der Prediger nicht haushoch über diesen Laien, da er nicht (wie in der katholischen Kirche) eine geweihte Person war, sondern nur eine ordinierte, d.h. von den Ältesten in sein Amt eingeführte. Das Ansehen eines Predigers hing wesentlich von seinen Persönlichkeitseigenschaften ab, das heißt davon, ob er es schaffte, der Gemeinde ein christliches Leben vorzuleben,

Frieden zu stiften, Gerechtigkeit zu üben, die Übeltäter zur Rechenschaft zu ziehen. Außerdem kam es auf die Qualität seiner Predigten an – ob es ihm gelang, nicht nur das Wort zu vermitteln, sondern seine Hörer auch zu fesseln, zu treffen, zu rühren.

Das gesamte Leben der Schotten wandelte sich infolge der Reformation grundlegend. Die Menschen wurden einem komplexen Mechanismus der Sozialdisziplinierung unterworfen und an methodische Lebensführung gewöhnt. Dabei wuchs ihnen aber ein starkes Selbstbewußtsein zu, indem sie sich ihrer Verantwortung als einzelne bewußt wurden. Auf Gemeindeebene hatten sie hohe Handlungskompetenz zur Gestaltung ihres Lebensraumes. Es ist wohl nicht übertrieben, in solchen religiösen Verhältnissen eine wichtige Voraussetzung von Verantwortung für das Gemeinwohl, von bürgerlicher Gleichheit und Demokratie zu sehen. Und manches von dem, was in schottischen Gemeinden entwickelt wurde, kam später in Amerika zur Reife.

Hexenverfolgung

Bei Schottland denkt man leicht an Hexen; nicht zuletzt Shakespeare hat durch die drei Hexen in *Macbeth* diese Assoziation unvermeidlich gemacht. Tatsache ist, daß naturmagische Vorstellungen und der Glaube an Zauberei verschiedener Art mit den älteren gälischen Verhältnissen eng verknüpft waren. Trotz der Jahrhunderte des Christentums suchten noch immer viele Leute in Schottland, vor allem im Bereich der *Highlands & Islands*, Hilfe bei heiligen Quellen; sie sprachen Segens- und Zaubersprüche und waren für überirdische Einflüsse mindestens ebenso empfänglich wie die ländliche Bevölkerung überall.

Die berüchtigten Hexenverfolgungen der Frühen Neuzeit hatten allerdings speziellere Voraussetzungen als nur diese allgemeine Disposition. Sie bedurften rechtlicher Regelungen und verfahrenstechnischer Praxis, die sich erst in dieser Zeit entwickelten. Dabei ist in erster Linie daran zu denken, daß in Schottland (mehr als in England) das Recht unter römischrechtlichem Einfluß stand; durch die Rezeption des Römischen Rechts wurde der Inquisitionsprozeß erst möglich. Gegen die stärksten Hexenverfolgungen, wie sie sich in Mitteleuropa ausprägten (vor allem in den Hochstiften Bamberg und Würzburg), bildete in Schottland die Rechtsprechung durch Geschworene (wie in England) ein gewisses Bollwerk, das jedoch nicht in allen Fällen Sicherheit bot. Schließlich wurde auch entscheidend, daß in Schottland die Folter als Verfahrensweise möglich war, während in England Folter nur selten und streng umgrenzt angewandt wurde.

So kommt es, daß Schottland von mehreren Verfolgungswellen heimgesucht wurde (1590–92, 1629/30, 1643, 1649, 1661/62). Die Zahl der Prozesse war weit geringer als in Deutschland, England und anderen Ländern Europas. Aber die Zahl der Opfer war, wenngleich geringer als in Mitteleuropa, doch deutlich höher als in England. Mit größerer Konsequenz als anderswo wurden Verurteilte auch tatsächlich hingerichtet. Man weiß von über 1000 Hinrichtungen wegen Hexerei vom späten 16. bis zum späten 17. Jahrhundert.

Der gesamte Komplex des Hexenwesens ist nach wie vor als Massenwahn und sozialpsychologisches Phänomen in weiten Teilen rätselhaft. Freilich lassen sich einige Elemente isolieren, die in diesem Komplex berücksichtigt werden müssen. So gibt es beispielsweise einen Zusammenhang mit den häretischen Bewegungen des Spätmittelalters bzw. mit der Furcht vor Häresie. Dieses Element, das in Frankreich und auch in Deutschland wichtig war, spielte in Schottland kaum eine Rolle. Hier gab es weder Katharer noch Hussiten noch Anhänger Wiclifs. Ein anderes Element ist die kollektive Phantasie vom Tun und Treiben der Hexen, das satanische Element, die Idee einer Teufelsbuhlschaft, des Hexensabbats, auch der Orgien mit dem Teufel, der Opferung von Kleinkindern, des Kannibalismus. Dieses Element spielte ebenfalls in Schottland so gut wie keine Rolle. Dieser ganze Phantasiekomplex war unterentwickelt. Eine Massenhysterie gab es nicht.

Trotzdem wurden in Schottland dreimal soviel Hexen hingerichtet wie in England (obwohl in England viermal soviel Menschen lebten wie in Schottland). Gründe liegen im Verfahrensrecht: In Schottland genügte eine Mehrzahl der Geschworenen für eine Verurteilung; in England war Einstimmigkeit gefordert. Schließlich war es in England die Regel, Todesstrafen höchstens im Wiederholungsfall anzuwenden, während man in Schottland schon aufgrund eines einzigen Delikts hingerichtet werden konnte.

Nicht völlig klar ist der Zusammenhang mit dem religiösen Denken, mit der calvinistischen Religiosität, die sich gerade in den Jahrzehnten durchgesetzt hatte, in denen auch die meisten Hexenprozesse vorkamen. Der Hexenglauben war ein gesamteuropäisches und überkonfessionelles Phänomen, kann deshalb durch einen einfachen Bezug auf die Konfessionalisierung nicht erklärt werden.

Andererseits liegt es nahe, die Gleichzeitigkeit nicht uninterpretiert zu lassen. Wieweit der Hexenglauben gewissermaßen als irrationales Komplement einer stark rational gerichteten calvinistischen Religiosität angesehen werden kann, ist umstritten. Deutlicher ist dagegen, daß die calvinistische Art der Kirchenzucht, die ja eine rigide Überwachung und Disziplinierung der Bevölkerung mit sich brachte, auch eine stärkere Verfolgung nach sich zog. Die Ältesten sahen nicht immer eine Grenze zwischen Religion und Aberglauben oder definierten diese Grenze anders, als man dies unter dem Einfluß der Aufklärung später zu tun pflegte. Insbesondere durch ihre Vorstellung einer gemeinsamen Verantwortung der Gemeinde für das Heil und ihren Drang, ein gottgefälliges Gemeinwesen zu verwirklichen, ergab sich die Tendenz, möglichst jedes abweichende, irreguläre, nicht konforme Verhalten zu verfolgen.

Schottland auf dem Weg der Union
(1603–1707)

Epochenüberblick

Am Beginn der Epoche steht der dynastische Zufall, welcher zur Vereinigung der Kronen von England und Schottland führte; am Ende der Epoche steht die staatliche Union. Es liegt also nahe, dies als konsequente Entwicklungsrichtung zu interpretieren: Von kleineren zu größeren staatlichen Einheiten; von einem peripheren europäischen Staat zur Integration in eine zentrale europäische Großmacht; von wirtschaftlicher Rückständigkeit zu liberalem Fortschritt und Wohlstand. Eine solche Entwicklungsdynamik läßt sich jedoch erst dann konstruieren, wenn man weiß, wie sich die Geschichte entwickelt hat: im nachhinein. Daß diese Entwicklung keine Zwangsläufigkeit hatte, erkennt man an den Zwischenspielen: Unter Cromwell war Schottland mit England und Irland staatlich zusammengeschlossen, ohne daß man an etwas anderes als ein bloßes Resultat militärischer Unterwerfung hätte denken können. Und in der Zeit der *Restoration* wurden beide Königreiche getrennt geführt, wenn auch unter einer Krone. Zu Beginn des 18. Jahrhunderts wurde mit der Union eine andere Form von Staatlichkeit hergestellt: ein König, ein Parlament, gemeinsame Außenpolitik. Man sollte aber nicht übersehen, daß die Autonomie der Teilsektoren bestätigt wurde: Kirche, Bildung, Recht, Städte, Barone. Die Fixierung auf Politik und Wirtschaft suggeriert eine Einheitlichkeit, die lebensweltlich gar nicht bestand.

Das 17. Jahrhundert gehört noch zum konfessionellen Zeitalter. Wesentliche Entwicklungsdynamik ging von der Religion aus, deren diffizile Unterscheidungsformen dem modernen Betrachter nicht leicht zugänglich sind. Aus der Abwehr einer Integration in die anglikanische Bischofskirche entstand der Aufstand der schottischen Presbyterianer (Bischofskriege), welcher sich zum englischen Bürgerkrieg weitete. Cromwell bestätigte die presbyterianische Kirche der Schotten, forderte sie aber auch durch ›Religionsfreiheit‹ heraus. Innerprotestantische Auseinandersetzungen (*Covenanters*) erschütterten seit 1660 die schottische Szene.

Ökonomisch machte Schottland im 17. Jahrhundert schwere Zeiten durch, auch wenn man von den zeitweiligen politischen und religiösen Wirren absieht. Die Orientierung auf kontinentale Handelspartner war auch durch deren eigene Kriege bedroht (Dreißigjähriger Krieg und andere militärische Auseinandersetzungen). Mehr und mehr geriet der schottische Handel in das Fahrwasser englischer Politik. Für den Absatz seiner Exportgüter (Vieh, Leinen, Salz, Kohle) wurde Schottland zunehmend von England abhängig. Die Beziehungen zu Holland und Frankreich wurden durch englische Interessen gestört und durch die Kriege der Engländer zeitweilig unterbrochen. Gehäufte Mißernten in der schottischen Landwirtschaft gegen Ende des Jahrhunderts, die Hungerjahre mit sich brachten, entfesselten eine außenwirtschaftliche und koloniale Expansion Schottlands, die jedoch internationale Schwierigkeiten heraufbeschwor und letztlich von den stärkeren englischen Interessen torpediert wurde. Dies schien sich durch eine staatliche Union von England und Schottland ausgleichen zu lassen.

Ein Problem entstand aus der Entscheidung der Engländer, mit der *Glorious Revolution* die Erbfolge zu ändern und auf die protestantische Linie des Hauses Stuart festzulegen. Katholische Stuarts setzten auf Schottland für ihre Restitution, und es gelang ihnen wiederholt, ihre Anhänger als Clans zu mobilisieren und Heere gegen England ins Feld zu führen. Die Jakobitenaufstände kulminierten in der folgenden Epoche (1715 und 1745). Die staatliche Union blieb also noch Jahrzehnte angefochten und gefährdet.

1603–25	Jakob VI. von Schottland zugleich als Jakob I. König von England. Verlegung der Residenz und des Hofes von Edinburgh nach London.
1609	Beginn der Kolonisierung Ulsters durch Engländer und Schotten.
	Bond and Statutes of Iona: Festlegung der *Highland Chiefs* auf engl., zivilisierte Formen.
1621	Beginn der Kolonisierung von Nova Scotia.
1625–49	Karl I. König von England und Schottland.
Seit 1637	Bischofskriege: Der Versuch Karls I., die Bischofskirche und anglikanische Formen des Gottesdienstes auf Schottland zu übertragen, führt dort zu einem Aufstand (*National Covenant,* 1638), der den Einmarsch eines schott. presbyterianischen Heeres in England nach sich zieht.
1639	18. Juni: Waffenstillstand von Berwick-upon-Tweed beendet den ersten Bischofskrieg.
1640	26. Oktober: Waffenstillstand von Ripon beendet den zweiten Bischofskrieg.
1641	Oktober: Großer Aufstand in Irland.
1642	Beginn des englischen Bürgerkrieges: Karl I. pflanzt seine Standarte in Nottingham auf.
1643	25. September: *Solemn League and Covenant*: Das engl. Parlament verbündet sich mit den Schotten.

1648	Zweiter Bürgerkrieg: Schotten fallen erneut in England ein.
1649	30. Januar: Hinrichtung Karls I.
1650	3. September: Cromwell besiegt die Schotten bei Dunbar und unterwirft Schottland.
1651	1. Januar: Die Schotten krönen Karl II. in Scone zum König von Schottland. 3. September: Cromwell schlägt die Schotten bei Worcester.
1654	12. April: *Commonwealth* von England, Schottland und Irland. Gemeinsames Parlament.
1660–85	Restauration: Karl II. König von Schottland und England in Personalunion.
1660	(2.) *Navigation Act* zur Protektion des engl. Handels, der Schiffahrt und Kolonien. *Rescissory Act:* Schottische Gesetze seit 1633 für ungültig erklärt.
1662	Amnestie mit Einschränkungen. Restauration der Bischofskirche. *Covenanters.*
1666	*Pentland Rising:* Aufstand der *Covenanters.*
1685–88	Jakob VII. (II.) König von Schottand und England.
1688/89	*Glorious Revolution* in England: Wilhelm III. und Maria besteigen den Thron. In Schottland halten viele an Jakob VII. fest.
1689	*Claim of Right.* Die schott. *Convention* schließt sich der *Glorious Revolution* an. Aufstand der Jakobiten. 27. Juli: Sieg der Jakobiten bei Killiekrankie, Tod ihres Führers Viscount Dundee.
1690	1. Mai: Niederlage der Jakobiten bei Cromdale.
1692–1698	Hungerjahre in Schottland.
1692	13. Februar: Massaker von Glencoe.
1693	*Act for Encouraging Foreign Trade.*
1698	Gründung einer schott. Kolonie in Darien (Isthmus von Panama). Desaströses Scheitern 1700, nachdem die Engländer Unterstützung verweigerten.

1702–1714	Königin Anna.
1703	Gesetze, in denen Schottland seine Unabhängigkeit von England formuliert.
1705	England schlägt zurück mit dem *Alien Act*, welcher Schotten für Ausländer erklärt, wenn engl. Gesetze nicht übernommen werden.
1707	1. Mai: Staatliche Union von England und Schottland. Auflösung des schottischen Parlamentes. Erhaltung der schott. Kirche, des Bildungswesens, des Rechtssystems, der *Royal Burghs*.

Jakob VI. und I.

Jakob war derjenige schottische König, der am längsten von allen den Thron innehatte: 57 Jahre lang. Auch wenn man die Zeit seiner Minderjährigkeit abzieht, bleiben immer noch vierzig Jahre. Und Jakob war der erste König, der zugleich Schottland, England und Irland beherrschte: 1603 trat er die Nachfolge von Königin Elisabeth in England und Irland an. Wenn es nach dem Willen des Königs gegangen wäre, hätte er einen gemeinsamen Staat »Großbritannien« geschaffen. Dafür aber waren die so lange verfeindeten Königreiche England und Schottland damals noch nicht reif. Jakob bemühte sich außerdem um eine gemeinsame Flagge – aus dieser Zeit datieren die interessanten Entwürfe, die zum *Union Jack* führen sollten, zur Vereinigung des englischen Georgskreuzes mit dem schottischen Andreaskreuz – doch konnte er diese nur für die Marine durchsetzen.

Eine Voraussetzung für die neue Nähe von England und Schottland war ohne Zweifel, daß beide Reiche Spielarten des protestantischen Bekenntnisses angenommen hatten.

Trotzdem blieben sie kirchlich getrennt und in der Doktrin verschieden. Die geringere Liberalität seines Nachfolgers beschwor freilich im Versuch einer Vereinheitlichung der Kirchen einen Bürgerkrieg herauf.

Eine Annäherung zumindest der führenden Schichten hatte auch schon vor der Personalunion in sprachlicher Hinsicht stattgefunden. Auf lange Sicht bedeutete die Verknüpfung von Protestantismus und englischer Sprache eine Anglisierung Schottlands. Sprachwissenschaftler haben errechnet, daß in dem halben Jahrhundert zwischen 1560 und 1610 der Anteil englischer Formen in schottischen Schriften auf etwa 80 % anstieg.

Solange Jakob VI. in Edinburgh residierte, bestand dort ein Zentrum schottischer Hofkultur. Der König umgab sich mit Dichtern, die teils in *Scots*, teils in Englisch, teils in Latein schrieben. Jakob war selber ein gelehrter Mann und er hatte Verständnis für Musik, Dichtung und Wissenschaft, vor allem aber für die Theologie. Er liebte es, mit den Theologen zu diskutieren. Er verfaßte in jungen Jahren aber auch eine Schrift über die Regeln der schottischen Dichtkunst. Als Jakob 1603 den Hof von Edinburgh nach London verlegte, bedeutete das auch einen Schlag für die schottische Kultur. Nicht wenige Ehrgeizige, Politiker und Adlige folgten dem König nach Süden. Allerdings wurden gälische Barden, Dichter, Musiker, Maler und Architekten weiterhin auf zahlreichen Landsitzen des schottischen Adels gefördert.

Während Jakob auf dem Wege der gesetzlichen Angleichung von Nord- und Südbritannien noch nicht viel ausrichten konnte, gelang es ihm immerhin, die wechselseitige feindliche Gesetzgebung vergangener Zeiten zu widerrufen. Ein gemeinsames Unternehmen war auch die Kolonisierung Ulsters, die schon früher begonnen hatte, aber erst unter Jakob, als die Ansiedlung von Schotten im Norden Irlands gefördert wurde, von dauerhaftem Erfolg gekrönt wurde. Ein Erfolg war auch die fortschreitende Befriedung der *Border*-Region. Ferner versuchte Jakob, die selbständigen gälischen Herren im westlichen Schottland, insbesondere auf den Hebriden, unter Kontrolle zu bringen. Er förderte ein Siedlungsunternehmen von *Adventurers* aus den *Lowlands* auf Lewis (Stornoway); aber immer wieder wurden die Neuankömmlinge angegriffen, ausgehungert, geplündert.

Auffallend ist immerhin, daß ein schottischer König die Vorstellung entwickelte, seine außenliegenden Besitzungen seien barbarisch und müßten planmäßig kultiviert werden. 1609 entstand ein folgenreiches Dokument *Bond and Statutes of Iona*, in dem er die gälischen Herren auf ein gemeinsames Vorgehen einzuschwören versuchte. Dieses Dokument enthielt so verschiedene Bestimmungen wie Regelungen über Pfarreien und Bischöfe, militärische Abrüstung und Verzicht auf Erpressungen des eigenen Anhangs, Kontrolle über den Import von Wein und Whisky, Unterdrückung der gälischen Barden. Vor allem aber: Die Söhne der gälischen *Chiefs* sollten in den *Lowlands* erzogen werden und die englische Sprache annehmen.

Unter Jakob VI. wurde nicht nur Ulster kolonisiert, sondern erstmals wurden auch Schotten mit kolonialen Aufgaben in Amerika betraut. Sir William Alexander of Menstrie (später Earl of Stirling) erwirkte 1621 ein Patent zur Kolonisierung von Nova Scotia (definiert als das Gebiet zwischen Neuengland und Neufundland). Wer in dieses

Kolonialunternehmen investierte, konnte sogar den von Jakob neu eingeführten Adelstitel eines *Baronet* erhalten. Nova Scotia war allerdings überwiegend in Händen der Franzosen. Auch den übrigen schottischen Kolonialunternehmungen des 17. Jahrhunderts, die sich auf Guinea und die Westindischen Inseln bezogen, blieb der Erfolg versagt.

Im 17. Jahrhundert begann auch jene Tradition, die schottische Krieger überall in Europa in den stehenden Heeren Karriere machen ließ, zunächst vor allem in Schweden, Polen und Rußland. Diese illustre Reihe von Generälen und Heerführern sollte Rückwirkungen auf Schottland zeigen, weil immer wieder einige von ihnen zurückkehrten und große praktische Erfahrung im Kriegshandwerk mitbrachten – namentlich Feldmarschall Alexander Leslie, der aus dem Heer Gustav Adolfs kam, um das Heer der schottischen *Covenanters* zu führen.

Seit der Übernahme der Kronen von Schottland und England durch Jakob VI. und I. war Schottland definitiv in ein englisches Fahrwasser gekommen. Wie die Reformation die Verbindung zwischen Schottland und Frankreich abgeschnitten hatte, wurde nun die Tendenz zu einer gemeinsamen Geschichte der Königreiche auf der Britischen Insel immer stärker. Freilich bedeutete diese Schicksalsgemeinschaft auch, daß das kleinere und schwächere Reich in Gefahr stand, den Interessen des größeren und stärkeren aufgeopfert zu werden. Schon zwischen 1565 und 1601 war das Verhältnis des schottischen zum englischen Pfund von 6:1 auf 12:1 zurückgegangen. Zwischen Nord und Süd bestand nach wie vor ein starkes gegenseitiges Mißtrauen: Engländer befürchteten, die Schotten um den König herum könnten die königliche Gnade und die zu vergebenden Ämter für sich monopolisieren; Schotten befürchteten, der Weggang ihres Königs und Hofes nach London könnte dazu führen, daß eigene schottische Interessen gar nicht mehr berücksichtigt würden und sie zu einem bloßen Anhängsel Englands werden könnten. Dieses gegenseitige Mißtrauen wurde selber zu einem Faktor der Politik. Jakob I. hatte seinen schottischen Untertanen bei seinem Weggang regelmäßige Besuche versprochen; er kam nur noch einmal (1617) in sein Vaterland zurück. Er brüstete sich, er könne sein schottisches Reich aus der Ferne mit der Feder regieren, wo sich frühere Könige am Ort selber nicht einmal mit dem Schwert durchzusetzen vermocht hatten. Dies war einerseits richtig, andererseits aber auch fatal: Sein weniger kluger und besonnener Sohn und Nachfolger ließ sich dadurch verleiten, den Schotten Reformen vorzuschreiben, welche diese in die Rebellion trieben, die Union in Gefahr brachten und ihn selber den Kopf kosten sollten.

Karl I.

Bei Jakobs Tod 1625 folgte ihm unbestritten sein Sohn Karl I. auf den englischen und zugleich schottischen Thron. 1633 unternahm er eine Reise nach Schottland, um sich dort eigens krönen zu lassen, traf jedoch auf wenig Begeisterung. Eventuell noch vorhandene Sympathien für den anglisierten König verschwanden schlagartig, als er auch noch versuchte, den Schotten seine kirchenpolitischen Vorstellungen aufzudrängen. In England hatte sich unter Erzbischof Laud eine hochkirchliche, katholisierende Richtung der anglikanischen Staatskirche entwickelt, die den presbyterianischen Schotten äußerst zuwider war. 1637 sollten sie plötzlich wieder die alten Heiligenfeste begehen, einen feierlichen, der katholischen Messe ähnlichen Gottesdienst erleben und Bischöfe über sich dulden. Das trieb die Schotten zur Rebellion. Der Überlieferung nach war es eine Frau, Jenny Geddes, die in der Hauptkirche St. Giles in Edinburgh, als im Juli 1637 dort der erste Gottesdienst nach dem englischen *Common Prayer Book* angeordnet worden war, aufstand, dem Prediger ihren Stuhl an den Kopf schleuderte und die Menge zum Aufstand bewog. Zahlreiche Petitionen richteten sich an den König. Die Honoratioren bildeten Komitees, welche ebenfalls protestierten. Als sich Karl nicht beeindrucken ließ, schlossen sie den legendären *Covenant. Covenant* heißt wörtlich ›Bund, Übereinkunft‹. Wenn die Schotten dieses Wort verwendeten, dachten sie an den alttestamentlichen Bund zwischen Gott und seinem Volk. In der politischen Theorie hatte dieser ›Bund‹ bei Johannes Althusius eine entscheidende Rolle gespielt. Für ihn ergab sich daraus sogar ein Widerstandsrecht des Volkes gegenüber einer Obrigkeit, welche ihr Amt nicht nach dem Willen Gottes verwaltete. Für die aufständischen Schotten war dieser Fall nun eingetreten: Ein König hatte ihnen etwas vorgeschrieben, was sie mit ihrem Gewissen nicht vereinbaren konnten. Eine bloß politische Maßnahme hätte sicher ein geteiltes Echo von Befürwortern und Gegnern des Königs gefunden. Eine kirchenpolitische Vorschrift aber, welche die religiöse Identität der Schotten betraf, konnte einen Widerstand entfachen, welcher sofort die politischen Aspekte mit umfaßte. Der feierliche *National Covenant* von 1638 war ein schriftlich vorliegendes Dokument, dem sich zunächst die Honoratioren, dann Tausende von einfachen Gläubigen anschlossen, indem sie ihre Unterschrift darunter setzten.

Karl wollte diesem Widerstand nicht nachgeben; so entstand ein Bürgerkrieg. Anfangs eilten die *Covenanters* unter dem schon genannten General Alexander Leslie von Sieg zu Sieg. Den ersten Bischofskrieg beendeten sie in Berwick-upon-Tweed siegreich und zwangen den König zu einem Waffenstillstand (18. Juni 1639). Im zweiten Bischofskrieg fielen die Schotten in England ein, nahmen Newcastle und schlossen in Ripon erneut einen Waffenstillstand (26. Oktober 1640). Die Schotten verlangten vom englischen König Reparationen. Damit zwangen sie ihn, in England ein Parlament einzuberufen. Im Oktober 1641 brach in Irland ein großer Aufstand gegen die englische Herrschaft aus. Und das englische Parlament erzwang die Hinrichtung Straffords, des wichtigsten Mannes des Königs. Karl entschloß sich schließlich sogar, aus London zu fliehen und in Nottingham ein Heer um sich zu sammeln (22. August 1642). So war aus den schottischen Bischofskriegen der englische Bürgerkrieg entstanden, in dem beide Seiten, König und Parlament, die Unterstützung des stärksten Heeres, nämlich des schottischen der *Covenanters*, suchten. Ein *Solemn League and Covenant* führte die Schotten an die Seite des englischen Parlamentes um den Preis der Durchsetzung einer presbyterianischen Kirchenverfassung auch in England (17. August 1643). Währenddessen hatten der Marquess of Montrose und Alasdair MacColla (Macdonald) in Schottland ein königstreues Heer auf die Beine gestellt und den *Covenanters* im Norden eine Serie von Niederlagen beigebracht. In England hatte deren Heer jedoch einen entscheidenden Sieg erfochten und den König gefangengenommen, den sie aber schließlich für die ungeheure Summe von 200 000 englischen Pfund an die parlamentarische Armee auslieferten. Am 30. Januar 1649 wurde Karl I. hingerichtet. Während die Schotten seinen Sohn als Karl II. zum Nachfolger ausriefen, radikalisierte sich England unter Cromwell.

Schottland unter Cromwell

Irland wurde von Cromwell mit äußerster Brutalität niedergeworfen; rassische und religiöse Einschätzungen stützten sich gegenseitig. In Schottland dagegen sah Cromwell Religionsverwandte am Werk, die freilich mit ihrem Presbyterianismus eine ihm nicht zusagende Richtung eingeschlagen hatten und mit ihrer Option für das Haus Stuart eine politische Fehlentscheidung getroffen hatten. Damit bereiteten sie aber zugleich eine Aufmarschbasis für eine Stuart-Restauration, von der sich auch das englische Parlament bedroht fühlen mußte.

Bevor Karl II. seine militärischen Rüstungen vollendet hatte, marschierte Cromwell mit einem Heer von 16 000 Mann in Schottland ein (22. Juli 1650). Er schlug die Schotten vernichtend bei Dunbar (3. September 1650): in Cromwells Sicht ein Gottesurteil. Edinburgh und der Südosten wurden besetzt, aber Cromwell hütete sich, den Bogen zu überspannen; zumal er abwarten konnte, wie sich die Konflikte in Schottland selbst auswirken würden. Ein Teil der *Covenanters* im Südwesten erklärte das Ergebnis von

Dunbar ebenfalls für Gottes Entscheidung und forderte von der politischen Führung, Karl fallenzulassen (*Remonstrants*). Ihre Gegner, die Mehrheit (*Resolutioners*), krönten Karl II. am 1. Januar 1651 in Scone zum »König von Großbritannien und Irland«. Da Cromwell damals durch eine längere Krankheit zurückgehalten wurde, ergriff Karl die Gelegenheit und holte zum Gegenangriff aus, indem er mit 13000 Mann in England einfiel. Allerdings wurde er dort nicht mit dem erwarteten Zulauf beglückt, und Cromwell schlug dieses Heer am Jahrestag der Schlacht von Dunbar bei Worcester (3. September 1651). Nun konnte er sich in sicherem Besitz der Herrschaft über England, Schottland und Irland fühlen. Trotzdem wurde Schottland (anders als Irland) weiterhin als eigenes Königreich aufgefaßt. Allerdings wurde das militärisch unterworfene Schottland vom englischen Parlament herrschaftsmäßig gesichert: Wer auf seiten des Stuarts gegen Cromwell in Waffen gestanden hatte, wurde enteignet. Das Land wurde durch acht Kommissare des englischen Parlaments regiert. Cromwell erklärte die Schotten für »befreit«: Die herkömmlich erbliche Gerichtsbarkeit der Adligen wurde abgeschafft, statt dessen wurde von englischen Reiserichtern Recht gesprochen. In religiöser Hinsicht wurden »Toleranz« und »Religionsfreiheit« verkündet.

Da man die Schotten für ein freies Volk erklärte, wurde ihre Zustimmung für eine Vereinigung mit England erwartet. Eine Versammlung von Vertretern der *Shires* und der *Burghs* wurde nach Dalkeith einberufen, die auch die in sie gesetzten Erwartungen erfüllte und mehrheitlich für eine Vereinigung stimmte (Januar 1652), allerdings äußerte sich eine religiös motivierte Minderheit ablehnend.

Sprichwörtlich wurde die Äußerung des Predigers Robert Blair: »Die Vereinigung von Schottland mit England wird so sein, wie wenn ein armes Vögelchen mit einem Falken vereinigt wird, der es gefressen hat.« Staatsrechtlich wurde diese Vereinigung erst am 12. April 1654 vollzogen. Die entsprechende Anordnung hielt fest, daß Schottland mit seiner Zustimmung nun ein gemeinsames *Commonwealth* mit England bilde. Die Loyalität gegenüber Karl II. sei aufgehoben, das Königtum abgeschafft worden. Oberhaupt des Staates sei Oliver Cromwell als *Lord Protector of the Commonwealth of England, Scotland and Ireland*. Das gemeinsame Parlament umfaßte 400 Abgeordnete aus England, 30 aus Schottland und 30 aus Irland. Die feudalen Bindungen wurden für erloschen erklärt. Der neue Gesamtstaat bildete eine Freihandelszone.

Cromwells Herrschaft hatte protestantische und radikal puritanische Akzente, aber auch wirtschaftlich liberale und sozialrevolutionäre. Ohne Zweifel stellte sie einen Schlag gegen die herkömmlichen ständischen Verhältnisse dar, gegen die adlige Herrschaft auf dem Lande. Deshalb überrascht es nicht, daß eine Adelsrevolte die Folge war, welche unter William Cunningham, Earl of Glencairn, Anfang 1653 die Kräfte des Widerstands sammelte, die im Bewußtsein, man habe nichts mehr zu verlieren, zu den Waffen griffen. Sie wurde von General George Monck im Auftrag Cromwells niedergeworfen. In der Folge wurde eine Amnestie erlassen, welche die vorher in ihrem Besitz und Recht bedrohten Adligen restituierte, aber die 24 ausnahm und definitiv enteignete, welche sich unter Glencairn erhoben hatten. Schottland verarmte infolge starker Steuerlasten zur Unterhaltung einer Armee. Cromwell schaffte übrigens den *Union Jack* ab, weil er als Symbol der Personalunion galt. Die schottischen Kroninsignien wollte sich Cromwell mit Gewalt von Dunnottar Castle holen, doch wurden sie durch zwei couragierte Frauen von dort weggeschmuggelt und anderswo in Sicherheit gebracht.

So endete ein Krieg, der mit der Einmischung des Königs in die schottische Kirchenverfassung begonnen hatte, mit der politischen Unterwerfung Schottlands. Es hatte den Schotten nichts genützt, daß sie einen König verkauft hatten (Karl I.); es nützte ihnen ebensowenig, daß sie einen anderen König (Karl II.) angenommen hatten. Mit der Restauration 1660 sollte dieser zwar auch im Süden der Britischen Insel König werden, doch dankte er es den Schotten nicht, daß sie ihm die Stange gehalten hatten.

Die Restauration

Die Zwangsvereinigung von England und Schottland unter Cromwell hatte zur Folge, daß mit der Restauration von 1660 beide Länder absichtlich getrennt gehalten wurden. Karl II. vereinigte beide Kronen, aber er glaubte sich (anders als Jakob I.) stärker, wenn er beide Königreiche separat regierte. Dies entsprach auch einem verbreiteten Willen in England und in Schottland. Denn die Schotten erinnerten sich nur ungern an die Eroberung durch Cromwell; Restauration bedeutete in diesem Sinne für sie Freiheit und Selbstbestimmung.

Freilich hatte diese absichtlich herbeigeführte Trennung auch eine andere Seite. England war ohne Zweifel der ökonomisch potentere Teil; und England ging nun daran, sich bewußt zum Schaden der Schotten vom Norden abzugrenzen. Das begann mit dem berühmten *Navigation Act* (1660): Waren aus Übersee sollten nur auf englischen Schiffen in englische Häfen gebracht werden, englische Schiffe sollten nur mit englischen Matrosen bemannt sein usw. Schottland wurde absichtsvoll aus dem Verkehr mit den Kolonien ausgeschlossen. 1663 errichtete England sogar neue Schutzzölle gegen die schottischen Hauptexportgüter: Leinen, Vieh, Salz und Kohle. Schottland reagierte mit Strafzöllen auf englische Wolle und Tuche. Es wirkte sich auch zum Schaden der Schotten aus, daß England in den 1660er Jahren mehrere Handelskriege gegen Holland führte, denn Holland war zuvor der wichtigste Handelspartner Schottlands gewesen. Zur Zeit der Restauration konnte Schottland keine eigene Außenpolitik mehr führen. Karl II. dachte von den potenten englischen Interessen aus; seine Nebenländer Irland und Schottland mußten zurückstehen.

Gesetzlich bedeutete die Restauration für Schottland einen Rückgang auf den Stand von 1633: Der *Rescissory Act* erklärte alle in der Zwischenzeit erlassenen Gesetze für ungültig. Das betraf natürlich die Gesetze Cromwells, aber auch solche Karls I. Die Monarchie stand zur Zeit der Restauration auf einem Höhepunkt. Schottland wurde in dieser Zeit regiert durch John Maitland, Earl of Lauderdale, und zwar in seiner Eigenschaft als Minister Karls II. Eine aktive Personalpolitik sollte die Herrschaft des Königs sichern und ausbauen. Man wollte in erster Linie frühere Gegner einbinden und mit Ämtern versehen. Die Handhabung des Parlamentes wurde wiederum durch *Lords of the Articles* bewerkstelligt. Die Machtverteilung war ganz klar und ganz bewußt: Der Adel stützte die restaurierte Monarchie und sicherte sich damit die Freiheit in seinem lokalen und regionalen Herrschaftsbereich. Der König hielt sich dort heraus, solange der Adel Loyalität bewies. Manche Gebiete in den *Highlands* gewannen sogar noch an Autonomie. Die Herrschaften der Earls of Argyll, Atholl und Seaforth wurden weitgehend selbständig.

Das schottische Parlament stattete den König großzügig mit Geld aus, das allerdings größtenteils aus den Zöllen und aus einer Akzise auf Bier erhoben wurde. Die Mächtigen in Schottland bürdeten die staatlichen Abgaben also dem Verbraucher auf, um – anders als in England – den Landbesitz möglichst steuerfrei zu halten. Allerdings reichte das vorgesehene Geld nicht, als der König seine Kriege anfing. Die zunehmende Belastung Schottlands für Belange Englands machte den König weniger populär als zuvor. Immer mehr Soldaten wurden aufgeboten, um die Steuern einzutreiben.

Die Restauration begann mit einigen auffallenden Hinrichtungen von politischen Führern, die sich in der vorangehenden Ära exponiert hatten. Im September 1662 wurde ein Amnestiegesetz erlassen, von dem jedoch etwa 700 genannte Personen ausgeschlossen blieben. Sie verloren ihre Güter oder mußten jedenfalls schwere Geldstrafen zahlen.

Die Restauration bedeutete auch die Rückkehr der Bischöfe, denn Karl II. vertrat die Meinung, daß die schwierige, renitente schottische *Kirk* nur beherrschbar war, wenn er sie hierarchisch kontrollierte. Bischöfe aus früheren Zeiten waren nicht mehr am Leben. Neueingesetzte empfingen in Westminster ihre Weihen; das bedeutete zugleich, daß man auf die apostolische Sukzession Wert legte, die durch die Handauflegung durch den englischen Primas, den Erzbischof von Canterbury, übertragen wurde. James Sharp trat an die Spitze der bischöflichen Hierarchie für Schottland. Er war der Mann des Königs in Kirchenfragen (1679 wurde er von religiösen Fanatikern ermordet). Unterhalb der Bischöfe allerdings wurde die starke Ortskirche in der beschriebenen Weise belassen. Lehre, Liturgie und Sündenzucht wurden beibehalten, wie sie in Schottland gebräuchlich waren.

Trotzdem gestaltete sich der Übergang in die neuen Verhältnisse schwierig. Es gab einen beträchtlichen Teil unter den Pfarrern, welcher sich mit der Rückkehr der Bischöfe und mit dem königlichen Supremat nicht abfinden konnte und den Eid verweigerte. In England hatte es prinzipiell ein ähnliches Problem gegeben; dort weigerten sich 10 % der Pfarrer und schieden aus. In Schottland allerdings waren es 25 %, und zwar mit auffallender regionaler Konzentration im Südwesten, in Galloway. Ihre freiwerdenden Stellen konnten größtenteils mit jungen Theologiestudenten besetzt werden, die aber teilweise noch nicht genügend ausgebildet waren. Die ausgeschiedenen Prediger sammelten ihre Gemeinden in illegalen Konventikeln um sich, außerhalb der Kirchen, oft auf freiem Feld. Diese Konventikel radikalisierten sich teilweise, griffen zu den Waffen, richteten Petitionen an den König, organisierten einen Protestmarsch nach Edinburgh, ja rebellierten geradezu. Das *Pentland Rising* (etwa 1000 Teilnehmer) im November 1666 wurde mit Waffengewalt unterdrückt; die Führer wurden hart bestraft. Adlige hatten sich von dieser Bewegung ferngehalten, die schon aus Mangel an wirklichen Führern von Anfang an zum Scheitern verurteilt war. Doch auch in den 1670er und 80er Jahren entstand immer wieder Unruhe und Gefahr für den Staat durch Konventikel, die sich von der Staatskirche abgespalten hatten. Der stramme Kurs der Unterordnung der Kirche unter die Krone war in Schottland allgemein unbeliebt und rief immer wieder Konflikte hervor, bis zu bewaffneten Unruhen, welche durch Militär brutal unterdrückt wurden. In manchen Gegenden entglitt der Krone zunehmend die Kontrolle über das Geschehen; eine Art von Desintegration ereignete sich gerade dort, wo die Staatsgewalt durchgreifen wollte.

Komplizierter wurden die Verhältnisse noch dadurch, daß sich auch in England Widerstand gegen die restaurierten Stuarts regte und dort eine politische Bewegung entstand, deren Anhänger *Whigs* genannt wurden und sich bald auch selber so nannten. *Whigs* standen gegen den Ausbau der Monarchie zu einer absolutistischen Herrschaft; sie traten ein für Gewissensfreiheit und eine protestantische Politik. Indem nun aber die späten Stuarts zum Katholizismus und zu Frankreich neigten, wurden die *Whigs* zunehmend kämpferisch. Allmählich wurde ruchbar, daß Karl II. von Ludwig XIV. eine Pension angenommen hatte und vollkommen in dessen außenpolitisches Fahrwasser gezogen wurde. (Was man damals noch nicht wußte: Er hatte Ludwig XIV. sogar zugesagt, zur katholischen Kirche überzutreten. Diesen Übertritt vollzog er erst 1685 auf dem Totenbett.) Bekannt war, daß sein Bruder, der vorgesehene Thronfolger, katholisch geworden war. In England bildete sich eine Widerstandsbewegung um einen unehelichen Sohn Karls II., James Scott, Duke of

Monmouth, der dezidiert für die protestantische Sache eintrat. In England kam es sogar zu Aufständen, welche jedoch niedergeworfen wurden.

Während Karl II. noch regierte und sein Bruder umstritten war, zog sich dieser gerne nach Schottland zurück, wo man ihn hofierte; der spätere Jakob VII. (II.) richtete in Edinburgh geradezu einen Hof ein, ließ Holyrood klassizistisch ausbauen und förderte die Künste. Es waren Jahre, in denen sich auch die schottische Wirtschaft günstiger entwickelte. Als Jakob II. 1685 auf den englischen Thron nachfolgte, erhob sich in England sogleich eine Widerstandsbewegung, in Schottland aber nicht. Jakob versuchte in beiden Ländern, den Katholizismus zu fördern. Er versuchte die Schotten durch die Perspektive, ›Religionsfreiheit‹ bringe ihnen wirtschaftliche Vorteile, zu locken und war auch gesonnen, den Freihandel zwischen England und Schottland wiederherzustellen, was dem nördlichen Königreich ebenfalls genützt hätte. In Schottland allerdings überwogen religiöse Bedenken. Katholiken gab es dort nur wenige. Die Identität der Schotten war protestantisch, und zwar in der strengen, überlieferten Weise. Für ›Religionsfreiheit‹ schien in einem solchen System kein Platz.

Auswirkungen der »Glorreichen Revolution«

Die Interessen Englands und Schottlands drifteten im Laufe des 17. Jahrhunderts immer wieder auseinander. In diesem Sinne gab es keinen unumkehrbaren Weg zur Union beider Königreiche, zumal die Union keineswegs bei allen Schotten in guter Erinnerung war, wenn sie an die Zeit Cromwells zurückdachten. Es gab wirtschaftliche Divergenzen und religiöse. Was damals nicht allen Beteiligten sogleich deutlich war: Da sich in England und Schottland keine gleichgewichtigen Partner gegenüberstanden, konnte man sich auch nicht paritätisch an einen Tisch setzen, um über die auseinanderlaufenden Interessen miteinander zu verhandeln. Allmählich zeigte sich, daß Schottland keine Wahl hatte, wenn sich das mächtige und immer mächtiger werdende England positionierte – zumal dann, wenn europäische Interessen ins Spiel kamen, und England handelte, ohne auf Schottland Rücksicht zu nehmen.

Dies geschah ganz offenkundig am Ende der Regierungszeit Jakobs II. Dieser hatte sich in England in den Ruf eines rücksichtslosen, absolutistischen Herrschers mit katholischer Tendenz gebracht. Je mehr er seine politische Linie durchsetzte, desto mehr sah sich eine Mehrheit von Protestanten und Parlamentsanhängern (*Whigs*) bedroht. Ein vorübergehend katholischer König auf dem englischen Thron mochte eine Schwierigkeit für die anglikanische Staatskirche darstellen, deren Oberhaupt der König ja schließlich war. Aber eine dauerhaft katholische Monarchie hätte ein ganz anderes England zur Folge gehabt. Als dem König auch noch überraschend ein männlicher Erbe geboren wurde (seine Gegner munkelten von einem untergeschobenen Kind), zeichnete sich eine für viele bedrohliche Perspektive ab. Jakob II. hatte sich bereits angeschickt, das Heer mit Katholiken zu durchsetzen und auf die Parlamentswahlen in seinem Sinne Einfluß zu nehmen. In England formierten sich Gegenkräfte. Sieben einflußreiche Männer verfaßten am 30. Juni 1688 ein Schreiben an Wilhelm von Oranien, Statthalter der Niederlande und Schwiegersohn Jakobs II., nach England zu kommen und die Macht zu übernehmen. Wilhelm war das dezidiert protestantische Haupt der Koalition gegen Ludwig XIV., dessen europäische Hegemonie damals allgemein als drückend empfunden wurde. Wilhelm erstrebte die englische Krone, um die Ressourcen des wirtschaftlich aufsteigenden Landes gegen Frankreich mobilisieren zu können.

Als Ludwig XIV. im September 1688 sein Heer nach Osten warf und dabei die Westflanke entblößte, konnte sich Wilhelm von Oranien gefahrlos mit 14–15 000 Mann von Holland aus einschiffen und in Torbay an Land gehen. Als Jakob II. bemerken mußte, daß ihm seine Truppen nicht mehr bedingungslos gehorchten, sondern, der allgemeinen Stimmung folgend, desertierten, reagierte er panisch, warf das Große Staatssiegel in die Themse und floh nach Frankreich. Eine *Convention* trug Wilhelm und seiner Gemahlin Maria den vakant gewordenen Thron an, konfrontierte die beiden mit einer *Bill of Rights* – und England war fortan wieder eine Erbmonarchie, deren Thronfolge auf protestantische Leibeserben eingeschränkt wurde. In der Tradition der *Whig*-Geschichtsschreibung wurde dieses Ereignis überhöht zur *Glorious Revolution*, weil dabei kaum Blut geflossen war, Religionsfreiheit für Protestanten hergestellt wurde und die Bedeutung des Parlamentes anerkannt worden war. Die Auswirkungen der *Glorious Revolution* auf Schottland waren allerdings andere. Auch in Edinburgh war zunächst eine *Convention* einberufen worden, der freilich die Anhänger des Stuart-Königs (»Jakobiten«) fernblieben. Die *Convention* stellte in einem *Claim of Right* fest, Jakob habe die Gesetze Schottlands verletzt, die protestantische Religion unterminiert und mithin das Recht auf die schottische Krone verwirkt.

Darin kam die Idee der Volkssouveränität und des Gesellschaftsvertrages klarer zum Ausdruck als auf englischer Seite.

Wilhelm und Maria regierten England und Schottland in Personalunion, und sie sicherten sich ihre Anhängerschaft in Schottland nicht zuletzt dadurch, daß sie das presbyteriale System der Kirche bestätigten und die Bischöfe abschafften. Ihre Gegner, die Jakobiten, die nicht zur *Convention* erschienen waren (ihre Basis war in den *Highlands*; die *Lowlanders* waren den englischen Interessen näher, dem Freihandel und den Presbyterianern), bliesen zum Aufstand. Unter Viscount Dundee erfochten sie einen militärischen Sieg bei Killiecrankie (27. Juli 1689), der sich allerdings als Pyrrhus-Sieg erwies, den ihr Führer mit dem Leben bezahlte, worauf sich sein Heer auflöste. Die Reste des Jakobitenheeres wurden bei Cromdale aufgerieben (1. Mai 1690).

Wilhelm berief ein Parlament nach Edinburgh ein, gewährleistete die Freiheit der presbyterianischen Kirche und die Abschaffung der *Lords of the Articles*, in denen schottische Patrioten ein Instrument der Monarchie sahen. Im Laufe der nächsten sechs Jahre verlor etwa die Hälfte der Prediger ihr Amt, nicht wenige von ihnen Jakobiten.

Äußerlich waren also England und Schottland nun wieder in Personalunion vereinigt, während die inneren Strukturen beider Königreiche sich divergierend entwikkelten. Vor allem aber unterschieden sich die Untertanenschaften in ihrer Loyalität: Während Wilhelm in England weitgehend ungefährdet herrschte, mußte Irland erst militärisch unterworfen werden; Schottland blieb geteilt. Es war oberflächlich pazifiziert und angeschlossen, unter der

Decke jedoch brodelte es. Die Anhänger des katholischen Stuart-Königs waren im Moment aus dem Rennen geworfen, aber noch längst nicht befriedet. Wilhelm versuchte es mit Stärke und mit Güte. 1690 errichtete er eine Garnison (Fort William), um den *Highlanders* seine Macht zu zeigen. Den *Chiefs* wurde im August 1691 Indemnität versprochen, wenn sie bis zum 1. Januar 1692 einen Treueid auf den neuen König schwören würden (*Oath of Allegiance*). Die meisten krochen zu Kreuze. Als die MacDonalds of Glencoe sich jedoch zuerst zurückhielten, dann in letzter Minute doch noch schwören wollten, sich dann im Verwaltungsgestrüpp und in schwierigen Witterungsbedingungen verhedderten und zum 1. Januar 1692 nicht rechtzeitig eintrafen, nutzte der zuständige *Lord Advocate*, James Dalrymple of Stair, die Gelegenheit, an dem traditionell widerspenstigen *Highland*-Clan ein Exempel zu statuieren. Er schickte eine Abteilung Soldaten unter Robert Campbell in das Tal von Glencoe, um Ordnung zu schaffen. Seine Leute akzeptierten zunächst die Gastfreundschaft des mit den Campbells verfeindeten Clans und metzelten die MacDonalds anschließend nieder bzw. trieben sie in die verschneite Wintereinöde, wo sie umkamen. Das sogenannte »Massaker von Glencoe« (13. Februar 1692), das in der schottischen Geschichtsschreibung eine so tragende Rolle spielt und dem fernen König Wilhelm angelastet wurde, bedeutete zwar einen entscheidenden Bruch des Vertrauens zwischen dem wilhelmischen Schottland und den *Highlanders*, war aber nur möglich aufgrund der alten Clan-Rivalitäten zwischen den Campbells und den MacDonalds. So überlagerten sich hier alte Strukturen und neue.

Das gilt auch für die wirtschaftlichen Beziehungen. Denn die europäische Politik, die Wilhelm zu weit ausgreifenden Kriegen gegen Frankreich bestimmte, unterbrach die eingespielten Wirtschaftsbeziehungen zwischen Schottland und Frankreich; der schottische Export (hauptsächlich Leinen und Rinder) wurde nun größtenteils auf England ausgerichtet. Sieben aufeinanderfolgende Hungerjahre in Schottland (1692–1698) verschärften die Situation; damals sollen 5 % der schottischen Bevölkerung verhungert sein. Das schottische Parlament plante ausgreifende Kolonialunternehmungen (*Act for Encouraging Foreign Trade*, 1693), wurde jedoch von England behindert, welches einer eigenständigen schottischen Imperialentwicklung nicht aufgeschlossen gegenüberstand. Und Wilhelm dachte an die europäische Politik. Schottland war ihm nur am Rande wichtig.

Das zeigte sich vor allem in jener ehrgeizigen schottischen Unternehmung, die mit dem Stichwort »Darien« aufgerufen wird. Auf dem Isthmus von Panama gründeten die Schotten 1698 mit großem finanziellem und personellem Aufwand eine Handelskolonie: Ein Viertel des gesamten flüssigen schottischen Kapitals wurde dort investiert. Die Neuansiedler hatten unter Epidemien zu leiden und unter spanischen Angriffen. Ungefähr 2000 Schotten kamen in Darien ums Leben. Man erwartete englische Militärhilfe und englisches Kapital, doch arbeitete die *City of London* gegen die schottische Konkurrenz, und Wilhelm fand schließlich die Freundschaft der Spanier im Sinne seiner europäischen Pläne wichtiger als das Interesse Schottlands.

Verständlicherweise fühlten sich die Schotten verraten und verkauft. Während sie wirtschaftlich ums Überleben kämpften, stieg die Verärgerung gegen den englischen Nachbarn. Die Gegensätze kulminierten schließlich in der Sukzessionsfrage. Führende Kräfte in England suchten schon lange im voraus die protestantische Sukzession, die durch die *Glorious Revolution* etabliert worden war, zu sichern. Königin Maria starb 1694, Wilhelm 1702. Das letzte Kind der auf den Thron folgenden Anna (Tochter Jakobs II. und Schwester Marias) war 1700 schon gestorben. Bereits 1701 beschloß das englische Parlament ein Sukzessionsgesetz, in dem auf Anna die protestantische Stuart-Linie folgen sollte. Als nächste Erbin war Sophie von Hannover vorgesehen (die jedoch schon vor Anna verstarb), sodann ihr Sohn, Georg Ludwig, Kurfürst von Braunschweig-Lüneburg (Hannover). Die Schotten wurden bei dieser Festlegung nicht gefragt. Daraus schlossen sie, sie könnten die Sukzession ihrer Krone ebenfalls unabhängig bestimmen. Die Möglichkeit einer katholischen Stuart-Sukzession in Schottland stellte allerdings eine klare Bedrohung für England dar.

Je abweisender sich England gab, desto feindseliger wurden die Signale aus Schottland. 1703 beschloß das Parlament in Edinburgh zunächst ein Gesetz über Weinimporte, das den Handel mit Frankreich wiederherstellen sollte (*Wine Act*), dann ein Gesetz über die Unabhängigkeit der schottischen Außenpolitik (*Act Anent Peace and War*), schließlich auch noch ein Gesetz, welches Sicherheitsgarantien für die Souveränität Schottlands forderte, vor allem für Parlament, Kirche und Handel (*Act of Security*). Die Engländer drohten den Schotten mit Handelssanktionen und verabschiedeten ein Gesetz, das im Falle einer Nichtanerkennung der englischen Sukzessionsordnung durch die Schotten diesen das englische Bürgerrecht entzog (das nicht wenige einflußreiche Schotten besaßen, die gleichzeitig Ländereien und Ämter in England ihr eigen nannten: *Alien Act*). Während also das psychologische Klima zunehmend vergiftet wurde, bemerkten nichtsdestoweniger führende schottische Politiker, daß eine Union mit England wirtschaftlich vorteilhaft wäre. Der Earl of Cromarty gab 1705 die Parole aus: »Laßt uns Briten sein; nieder mit den alten, schmählichen Bezeichnungen Schottland und England!«

Die Union

Zwei Jahre später war die Union beider Königreiche vollzogen. Wie ging das vor sich? Inzwischen war in Schottland eine Gruppe junger Politiker auf diese Linie eingeschwenkt, und in der Publizistik wurde nun deutlicher herausgestellt, welche wirtschaftlichen Vorteile für Schottland durch eine Union mit England zu erwarten seien. Daniel Defoe wurde als Propagandist der englischen Regierung in Schottland tätig. Schließlich scheute sich die englische Regierung aber auch nicht, Druck auf die politisch führenden Schotten auszuüben. Es kam zu Verhandlungen zwischen den führenden Politikern beider Seiten; das Ergebnis wurde von beiden Parlamenten mehrheitlich angenommen, und am 1. Mai 1707 trat eine staatliche Union beider Königreiche in Kraft.

Dieses Ergebnis hat schon unter den Zeitgenossen, nicht weniger aber unter den Historikern späterer Jahrhunderte, Fragen aufgeworfen. Waren die schottischen Verhandlungsführer gekauft worden, daß sie einer staatlichen Vereinigung, die so offenkundig im englischen Interesse lag, zugestimmt hatten? In der Tat waren ganze Wagenladungen mit englischem Geld nach Schottland gebracht worden: 20 000 Pfund aus der Privatschatulle von Königin Anna. Für die Gegner der Union war klar: Bestechung. Die Befürworter der Union hielten dagegen: nicht Bestechungsgelder, sondern Rückstände für staatliche Dienste. Gravierender als die Frage der direkten Bestechung ist die des politischen Interesses. Denn die am Einigungsprozeß Beteiligten erhielten entsprechende Ämter, Titel und Vergünstigungen. Diejenigen, die damals die Fäden der Politik zogen, wußten sehr wohl, wie sie bestimmte einzelne dazu bringen konnten, das staatliche Gesamtinteresse im Einklang mit ihrem Privatinteresse zu sehen (*political management*).

Schon damals wurde viel über die wirtschaftlichen Implikationen gestritten. Global betrachtet, sind die außenpolitischen vielleicht noch wichtiger. Denn das Interesse Englands lag ganz klar darin, daß in Schottland keine alternative politische Kraft und keine Aufmarschbasis für Feinde entstehen durften. Auf europäischer Ebene war England damals in aufreibende Kriege mit Ludwig XIV. verwickelt. Die Gefahr, daß sich ein Schottland, das die protestantische Erbfolge nicht anerkannt hätte, unter den katholischen Stuarts selbständig machen und an die Seite Frankreichs treten würde, war einfach zu groß. Wirtschaftlich war England damals schon so mächtig, daß es von Schottland wenig zu fürchten hatte. Umgekehrt bestand für Schottland zumindest eine günstige Aussicht darin, unter dem Schutze Englands an der Kolonialpolitik beteiligt zu werden. Gerade weil die schottische Wirtschaft damals noch wenig entwickelt war, bestand in

Schottland eine große Furcht, die Engländer könnten den Markt mit ihren eigenen, zugleich billigeren und qualitativ hochwertigeren Waren überschwemmen. Die Verhandlungen über die staatliche Inkorporation Schottlands mußten also darauf Rücksicht nehmen, daß bestimmte wirtschaftliche Interessen Schottlands protegiert wurden, daß also der grundsätzliche Freihandel um Detailregelungen zum Schutz des schwächeren Partners ergänzt wurde.

Der *Act of Union* enthielt folgende Hauptbestimmungen: Das gemeinsame Königreich sollte den Staatsnamen *Great Britain* führen und eine gemeinsame Flagge erhalten (*Union Jack*: zusammengesetzt aus dem Georgskreuz für England und dem Andreaskreuz für Schottland). Die gemeinsame Erbfolge wurde auf das protestantische Haus Hannover fixiert und ein gemeinsames Parlament in Westminster als wesentliches Staatsorgan bestimmt. Alle Untertanen des neuen Staates sollten völlige Handelsfreiheit in beiden bisherigen Königreichen wie auch in den Kolonien erhalten. Schottland sollte von der Begleichung der englischen Staatsschulden ausgenommen werden. Über einen Fonds (*Equivalent*) sollte jährlich eine gewisse Summe nach Schottland zurückfließen, zunächst zur Entschädigung der *Company of Scotland* wegen Darien. Schottland sollte zur Akzise herangezogen werden, mit der Ausnahme von Bier, und zur Malz-Steuer erst nach Kriegsende. Bezüglich der *Land Tax* wurde eine bestimmte Proportion festgelegt, die Schottland jeweils in Relation zu England aufzubringen habe. Münzen, Maße und Gewichte sollten vereinheitlicht werden. Schottland sollte sein autonomes Rechtssystem behalten. Ebenso sollte die schottische Kirche frei von englischem Einfluß und bischöflicher Überwachung bleiben. Das Feudalrecht der erblichen Gerichtsbarkeit von Adligen in Schottland sollte so wenig angetastet werden wie die Rechte schottischer Städte. Schottland sollte 45 Abgeordnete nach schottischem Wahlrecht in das gemeinsame Unterhaus nach Westminster entsenden sowie 16 Adlige in das Oberhaus, die der schottische Adel aus seiner Mitte zu wählen habe. (Hier verfuhr man also anders als beim englischen Adel: Dort hatte jeder Titelträger Sitz und Stimme im Oberhaus.) Im übrigen sollten dem schottischen Adel alle Privilegien des englischen zustehen.

Zur Bewertung ist zu sagen, daß durch das Unionsgesetz eine in Europa damals einmalige Freihandelszone entstand. Die wirtschaftlichen Bedingungen wurden für die Schotten günstig gestaltet, indem ihr Staatshaushalt durch das englische *Equivalent* gesichert wurde, ohne daß sie für die englischen Staatsschulden herangezogen wurden. Auch profitierte Schottland von der Aufnahme in das englische Kolonialsystem. Bemerkenswert ist, daß die traditionellen Herrschaftsstände jeweils in ihrem Eigentum und ihren Sonderrechten gesichert wurden: die Kirche, die Städte, die Barone. Hier sanktionierte England jeweils die bestehenden lokalen Zustände und insistierte nur auf einer Vereinheitlichung der zentralen Organe, nämlich der Monarchie und des Parlamentes. Freilich konnte England bei den bestehenden und fixierten Proportionen sicher sein, daß es in jedem Falle die entscheidenden Mehrheiten stellen würde, während umgekehrt bei den Schotten das Gefühl der Benachteiligung herrschend wurde.

Trotz der staatlichen Union entstand 1707 keinesfalls eine einheitliche britische Nation, die erst das Ergebnis von Jahrzehnten sein konnte. Anfangs stand man sich auf beiden Seiten noch eher mißtrauisch gegenüber. Dies ging so weit, daß 1713 ein schottischer Lord, der sich vor 1707 für die Union eingesetzt hatte, im Oberhaus in Westminster die Auflösung der Union beantragte. Vor allem folgende Ereignisse hatten zur Erbitterung auf schottischer Seite beigetragen: 1708 wurde der gesonderte *Privy Council* in Edinburgh ohne weiteres aufgelöst. 1712 wurde ein Gesetz verabschiedet, das in Schottland Toleranz für die (anglikanische) Bischofskirche anordnete. 1711 weigerte sich das Oberhaus, einem schottischen Lord, der neuerdings mit einem englischen Adelstitel in den Adel des Gesamtstaates erhoben worden war, einen erblichen Sitz im Oberhaus zuzugestehen. Und die Frage der Malzsteuer eignete sich besonders gut dazu, breite Verbitterung hervorzurufen. Letztlich ließ erst die harte Niederschlagung der Jakobitenaufstände 1715 und 1745 in Schottland Ruhe einkehren.

Schottland in Union mit England: Von den Jakobiten bis zur Blüte der schottischen Aufklärung (1707–1801)

Epochenüberblick

Zu Beginn der Epoche vereinigten sich Schottland und England zu »Großbritannien« (1707); dynastische und wirtschaftliche Motive hatten die politische Nation des mächtigen England dazu bestimmt, sich den Norden staatsrechtlich anzuschließen, nachdem der Boden dazu schon seit hundert Jahren durch die beiden Königreichen gemeinsame Dynastie der Stuarts bereitet war. Aber erst die Krise des europäischen Staatensystems angesichts der Expansionstendenz Ludwigs XIV. hatte diesen Schritt notwendig gemacht. Er kann gewissermaßen als Frucht der *Glorious Revolution* angesehen werden; denn für Wilhelm von Oranien ging es primär um die europäische Koalition gegen Frankreich. Als nun Schottland angesichts des dynastischen Wechsels in England mit einem Sonderweg drohte, wurde die staatliche Vereinigung in englischer Sicht unausweichlich. Dabei wirkte es sich einerseits förderlich aus, daß Schottland ja ebenfalls protestantisch war; andererseits bestand eine deutliche Differenz zwischen dem schottischen Presbyterianismus und dem Anglikanismus.

Merkwürdigerweise kristallisierten sich alle Bemühungen um einen schottischen Sonderweg um die Dynastie der katholisch gewordenen, exilierten Stuartkönige. Eine Tendenz »Los von England!« gab es in Schottland immer nur in Verbindung mit dem Auftreten der Stuart-Prätendenten, nebst angekündigten französischen Invasionen. Die wichtigsten Ereignisse dieser Art waren *The Fifteen* und *The Forty-five*. Der mächtige Südstaat setzte sich gegen den Nordstaat jeweils militärisch durch. Jedes Aufräumen und Liquidieren nach den großen Feldzügen führte zu einem Ausbau der anglophilen und hannoveranerfreundlichen Tendenzen und Institutionen. In diesen hoffnungslosen Kämpfen starb das alte Schottland, der feudale Vasallenstaat, der sich aus dem Mittelalter erhalten hatte; die Clan-Strukturen und die Lebensverhältnisse der gälischen Gesellschaft in den *Highlands* wurden schwer beschädigt. Die Eingriffe der Stuart-Prätendenten von außen wirkten letztlich katalysierend: Die eingeschlagene Richtung wurde kraftvoll bestätigt.

Die Integration Schottlands in den britischen Staat bot dem Norden durchaus gewisse Verlockungen: Zum einen wirtschaftlich, denn die Einbeziehung in ein so potentes Wirtschaftssystem (mit Kolonialreich!) konnte nur förderlich sein. Das begann damit, daß die schottischen Magnaten von Vasallenführern zu Viehzüchtern wurden, die den Moloch London mit Rindern und Schafen fütterten und dabei reich wurden. Das im 18. Jahrhundert immer wieder in Kriege verwickelte Großbritannien bot für die militärischen Tugenden der schottischen Söldner bis hinauf zu den Generälen reichlich Karrieremöglichkeiten.

Aber auch im kulturellen Bereich wurde Schottland im 18. Jahrhundert nicht nur integriert, sondern in mancher Hinsicht geradezu führend. Alte Zentren des Nordens, vor allem die frühere Königsresidenz Edinburgh, aber auch der potente Überseehafen Glasgow oder das intellektuelle

Zentrum der *Highlands*, die Universitätsstadt Aberdeen, gaben geistig und künstlerisch wichtige Impulse für die britische Kultur im ganzen. Es mag genügen, daran zu erinnern, daß der Historiker und Philosoph David Hume, der Nationalökonom Adam Smith und der Verbesserer der Dampfmaschine, James Watt, Schotten waren.

Schottland hatte 1707 einen Weg eingeschlagen, der bis 1745/46 noch strittig war, dann aber als irreversibel erschien. Wenn von Amerika, vom Aufbau eines *Empire* und britischer Weltgeltung die Rede ist, muß immer mitbedacht werden, daß daran Schotten maßgeblich mitwirkten. Im 18. Jahrhundert gelang es, eine marginale europäische Feudalgesellschaft in die Moderne Europas zu integrieren.

1707	1. Mai: Union von England und Schottland (»Großbritannien«).
1708	Aufhebung des schott. *Privy Council.*
1712	*Patronage Act:* Grundbesitzer dürfen wiederum Prediger bestimmen.
1713	Gesetzesvorlage in Westminster, die Union wieder aufzulösen (knapp abgelehnt).
1714–27	König Georg I.
1715	Erster großer Jakobitenaufstand; Niederlage von Sheriffmuir (13. November).
1719	Jakobitenaufstand (10. Juni: Niederlage bei Glen Shiel).
1720	*South Sea Bubble.*
1727–1760	Georg II.
1727	*Board of Trustees* gegründet.
1736	*Porteous Riots.*
1745	Zweiter großer Jakobitenaufstand; Sieg der Jakobiten bei Prestonpans (21. September); daraufhin Einfall in England und Vorrücken bis Derby.
1746	16. April: Definitive Niederlage der Jakobiten bei

	Culloden. *Disarming Act:* Verbot von Waffen, Kilt und Dudelsack.
1747	*Act Abolishing Heritable Jurisdictions: Highland-Chiefs* werden im Gerichtswesen ersetzt durch Kronbeamte.
1748	David Hume: *An Enquiry Concerning Human Understanding.*
1751	David Hume: *An Enquiry Concerning the Principles of Morals.*
1754–62	David Hume: *The History of England.*
1759	William Robertson: *History of Scotland.*
	Adam Smith: *The Theory of Moral Sentiments.*
1760–1820	Georg III.
1760–65	James Macpherson: *Ossian.*
1760	Gründung der *Carron Iron Works.*
1762–63	Brit. Regierung unter John Stuart, Earl of Bute.
1767	Der Architekt James Craig publiziert seinen Stadterweiterungsplan für Edinburgh.
	Adam Ferguson: *An Essay on the History of Civil Society.*
1769	William Robertson: *History of the Reign of the Emperor Charles V.*
	Dampfmaschinenpatent von James Watt.
1776–1783	Unabhängigkeitskrieg der amerikan. Kolonien.
1776	Adam Smith: *The Wealth of Nations.*
1777	William Robertson: *History of America.*
1782	Weitgehende Souveränität des irischen Parlamentes.
1784	Andrew Meikles Dreschmaschine.
1786	Industrieunternehmen New Lanark eröffnet.
	Robert Burns: *Poems, Chiefly in the Scottish Dialect.*
1789	Beginn der Französischen Revolution.
1790	Eröffnung des Kanals vom Forth zum Clyde.
1791–99	Sir John Sinclair: *First Statistical Account.*
1796	James Hutton: *The Theory of the Earth.*
1801	Union von Großbritannien und Irland. Erster nationsweiter Zensus.

The Fifteen

Nach der heißumkämpften Union von 1707 kam Schottland noch jahrelang nicht zur Ruhe, wenngleich viele erst einmal abwarteten, wie sich die Verhältnisse entwickeln würden. Am meisten profitierten die Kaufleute in Glasgow und am Clyde, welche sofort die Möglichkeiten des Freihandels nutzten und in den Tabakhandel mit Virginia einstiegen, gleichzeitig aber einen Teil ihrer Waren an den geforderten Zöllen vorbeischmuggelten.

Durch die Verwicklung Großbritanniens in weitausgreifende Kriege in der Epoche Ludwigs XIV. entstand ein hoher Steuerdruck; gleichzeitig waren die wirtschaftlichen Entfaltungsmöglichkeiten für Schottland noch sehr eingeschränkt. Die Stimmung der Schotten, die sich wirtschaftliche Vorteile erwartet hatten, sank auf den Nullpunkt. Die schottischen Adligen im britischen Oberhaus unterstützten nach wenigen Jahren der Union einstimmig eine Eingabe zur Auflösung der Verbindung von Schottland und England (natürlich ohne Erfolg).

Bereits 1708, als die Union von England und Schottland noch nicht einmal ein Jahr alt war, rüstete Ludwig XIV. eine Flotte mit 6000 Mann und dem alten Prätendenten, James Edward Stuart, dem Sohn Jakobs VII. und II., an Bord zu einer Expedition nach Schottland aus, um dort eine neue Front im Spanischen Erbfolgekrieg gegen England zu eröffnen. Die Flotte sollte im März 1708 im Firth of Forth einlaufen, doch wurde sie durch widrige Winde, Navigationsfehler und die aufmerksame englische Flotte daran gehindert, so daß sie schließlich abdrehte und unverrichteter Dinge nach Frankreich zurückkehrte.

Die Aktualisierung der hannoverschen Erbfolge bildete den voraussehbaren Ansatzpunkt für alle Versuche, das Ruder noch einmal herumzureißen und die Verbindung von Schottland und England aufzulösen. Die Situation trat mit dem Tod Annas 1714 ein; die *Whigs* beeilten sich, den hannoverschen Kurfürsten als König Georg I. auf den englischen Thron zu setzen. Bis Frankreich und der Stuart-Prätendent handlungsfähig waren, dauerte es Monate; erst 1715 schlugen sie los. Das Ereignis wird in britischen Büchern oft einfach *The Fifteen* genannt, der Aufstand des Jahres 1715. Im Jahr nach der umfassend abgesicherten Thronbesteigung des ersten Königs aus dem Hause Hannover wurde eine weitreichende Verschwörung aufgedeckt, an der auch englische Parlamentsabgeordnete und ehemalige Minister beteiligt waren und die darauf abzielte, den Stuart-Prätendenten auf den englischen Thron zu bringen. In Schottland erhob sich ein Aufstand unter John Erskine, Earl of Mar, der unter Anna zeitweilig ein Ministeramt bekleidet hatte, sich nun aber dauerhafter Einflußlosigkeit, ja dem wirtschaftlichen Ruin ausgesetzt sah. Es gelang ihm, im Nordosten Schottlands und in den *Highlands* etwa 12 000–20 000 Männer zu den Waffen zu rufen. Das bedeutet nun freilich nicht, daß sich diese alle freiwillig für die Stuarts erklärt hätten; durch das Clan-System konnten die Adligen in Schottland auch im 18. Jahrhundert noch ihre Abhängigen zu den Waffen rufen. Doch Mar war kein militärischer Führer und wartete zu lange unentschlossen auf Soldaten und Unterstützung. Auf der Gegenseite des Staates, der Engländer und der *Whigs* agierte mit dem Earl of Argyll ein weit fähigerer Feldherr, der zunächst nur wenig Truppen hatte, aber von der Unentschlossenheit Mars profitierte und außerdem einen weiteren Jakobitenaufstand in Edinburgh, angeführt von George Lockhart of Carnwath, im Keim erstickte. Als Mar schließlich im November 1715 mit 10000 Mann auf Edinburgh vorrückte, gelang es Argyll, ihn mit nur 3000 Mann aufzuhalten (Schlacht von Sheriffmuir). Die Jakobiten zogen sich daraufhin wieder nach Perth zurück. Am 22. Dezember schließlich, als die Sache schon verloren war, kam der alte Prätendent aus Frankreich, um sich an die Spitze des Aufstandes zu stellen. Er ließ sich am 23. Januar 1716 in Perth als Jakob VIII. zum König von Schottland krönen. Aber mittlerweile hatte Argyll seine Truppen durch 6000 Holländer verstärken können; er rückte mit seinem Heer nach Norden vor und trieb die Jakobiten vor sich her. Nur wenige Tage nach der Krönung, am 4. Februar, gaben der Prätendent und Mar auf; sie schifften sich nach Frankreich ein. Die Aufständischen zerstreuten sich.

So gelang es der neuen Dynastie Hannover und dem von den *Whigs* dominierten britischen Staat, ohne großen Aufwand mit den Jakobiten fertigzuwerden. Dabei dürfte es wohl von entscheidender Bedeutung gewesen sein, daß wirksame Hilfe aus dem Ausland ausblieb. Der unmündige Nachfolger Ludwigs XIV. von Frankreich und dessen Regent saßen noch nicht fest genug im Sattel, um sich auf eine kriegerische Unternehmung gegen Großbritannien einzulassen. Die neue französische Regierung erstrebte eine Allianz mit England.

The Forty-five

Auch in den folgenden Jahrzehnten kam es immer wieder zu Versuchen, Schottland für die Stuarts zurückzuerobern. Der Prätendent war eine feste Größe im internationalen Spiel der Diplomatie. Sogar Schweden, Rußland und Preußen setzten zeitweise auf diese schillernde Figur. Spanien schickte 1719 zwei Fregatten mit Soldaten unter dem Kommando des Earl of Marischal, die auf den Hebriden landeten. Als sie auf das schottische Festland übergesetzt hatten, wurden sie am 10. Juni 1719 bei Glen Shiel geschlagen.

Dasjenige Unternehmen, das in der Rückschau am meisten die Gemüter und die Phantasie beschäftigt hat, heißt in den britischen Büchern meist kurzerhand *The Fortyfive* und war mehr ein sinnloses Bravourstück als eine strategisch durchdachte militärische Operation. Das Schottland von 1745 war nicht mehr das Schottland von 1715. Die Hannoveraner hatten inzwischen einschneidende Bemühungen zur Sicherung des unruhigen Landes unternommen. 1725 war ein Gesetz zur Entwaffnung der *Highlands* erlassen worden. Dies war offiziell vollständig durchgeführt worden, freilich nicht in Wirklichkeit. Aber es waren Militärstraßen in die *Highlands* gebaut worden, welche ein Eingreifen des Militärs in ganz anderer Weise als früher erlaubten. 1729 waren erstmals reguläre Kompanien *Highlanders* in englischem Sold aufgestellt worden, die sich in der Folge auf dem europäischen Kontinent bewährten. Hoffnungen und Frustrationen der Jakobiten ergaben sich wesentlich aus dem Verhältnis zwischen England und Frankreich. In den Jahrzehnten des Friedens hatten sie wenig zu hoffen. Aber als sich die Beziehungen verschlechterten, lebten sofort wieder Pläne auf, die stets einen Aufstand der Jakobiten in Schottland mit einer Invasion aus Frankreich verknüpften. Da aber das eine grundsätzlich als Vorbedingung für das andere angesehen wurde, blieb es meist bei Konspirationen, gegen die sich die Engländer beizeiten vorsehen konnten.

1745 geschah dann, unerwartet und vom englischen Geheimdienst unbemerkt, folgendes: Charles Edward Stuart (*Bonnie Prince Charlie*), der 23jährige Sohn des alten Prätendenten, kam aus Rom und ließ sich von irischen Kaufleuten, die nach Frankreich emigriert waren, ein paar Schiffe ausrüsten, mit denen er inkognito in Schottland landete (25. Juli 1745). Er versuchte persönlich, schottische Clan-*Chiefs* zu einem Aufstand zu überreden, womit er jedoch zunächst keinen Erfolg hatte. Erst seine (unzutreffende) Behauptung, im Bund mit Frankreich zu handeln, das eine Invasionsarmee schicken würde, brachte den Stein ins Rollen. Einen Monat später hatte er ein kleines Heer von 1300 Mann aufgebaut. Unter Führung des Generals George Murray nahmen die Jakobiten Perth und Edinburgh. Bei Prestonpans schlugen sie ein englisches Heer, das sich ihnen entgegenstellte. Daraufhin fielen die Jakobiten mit ihrem Heer, das mittlerweile auf 4500 Mann angewachsen war, in England ein, um dort Aufstände zu ermutigen. Am 4. Dezember stießen sie bis Derby vor – doch nichts regte sich. Die schottischen Heerführer fühlten sich vom jungen Prätendenten getäuscht. Als dieser schließlich zugeben mußte, daß seine Aussagen über eine französische Invasion und Aufstände in England auf schwachen Füßen standen, kehrten sie um. George Murray führte die Armee in geordnetem Rückzug nach Schottland zurück.

Von nun an waren die Aufständischen in der Defensive. Zwar rüstete Frankreich nun wirklich eine Invasionsflotte aus, doch konnte diese wegen der Wachsamkeit der englischen Marine und wegen der Winterstürme nicht in Schottland landen. Englische Truppen rückten nach Schottland vor und trieben die Jakobiten immer weiter nach Norden. Der junge Prätendent bestand schließlich auf einer Entscheidungsschlacht. Am 16. April 1746 stellten sich 5000 erschöpfte Jakobiten bei Culloden zur Schlacht auf gegenüber 9000 regulären Soldaten (über die Hälfte Schotten), die gut ausgerüstet waren und den Aufständischen eine blutige Schlacht lieferten. Der englische General Cumberland (der dritte Sohn König Georgs II.) verdiente sich den Beinamen »der Schlächter«, als er nach dem Sieg die *Highlands* säuberte. Der junge Prätendent hatte sich versteckt und wurde schließlich, was später die Phantasie wie keine zweite Episode beflügelte, als Dienstmädchen verkleidet von einer Frau namens Flora Macdonald in einem Boot von Uist nach Skye und auf ein rettendes Schiff nach Frankreich gebracht, wo er freilich auf Dauer auch keine Bleibe finden konnte, sogar interniert und schließlich des Landes verwiesen wurde.

Seitdem mußte die Sache der Stuarts als endgültig hoffnungslos angesehen werden. Es hatte sich noch einmal, wie schon 1689/91 und 1715, gezeigt, daß die Gegner des Hauses Hannover sich in England nicht zu einem Aufstand hinreißen ließen und daß die Invasionsversprechungen der europäischen Mächte nie effektive Hilfe brachten. So war die Unterwerfung Schottlands schließlich nach der Niederlage der Jakobiten bei Culloden vollendet. Die *Highlanders* mußten ihre Waffen abgeben. Es wurde per Gesetz verboten, einen Kilt zu tragen; gleichfalls verboten wurde das Kriegsinstrument, der Dudelsack.

Die Entwicklung Schottlands nach der Niederlage der Jakobiten

Schottland wurde in der Folge zu *North Britain*, zum nördlichen Teil eines Vereinigten Königreiches von England und Schottland. Die politischen Machtverhältnisse waren überwältigend, die wirtschaftliche Überlegenheit des südlichen Teiles erdrückend.

Die Eliten machten ihren Frieden mit England, mit den Hannoveranern und den *Whigs* sehr schnell. Schon der Unionsvertrag hatte ihre Rechte ja weitgehend respektiert. Da es in Schottland einen zahlreichen Adel gab, dessen Macht in der Vergangenheit auf Herrschaft über Vasallen beruht hatte, aber nur in geringerem Maße auf materiellem Reichtum, erschienen schottische Adlige nun im Vergleich mit ihren englischen Standesgenossen oftmals als geradezu arm. Damit konnten sie aber auch leicht in Versuchung geführt werden: Sie waren darauf aus, in der Politik etwas zu werden, im Militär, in der Verwaltung – und insbesondere in den Kolonien. Während englische Adlige sich im 18. Jahrhundert eher wählerisch zeigten bei der Übernahme von Ämtern, waren die Schotten zu allem bereit, was Geld oder Einfluß versprach.

Das Heer bildete den entscheidenden Faktor der Integration. Schottland hatte schon in früheren Jahrhunderten, nicht anders als die Schweiz, als überbevölkertes Gebirgsland Männer in den Solddienst fremder Staaten geschickt. Nun gingen diese, und zwar in noch größerer Zahl, in das englische Heer. Während England traditionell nur ein verschwindend kleines stehendes Heer gehalten hatte, war dies seit den Kriegen Wilhelms von Oranien ein für alle Mal anders geworden. Seit 1689 führte England nicht nur Seekriege, sondern auch Kriege zu Lande, wo immer es seine Macht zu behaupten wünschte: in Irland, in Flandern, in Portugal und Spanien, am Rhein und an der Donau. Hinzu kam die koloniale Expansion: Nordamerika wurde zu einem wichtigen Kriegsschauplatz, schließlich wurden es auch die Stützpunkte in Afrika und in Indien. Überall wirkten Schotten mit, die als entschlossene und kampfkräftige Soldaten allgemein berühmt waren.

Einen vielversprechenden Weg der Integration Schottlands in den neuen Gesamtstaat bildete schließlich die Wirtschaft. Durch die Union war ein riesiges Wirtschaftsgebiet ohne Binnenzölle entstanden, in dem Schottland dieselben Rechte genoß wie England. Die schottischen Magnaten realisierten ihre Möglichkeiten zuerst, indem sie ihre berühmten Rinder in den Süden trieben, wo sie weit mehr Erlös einbringen konnten als im eigenen Land. Auch die Schafzucht breitete sich in der Folge in Schottland immer mehr aus. Die Wirtschaft nahm nicht nur einen Aufschwung, sondern sie wurde auch umstrukturiert, je nachdem, was die Bedürfnisse des neuen, vergrößerten Marktes mit sich brachten. Die Rückwirkungen auf die eigene Bevölkerung erkannte man erst allmählich. Der neue Stil einer auf Ertrag und Export ausgerichteten Landwirtschaft hatte zur Folge, daß die Großgrundbesitzer immer mehr Land zusammenbrachten. Die Nutzung für Viehzucht und Schafweide schränkte den Ackerbau ein. Die Clan-*Chiefs*, die früher das Kriegshandwerk getrieben hatten, entwickelten sich nun mehr und mehr zu Landwirten großen Stils. Sie bemühten sich (wie ihre englischen Standesgenossen) um Meliorisierung, um den Anbau neuer Futterpflanzen und Maschinen zur Effektivierung der Arbeitsabläufe. 1739 wurde die Kartoffel in Schottland eingeführt, was für die Ernährung breiter Volksschichten wichtig werden sollte.

Auch die schottischen Kohlevorkommen wurden nun konsequenter als früher ausgebeutet. Es wurden Maschinen zur Förderung und zur Entwässerung der Schächte eingesetzt. Es wurden Kanäle gebaut, um die günstigen Möglichkeiten des billigen Transportes zur See zu erreichen. Man arbeitete an der Verbesserung der Verfahren zur Eisenschmelze in Hochöfen. Die Industrielle Revolution empfing schon in ihrer Frühzeit wesentliche Impulse gerade auch aus Schottland. In Schottland lebten viele arme Leute, die in gewisser Hinsicht als ideale Arbeiter angesehen werden konnten: ausdauernd und zäh, bedürfnislos und rastlos. Ihre calvinistische Religion begünstigte eine positive Einstellung zu Arbeit und Beruf. Die wirtschaftliche Entwicklung brachte freilich auch ihre eigenen Probleme mit sich: die *Highlands* wurden zunehmend entvölkert (übrigens auch die *Borders*!); die *Lowlands* wurden immer dichter besiedelt und industrialisiert. Innerhalb weniger Jahrzehnte glichen sich die tiefer gelegenen Gebiete im Süden, Westen und Osten Schottlands weitgehend den entsprechenden Regionen in England an. Die Differenz zwischen den *Highlands* und den *Lowlands* prägte sich immer deutlicher aus. In den *Lowlands* ging man allgemein zum Englischen über; *Scots* wurde verdrängt.

Andererseits ist es bemerkenswert, daß sich im Zuge der Romantik dann eine kollektive Vorstellung entwickelte, die gerade die *Highlands* ins Zentrum stellte – so, als hätten alle Schotten eine gemeinsame Herkunft aus den *Highlands*; als hätten alle ihre Vorfahren sich in Kilts und Tartanstoffe gekleidet; als hätten alle Gälisch gesprochen.

Für die weitere Entwicklung Schottlands war es von Bedeutung, daß sich führende Schichten, Meinungsmacher und Gelehrte, nach der Union schnell mit den neuen Verhältnissen abzufinden vermochten. Während das Verhältnis zwischen Schotten und Engländern durch Jahrhunderte hindurch feindlich gewesen war und auch im 18. Jahrhundert noch reichlich Vorurteile auf beiden Seiten vorhanden waren, entwickelte sich seit dem frühen 18. Jahrhundert doch auch schon ein Bewußtsein der Einheit, ein spezifisch britischer Nationalstolz. Immerhin blickten beide Königreiche auf eine lange gemeinsame Vergangenheit zurück; ihre Staatskirchen waren aus der Reformation hervorgegangen; sie hatten nun gemeinsame Institutionen in Parlament und Monarchie; gemeinsame Kolonien und gemeinsame Feinde. Und im Bereich der Kultur und der Wissenschaften hatten die Schotten einiges zu bieten; die berühmten schottischen Schulen und Universitäten wurden attraktiv auch für *South Britons*. Die Ideen der Aufklärung schlossen führende Schichten in einem gemeinsamen Wertbewußtsein zusammen. Die Aufklärung brachte in Schottland eine Blüte der Wissenschaften hervor, für die Namen von Weltgeltung stehen.

Kirche und religiöse Entwicklung im Zeitalter der Aufklärung

In Schottland gab es im 18. Jahrhundert etwa 970 Pfarreien. Kennzeichen der presbyterianischen Kirche war, daß alle Geistlichen im Prinzip einander gleichgestellt waren; keiner durfte (im Gegensatz zur katholischen und anglikanischen Kirche) den Anspruch erheben, den anderen übergeordnet zu sein. Bischöfe wurden deshalb von dieser Kirche genauso abgelehnt wie Superintendenten. Die Hierarchie der Kirche war eine Gremienhierarchie: Ganz unten stand die Pfarrei mit ihrem Leitungsgremium, der *Kirk Session*, darüber das Presbyterium, an das man sich mit Berufungen wenden konnte; über diesem standen die Synoden; die höchste Instanz war die *General Assembly*. Neben den einmal pro Woche tagenden *Kirk Sessions* standen in ländlichen Gemeinden noch die »Erbberechtigten« (*Heritors*), also Laien, meistens Gutsbesitzer, die aus mittelalterlicher Tradition das Recht der Präsentation, der Auswahl von Predigern, für sich beanspruchten. Die »Erbberechtigten« zogen auch den *Teind* ein, den Kirchenzehnten, aus dem sie Prediger und Schullehrer entlohnten und Kirche, Pfarrhaus und Schulhaus renovierten (vielleicht aber auch einen Teil davon in die eigene Tasche steckten). In städtischen Pfarreien, wo es keinen *Teind* einzuziehen gab, bezogen die Prediger ihren Lohn aus der Vermietung von Kirchengestühl.

In Schottland bestand ein grundsätzlich geregeltes Verhältnis zwischen Kirche und Staat, das von der Doktrin der »zwei Reiche« ausging, und zwar in der Form, die Theodor Beza in Genf (im Anschluß an Martin Luther) gelehrt hatte. Alle Menschen unterstünden einem geistlichen Reich, der Kirche, in dem niemand anders das Haupt sei als Jesus Christus, gleichzeitig aber auch einem weltlichen Reich, dem Staat, in dem der König das Haupt sei. Während Luther leidenden Gehorsam lehrte, gehörte zur Genfer Tradition ein Widerstandsrecht: Wenn sich der Monarch (der ja auch Glied der Gemeinde Christi war!) gegen christliche Maßstäbe verging, konnte man ihm den Gehorsam verweigern und sich gegen ihn auflehnen. Diese Theorie war in Schottland stark verwurzelt; schon John Knox hatte so gelehrt, sein Nachfolger Andrew Melville hielt es ebenso, auch George Buchanan, der Erzieher Jakobs VI. Aus diesem Grundsatz der Trennung der »zwei Reiche« folgte in Schottland (anders als in England), daß Prediger bei politischen Wahlen sich enthielten und für politische Repräsentation nicht zur Verfügung standen.

Diese grundsätzliche Trennung von Kirche und Staat stand in Spannung zu dem erwähnten Patronagerecht der »Erbberechtigten«. Strikte Presbyterianer waren der Meinung, Gutsbesitzer sollten sich aus Kirchenfragen heraushalten; keiner habe ein Recht zur Präsentation von Predigern. Diese waren jedoch meistens entgegengesetzter Meinung, und dabei konnten sie sich auf eine alte Tradition berufen, wenngleich diese im 17. Jahrhundert gebrochen worden war. 1712 jedoch, fünf Jahre nach der Union, wurde in Westminster ein Gesetz erlassen, welches das Patronagerecht bestätigte bzw. wieder einführte. Dies betrachteten strikte Presbyterianer als einen widerrechtlichen Eingriff in die Angelegenheiten der schottischen *Kirk*, die ja im Unionsvertrag explizit vor solchen Interventionen geschützt worden war. Trotzdem blieben die

Patronagerechte im ganzen 18. Jahrhundert erhalten, wenn auch immer wieder Petitionen zu ihrer Abschaffung eingereicht wurden. Gegen Ende des Jahrhunderts scheint man sich mit ihrer Unveränderlichkeit allmählich abgefunden zu haben – abgesehen von denjenigen, für die das eine Gewissensfrage darstellte und die sich genau deshalb von der presbyterianischen Kirche abspalteten.

Dynamik entstand in der schottischen Kirche des 18. Jahrhunderts vor allem dadurch, daß die beginnende Industrialisierung Bevölkerungsverschiebungen zur Folge hatte, welche das herkömmliche Pfarrnetz zu zerreißen drohten. In Glasgow gab es eine Pfarrei mit 12000 Gläubigen – wie sollte ein Prediger für diese sorgen, wie sollte er sie auch nur kennenlernen, sich mit ihren Problemen vertraut machen? Selbstverständlich waren alle alten Kirchengebäude bei weitem zu klein für solche Menschenmengen. Da es nun aber zu den Eigenheiten der schottischen Kirchen gehörte, daß sich in den Städten die Bürger ihr Gestühl selber bauten oder mieteten, ergab es sich allmählich, daß in überbevölkerten Städten nur noch die Reichen zum Sonntagsgottesdienst kommen konnten, welche ihren Platz in der Kirche sicher hatten. Hier war offensichtlich Reformbedarf.

Ein Problem anderer Art bestand im Bereich der *Highlands & Islands*: Zu wenige Gläubige waren über ein zu großes Gebiet mit topographischen Schwierigkeiten aller Art verstreut. Ohne eine gewisse Zahl aber konnte kein Prediger besoldet werden. Auch dort, wo einer sonntags mehrere Kirchen bediente, fiel es schwer, den Lebensunterhalt zusammenzubringen. Daraus folgte, daß in den *Highlands & Islands* überhaupt Prediger fehlten, weil niemand dort ein Amt annehmen wollte. Auch war das Sprachproblem seit der Reformation ungelöst: Prediger, die nicht selbst aus diesem Milieu stammten, konnten kein Gälisch, wurden also von den Gläubigen nicht verstanden. Im frühen 18. Jahrhundert begann die *Kirk* eine Missionsoffensive mit Wanderpredigern und Katecheten, um die *Highlands & Islands* voll zu christianisieren. Seit 1709 wirkte im selben Sinne auch eine *Society in Scotland for Propagating Christian Knowledge.* Wegen der Jakobitenaufstände hatte sich die Vorstellung verbreitet, im Norden lebe ein unzivilisiertes Volk, dem man das Christentum bringen müsse und die englische Sprache.

Im übrigen läßt sich feststellen, daß auch in Schottland sich im Laufe des 18. Jahrhunderts (wie in England und Deutschland) eine tolerantere, freiere, liberalere Art des christlichen Glaubens durchsetzte, als sie in älterer Zeit herrschend gewesen war. 1697 wurde letztmals in Schottland ein Mensch wegen Blasphemie hingerichtet, und nach 1727 wurde keine Hexe mehr verbrannt.

Die theologische Landschaft des 18. Jahrhunderts zerfiel in Schottland in zwei Lager: Die einen nannte man die »Moderaten«, die anderen die »Populären« oder »Evangelikalen«. Die »Moderaten« wurden jahrzehntelang vom Historiker William Robertson angeführt, der Prediger einer Kirche in Edinburgh war und gleichzeitig Professor sowie *Principal* der Universität Edinburgh. Sie vertraten ein aufgeklärtes Menschenbild und sahen im Menschen ein zwar unvollkommenes, aber verbesserungsfähiges Wesen (im Gegensatz zum »Sündenknecht« der älteren reformierten Tradition). Sie konnten die strenge Prädestinationsgläubigkeit nicht mehr akzeptieren und kultivierten die Vorstellung einer Harmonie von Mensch und Welt, von Sollen und Sein. Auch zwischen Vernunft und Glauben sahen sie keinen prinzipiellen Gegensatz. Sie vertraten die Vorstellung, es gebe verschiedene Wege zum Heil, auch die Anhänger anderer Religionsgemeinschaften sollten toleriert werden. Die Kirche sollte sich nach ihrer Vorstellung zur Welt hin öffnen, zum bürgerlichen Leben. Es ging ihnen um Versittlichung und Kultivierung, nicht um Abgrenzung und Bestrafung. Die Lehre der »zwei Reiche« fanden sie nicht mehr schlagend; Kirche und Staat, meinten sie, wollten letztlich auf dasselbe hinaus, auf eine Erziehung des Menschen. Sie hatten deshalb gegen das Patronagerecht nichts einzuwenden, im Gegenteil: Sie fanden, daß ein gebildeter Adliger besser unter den Predigtamtskandidaten auswählen konnte als eine zurückgebliebene ländliche Gemeinde. Die »Moderaten« waren am Anfang des 18. Jahrhunderts noch in der Minderzahl, nahmen aber zwischen 1760 und 1830 immer mehr zu und bildeten bald eine Mehrheit innerhalb der schottischen *Kirk*. Sie wurden auch von der Krone gefördert und dominierten die *General Assembly*.

Auf der Gegenseite standen die »Populären« oder »Evangelikalen«. Sie legten besonderen Wert auf Gottesdienst, Bibellektüre und Beten; ihr Christentum war stärker emotional bestimmt als durch die Vernunft. Den »Moderaten« warfen sie vor, ihre Predigten seien ein bloßes Moralisieren; kein Weg führe an der Einsicht vorbei, daß der Mensch im Kern böse sei und der Erlösung aus Gnade bedürftig. Sie widmeten sich (wie die Methodisten in England) der inneren Mission und wollten die Massen ansprechen, die in den Kirchen keinen Platz mehr fanden. Sie hielten gottesdienstliche Versammlungen unter freiem Himmel ab. Die »Evangelikalen« waren gegen die eingerissenen Patronagerechte – für sie war das ein Mißbrauch, eine unerlaubte Einflußnahme auf die Kirche von außen. Im übrigen drängten sie auf soziale Reformen und Abschaffung der Sklaverei.

Die kirchliche Entwicklung Schottlands im 18. Jahrhundert ist gekennzeichnet durch immer weiter fortschreitende Abspaltungen. Schon aus der *Glorious Revolution* hatte sich die Abspaltung der Episkopalen ergeben, also derjenigen, welche die Abschaffung der Bischöfe nicht mit ihrem Gewissen vereinbaren konnten. Etwa 60 Prediger dieser Richtung verloren nach 1689 ihre Ämter. Meistens führten sie ihre Gemeinden oder einen Teil davon in neue religiöse Gemeinschaften, wenngleich diese illegal und insofern vom Gesetz bedroht waren. Aber in entfernten Gebieten, in den *Highlands & Islands*, wo sie von Adligen protegiert wurden, überlebten sie oft. 1712 erließ das britische Parlament in Westminster auch für sie ein Toleranzgesetz. Freilich waren sie oft zugleich Jakobiten, weil sie hofften, unter einem Stuartkönig würde die Bischofskirche wieder zur herrschenden Kirche. Insofern gerieten viele in die Aufstände von 1715 und 1745 sowie in die anschließenden Säuberungsmaßnahmen. Die Episkopalen blieben eine kleine Minderheit.

1733 trennte sich die *Secession Church* der Brüder Ralph und Ebenezer Erskine von der presbyterianischen Kirche, nachdem die Brüder auf der *General Assembly* nicht durchgedrungen waren mit ihrer Vorstellung, die Kirche gehe auf Dauer an den unmoralischen Patronagerechten des Adels zugrunde. Sie gewannen viele Anhänger unter den Landwirten und Handwerkern der *Lowlands.* Diese Gruppierung, die sich selbst *Associate Presbytery* nannte, teilte sich 1747 erneut auf über der Frage, ob Christen den Eid schwören dürften, den man von ihnen verlangte, wenn sie ein Amt annahmen oder in den Stadtrat gewählt wurden. 1761 entstand die *Relief Church* unter der Führung von Thomas Gillespie, der sich ebenfalls über der Patronagefrage von der presbyterianischen Kirche getrennt hatte, aber den strengen, alt-orthodoxen Standpunkt der *Secession Church* nicht teilte. Am Ende des Jahrhunderts umfaßten diese verschiedenen Gruppierungen der *Secession* und *Relief Church* etwa 150 000 Mitglieder – etwa 10 % der schottischen Bevölkerung. Die Gesamtheit der Kirchen des *Dissent* wuchs in den folgenden Jahrzehnten stark an: Bis 1820 waren es schon etwa 30 %.

Schließlich soll nicht vergessen werden, daß es in Schottland noch eine verschwindende Zahl von Katholiken gab, die sich der Reformation entzogen hatten – meist dort, wo sie von Adligen geschützt wurden und wo der Staat kaum zugreifen konnte, in entlegenen Gebieten der *Highlands & Islands*. Politisch waren sie natürlich Jakobiten, und insofern fielen viele von ihnen den politischen Säuberungen im Zusammenhang der Jakobitenaufstände zum Opfer. Nur ein paar Tausend von ihnen konnten sich halten (konzentriert in der Grafschaft Banffshire). Im 19. Jahrhundert nahm die Zahl der Katholiken in Schottland (Toleranz seit 1829) stark zu, weil Heere von Arbeitern aus Irland in die westlichen Industriegebiete Schottlands einwanderten.

Die Universitäten

Schottland hatte im 18. Jahrhundert fünf Universitäten aufzuweisen: Die drei mittelalterlichen (bischöflichen) Gründungen St Andrews, Glasgow und Aberdeen sowie die beiden Reformationsgründungen Marischal College (ebenfalls in Aberdeen) und Edinburgh. Quantitativ war die Bevölkerung Schottlands also gut versorgt, ja: überversorgt. Die Universitäten hatten jeweils ihre regionalen Einzugsbereiche, wobei die beiden nördlichsten in Aberdeen am ehesten für die *Highlands* zuständig waren, die übrigen für die *Lowlands*. Erwähnenswert ist außerdem ein großer Anteil von Studenten aus Irland in Glasgow.

Diese fünf Universitäten entwickelten sich im Laufe des 18. Jahrhunderts unterschiedlich. Wenig erfreulich waren die Studentenzahlen an den nördlichen Universitäten. Ganz anders verlief die Entwicklung an den beiden südlichen Universitäten Schottlands, in Glasgow und Edinburgh. Glasgow verdoppelte seine 400 Studenten im Laufe des 18. Jahrhunderts. Und Edinburgh steigerte seine schätzungsweise 300 oder 400 Studenten im Jahre 1700 auf fast 1600 im Jahre 1800!

Welche Gründe kann man für diese gegenläufigen Entwicklungen ausmachen? Zum Teil hatten sie etwas mit Politik zu tun. Marischal College stand 1715 auf seiten der Jakobiten und wurde danach rigoros gesäubert. Die alte Bischofsstadt St Andrews erlebte im 18. Jahrhundert einen wirtschaftlichen Rückgang, weil infolge des Amerikahandels die Häfen an der Westküste, vor allem Glasgow, zu Lasten derer an der Ostküste zulegten. Insgesamt war es eine Tendenz der Zeit, daß sich die ökonomische und intellektuelle Potenz in den *Lowlands* sammelte.

Ein weiterer Grund ist das veraltete Lehrsystem, von dem sich die schottischen Universitäten im Laufe des 18. Jahrhunderts erst allmählich lossagten. Sie unterschieden sich nämlich von alters her von den meisten übrigen Universitäten Europas durch das »Regentensystem«: Die Studienanfänger wurden zu Beginn ihres Studiums in einer Klasse zusammengefaßt und einem »Regenten« unterstellt, d.h. einem der Professoren, der dann für alle Fächer des Studienplans vier Jahre lang zuständig war. Zwar traten in einzelnen Fällen Fachprofessoren neben diese Jahrgangsklassen, doch geriet im 18. Jahrhundert das ganze System zunehmend in die Kritik. Die Wissenschaften und die Professoren spezialisierten sich. Aber es griff auch die Vorstellung Raum, daß die Gegenstände der Lehre den Fähigkeiten des einzelnen Studenten angepaßt werden müßten, daß Wahlmöglichkeiten nötig seien. So wurde die gemeinsame Führung und Überwachung der Jahrgangsklassen schließlich abgeschafft. Edinburgh gab das Regentensystem schon 1708 auf, Glasgow 1727, St Andrews 1747, Marischal College, Aberdeen, 1755 – und in King's College, Aberdeen, bestand es gar bis 1798. Das zähe Festhalten an diesem System verweist darauf, daß die Bildung an den damaligen schottischen Universitäten offensichtlich einen weitgehend allgemeinen Charakter hatte. Denn eigentlich war das Regentensystem ja nur im Bereich der *artes liberales* möglich. Die höheren Fakultätswissenschaften konnten wohl kaum von turnusmäßig wechselnden Professoren übernommen werden. Zwar waren alle schottischen Universitäten schon in ihrer Frühzeit Volluniversitäten, aber die höheren Fakultäten Medizin, Jura und Theologie waren nicht überall kontinuierlich besetzt. Die beiden Colleges in Aberdeen beschränkten sich im 18. Jahrhundert auf *artes liberales*, auch der größte Teil der Studenten von St Andrews war für diese eingeschrieben, wobei nur St Mary's College sich auf Theologie festlegte. Die beiden südlichen Universitäten unterschieden sich von den anderen dadurch, daß sie die höheren Fakultäten pflegten, insbesondere die Medizin.

Insgesamt kann man sagen, daß sich die schottischen Universitäten, die weitgehend der Initiative ihrer eigenen Lehrkörper überlassen geblieben waren, im Laufe des 18. Jahrhunderts zögernd den neuen Entwicklungen anzupassen suchten. Sie mußten nicht nur alle Einnahmequellen ausschöpfen, die sich ihnen boten (Professoren verschafften sich Nebeneinnahmen, indem sie für Studenten Kost und Logis bereitstellten; Doktortitel und andere Grade wurden großzügig verkauft!). Sie wurden geradezu marktgängig in ihrem Bemühen um zahlende Hörer und Zulauf aus bildungswilligen Schichten – hauptsächlich in den großen Städten des Südens, in Glasgow und Edinburgh. Diese beiden vermochten es auch, ihre Gebäude und Sammlungen, ihre Bibliotheken und Gärten aufs prächtigste auszubauen und zu differenzieren. Das sollte sich als bleibendes Erbe für die Entwicklung der Wissenschaften und der Kultur in Schottland erweisen. Die Universitäten orientierten sich auf die Gesellschaft hin; sie warfen leichten Herzens scholastisches Gut über Bord und boten der Stadtbevölkerung, den Gewerbetreibenden und Kaufleuten, in Glasgow und Edinburgh praktische Studien und öffentliche Vorlesungen: Mathematik und Experimentalphysik, Nautik und Geburtshilfe – alles, was nachgefragt und bezahlt wurde. Hinzu kamen aber auch Elemente kulturellen Selbstverständnisses, die in diesem Milieu gefragt waren: Geschichte und Ästhetik, Ethik, Philosophie des *Common Sense*.

Die englische Sprache wurde zunehmend zur Wissenschafts- und Unterrichtssprache. In der zweiten Hälfte des 18. Jahrhunderts setzte sie sich allgemein gegen *Lowland Scots* und Latein durch. Während man um 1700 in Schottland noch eifrig Latein gelernt hatte, um nicht das verhaßte Englisch sprechen zu müssen, war Englisch ein halbes Jahrhundert später zum Medium der Akkulturation und zur Voraussetzung für gesellschaftliche Karrieren geworden. Schotten studierten kaum noch in England, während von dort Mediziner und *Artes*-Studenten herbeiströmten, und zwar keineswegs nur *Dissenters*, die ja von den Colleges von Oxford und Cambridge nach wie vor ausgeschlossen waren. Vor allem die Universität Edinburgh erlangte in der zweiten Hälfte des 18. Jahrhunderts Weltruhm – durch Medizin und Naturwissenschaften. So vermochte Schottland schließlich ein Angebot zur Entwicklung des Vereinigten Königreiches zu leisten – zu einer Zeit, als Oxford und Cambridge in tiefem Schlaf versunken waren.

Hume, Robertson, Smith: Historiker, Philosophen und Ökonomen der schottischen Aufklärung

Im Zeitalter der Aufklärung und der Anglisierung Schottlands gelang es mehreren Gelehrtenpersönlichkeiten verschiedener Ausrichtung und Fachzugehörigkeit, in England und darüber hinaus in Europa Aufmerksamkeit zu finden. Der berühmteste, geradezu der »Fürst der Aufklärung«, war David Hume (1711–1776), der zugleich als Historiker und als Philosoph Ruhm erlangte. Für die Philosophen ist er der Fortsetzer John Lockes und der Vollender des Empirismus. Seine philosophischen Hauptwerke sind *An Enquiry Concerning Human Understanding* (1748) und *An Enquiry Concerning the Principles of Morals* (1751). Das erste behandelt im wesentlichen das Problem der Erkenntnis, das zweite das Problem des rechten Handelns. Seine Erkenntnislehre bedeutet eine radikale Abkehr von der traditionellen Metaphysik. Auf Locke aufbauend, erläutert er die Vorstellungen des menschlichen Verstandes im Sinne des Empirismus und des Psychologismus; er untersucht vor allem die Assoziationen von Vorstellungen und orientiert sich dabei an Mustern wie dem Newtonschen Gravitationsgesetz: Wie die Bewegungen der Himmelskörper von der Anziehungskraft ihrer Massen abhingen, so bewegten sich analog die Vorstellungsinhalte. Er unterscheidet drei Formen von Assoziation: durch Ähnlichkeit, durch Berührung und durch Kausalität, führt aber die dritte schließlich auf die ersten beiden zurück. So wird am Ende alle Ontologie durch Psychologie verdrängt.

Daraus leitete Hume eine revidierte Auffassung von Wissenschaft ab: Er unterschied Vernunftwahrheiten, die Vorstellungsbeziehungen ausdrücken, etwa die Sätze der euklidischen Geometrie, und Tatsachenwahrheiten, die nicht denknotwendig seien und letztlich nur durch Grade der Wahrscheinlichkeit unterschieden werden könnten, nicht eigentlich durch Wahrheit. Der ganze Bereich der Naturwissenschaften beruht auf Induktion; aber keine Induktion kann jemals Vernunftwahrheiten etablieren, nur

Tatsachenwahrheiten, d.h. Grade der Wahrscheinlichkeit. Humes Auffassung ist also vollkommen auf den Menschen, auf dessen Erkenntnismöglichkeiten bezogen. Insofern ist sie psychologisch; sie ist aber auch skeptisch, weil sich Hume vor allem für die Frage interessierte, wo dem menschlichen Erkenntnisvermögen Grenzen gezogen sind.

Antimetaphysisch und gegen die überlieferten Systeme ausgerichtet ist auch seine Ethik. Hume unterscheidet vier Klassen schätzenswerter Eigenschaften: 1. solche, die der Gemeinschaft nützlich sind (Wohlwollen, Gerechtigkeit); 2. solche, die uns selber nützlich sind (Willenskraft, Fleiß, Sparsamkeit); 3. solche, die uns selbst unmittelbar angenehm sind (Frohsinn, Mut, Ruhe, Güte); 4. solche, die anderen unmittelbar angenehm sind (Bescheidenheit, Höflichkeit, Witz). Die Kriterien sind also durchgehend Nützlichkeit und Lust; Hume ist insofern Utilitarist und Hedonist.

Diese Tendenzen wurden für die britische Philosophie der folgenden Epochen konstitutiv. Wenn es auch immer wieder einzelne Philosophen gab, die von anderen Grundlagen her dachten, gründeten sich doch die meisten auf die durch Locke und Hume etablierten Prinzipien. Durch die Aufklärung drangen diese Prinzipien in weitere Kreise und konnten später geradezu als Bestandteil des britischen Nationalcharakters angesehen werden. In der praktischen Ethik vom Individuum, dessen Würde und dessen Grenzen ausgehend, waren die britischen Philosophen doch von der menschlichen Gemeinschaft, von den Problemen des Zusammenlebens in Staat und Gesellschaft bestimmt. Meist erstrebten sie kein absolutes Wissen, sondern dachten aus ihrer sozialen Umwelt heraus und suchten, ihre Ergebnisse wiederum für diese fruchtbar zu machen.

David Hume gewann die Überzeugung, daß er, um in seiner Zeit Anerkennung zu finden, Geschichtsschreiber werden müsse. Er verfaßte in langjähriger Arbeit eine Darstellung der verschiedenen Epochen einer *History of England* (1754–62) – also nicht seiner Heimat, sondern des kulturell führenden britischen Südstaates. Sein Werk gilt als Meilenstein der Unparteilichkeit: Die einen hielten ihn für einen *Whig*, die anderen für einen *Tory*. Er bediente die gewöhnlichen Klischees nicht und bemühte sich um eine differenzierte Darstellung der großen politischen Auseinandersetzungen der Vergangenheit. Die religiösen Auseinandersetzungen des Konfessionellen Zeitalters schilderte er vom Standpunkt des Aufklärers. Das Werk wurde ein großer Verkaufserfolg und machte seinen Autor reich; geschrieben in glänzendem Stil, ein Text, der sich mit intellektuellem Vergnügen lesen ließ (und liest!). Erst die Historiker des 19. Jahrhunderts bemängelten den zu schwachen Bezug auf archivalische Quellen, den Mangel an Verständnis für kirchliche und gesellschaftliche Verhältnisse des Mittelalters.

Wie Hume um gute Lesbarkeit bemüht, scheute der Historiker und Kirchenführer der Moderaten William Robertson (1721–1793) doch nicht die Auseinandersetzung mit entlegenen Quellen und Handschriften. Er verbannte diese jedoch meist in den Anhang, um dem Publikum eine flüssige Darstellung in klassisch knappen Dimensionen bieten zu können. Sein erstes Werk war eine *History of Scotland* (1759). Anders als Hume griff Robertson mit seinen späteren Werken über die britische Geschichte hinaus

(*History of the Reign of the Emperor Charles V*, 1769; *History of America*, 1777). Von Hume unterschied er sich nicht nur durch seinen Radius und seine Quellenforschung, sondern auch durch höchste Sensibilität für Tendenzen früherer Epochen. Als Meisterwerk gilt bis heute seine Kurzdarstellung des Mittelalters, die er als Einleitung der Geschichte des Zeitalters Kaiser Karls V. voranstellte. Man hat ihn deshalb in gewisser Hinsicht als Vorläufer des Historismus auffassen können, obwohl er im übrigen ein Zeitgenosse der schottischen Aufklärer war, mit denen er auch die Vorstellung von einer stufenweisen Entwicklung der Zivilisation teilte (vgl. Adam Ferguson: *An Essay on the History of Civil Society*, 1767). Seine Bemühung um empirische Forschung veranlaßte ihn zu dem damals innovativen Schritt, für seine *History of America* nicht nur eine umfangreiche Korrespondenz mit Missionaren zu führen, sondern ihnen auch Fragebogen vorzulegen. Wie Hume intendierte er eine umfassende Geschichtsschreibung, doch während jener im wesentlichen an Politik und Recht orientiert blieb, gelang Robertson eine umfassende Strukturgeschichte unter Einbeziehung auch der Kultur.

Wie es in der Malerei nationale Schulen gibt, kann man auch die Geschichte der Philosophie gliedern nach nationalen Schulen – und dies unbeschadet der Tatsache, daß alle Philosophen an allgemeinen Problemen arbeiten, die eigentlich nicht in nationale Schranken eingeschlossen werden können. Charakteristisch ist nun, daß sich im Zeitalter der Aufklärung in Schottland eine eigene Schule der Philosophie erhob, deren wesentliche Vertreter zwar unterschiedliche Wege einschlugen, die aber doch auch Gemeinsamkeiten zeigen. Sie sind alle geweckt und angeregt von der britischen Tradition, die mit Bacon ihren Anfang nimmt und mit Newton und Locke fortgesetzt wird. David Hume war für sie ein entscheidender Bezugspunkt, wenn seiner Skepsis auch meist widersprochen wurde. Alle hier zu nennenden Denker arbeiten am Erkenntnisproblem, aber nicht um seiner selbst willen, sondern in die Richtung einer Moralphilosophie. Alle neigen deshalb auch nicht zu jener analytischen und kritischen Tendenz, welche Kant maßgeblich ausformte, sondern suchen einen anderen Bezugspunkt: den *Common Sense.*

Thomas Reid (1710–1797) wurde nach dem Studium in Aberdeen zunächst Pfarrer, dann Professor am King's College Aberdeen und später in Glasgow. Er sah als wesentliche Quellen menschlicher Wirklichkeitserkenntnis Beobachtung und Experiment. Er zielte auf eine möglichst genaue, nicht durch subjektive Wahrnehmung verformte Beschreibung realer Vorgänge; nur auf dem Wege der Induktion seien Gesetze ableitbar. Bezüglich einer Philosophie des Geistes störte er sich vor allem am herrschenden »Ideensystem«, d.h. an der Voraussetzung fast aller Philosophen, »Ideen« seien das einzige unmittelbar dem Bewußtsein zugängliche Objekt. In dieser Auffassung sah er eine fehlerhafte Verdoppelung von Wirklichkeit, gegen die er auf eine unmittelbare Wirklichkeit zurückgehen wollte, die dem *Common Sense* gegeben sei. Mit diesem Argument stellte er einen Bezug zur Sprache her; er glaubte, die gewöhnliche Verwendungsweise von Sprache sei eine wichtige Voraussetzung von Philosophie. Damit stellte er jedoch auch einen Bezug zu menschlichen Gemeinschaften, zur Gesellschaft her. Gegen die Idealisten vertrat er einen direkten Realismus, die Überzeugung eines unhintergehbaren Erlebnisses des Kontaktes von Wahrnehmendem und Wahrgenommenem. Seine Erkenntnistheorie mündet in eine Moral- und Rechtsphilosophie. Gegen Hume suchte er einen festen Grund in der Ablehnung von Gefühlen als Grundlage ethischer Entscheidungen zu gewinnen. Dem Menschen wohne übersubjektiv ein Pflichtbewußtsein inne. Wie es Grundlagen der Mathematik gibt, welche nicht von unseren Gefühlen abhängen, gebe es auch Grundlagen der Ethik unabhängig von unserer Einsicht in dieselben. Reid erkannte Gebote der Natur, die für ihn mit dem Schöpfungsglauben vereinbar waren; damit glaubte er einen allgemeingültigen ethischen Maßstab gefunden zu haben.

In ähnlichen Bahnen dachte James Beattie (1735–1803), ebenfalls Professor in Aberdeen, der gleichermaßen gegen die Skepsis Humes ankämpfte und sich um eine weitere Bestimmung des *Common Sense* bemühte. Gegen die diskursive Evidenz abgeleiteter Sätze postulierte er die intuitive Evidenz des *Common Sense*, die nicht sinnvoll hinterfragt werden könne. Beattie betonte somit die psychologischen und anthropologischen Grundlagen des Denkens (womit er in Deutschland zum Beispiel Lichtenberg beeindruckte).

Dugald Stewart (1753–1828), Professor in Edinburgh, arbeitete weiter an der genaueren Bestimmung von Prinzipien des *Common Sense*, von dem er nicht in bezug auf mathematische Wahrheiten sprechen wollte, sondern nur in bezug auf Grundgesetze des menschlichen Glaubens (*fundamental laws of human belief*) wie zum Beispiel Identität der Persönlichkeit, Bewußtseinsunabhängigkeit der materiellen Welt, Existenz anderer intelligenter Wesen oder Gleichförmigkeit des Naturgeschehens. Paradigma ist die Naturwissenschaft Newtons; die philosophische Bemühung gilt einer Übertragung der Methode auf eine Philosophie der Erkenntnis, des Geistes, der Moral und des Rechts. Theorien in den Naturwissenschaften können überprüft werden; Theorien in bezug auf den Menschen sind oft schwerer nachzuprüfen, weil spekulative Hypothesen nicht grundsätzlich ausgeschlossen werden können.

Adam Smith (1723–1790) ist bekannt als Klassiker der Nationalökonomie; er leistete jedoch, entsprechend seiner Professur an der Universität Glasgow für Logik, später Moralphilosophie, auch zu diesen Wissenschaften wesentliche Beiträge. Auch für ihn galt Newtons Gravitationsgesetz als Paradigma einer wissenschaftlichen Leistung; er selber arbeitete in allen seinen Wissenschaften auf der Basis einer stark betonten Teleologie der Natur. Philosophie war für ihn die »Wissenschaft von den verknüpfenden Prinzipien der Natur«. Die Aufgabe der Philosophie bestand für ihn wesentlich in der Herstellung von Zusammenhängen zwischen Tatsachen bzw. Ereignissen, um sie begreiflich zu machen. Während er im Bereich der Moralphilosophie wesentlich vom Begriff der »Sympathie« ausging (verstanden als »affektive Resonanz«, also nicht ausschließlich als Wohlwollen), basierte seine Rechtsphilosophie auf dem Begriff der »Vergeltung« bzw. der »Sympathie« in dem Sinne, daß man mit einem »instinktartigen Gefühl von Billigung« der Anwendung von (gerechten) Strafen beiwohnt.

Weltweit beachtet wurde sein Hauptwerk *An Inquiry into the Nature and Causes of the Wealth of Nations* (1776), in dem er gegen die führenden wirtschaftlichen Theorien seiner Zeit seine eigene, liberale aufstellte. Gegen den Merkantilismus argumentierte er, wirtschaftlich entscheidend sei nicht die Zunahme der Bestände an Gold und Silber innerhalb eines Staatswesens, sondern die Zunahme des Tauschwertes des jährlichen Ertrages von Boden und Arbeit, anders gesagt: nicht ein Überschuß der Handelsbilanz, sondern die Wertschöpfung. Daraus folgerte er Freihandel statt Protektion. Es sei vernünftig, Waren, die man nicht ebenso billig selbst herstellen könne, aus dem Ausland zu importieren. Eingriffe des Staates in die wirtschaftlichen Ströme seien prinzipiell schädlich, da sich ohne solche ein »natürlicher« Zustand von selbst herstelle. Anders als im älteren wirtschaftlichen Denken sah er das Eigeninteresse der Wirtschaftenden positiv, als entscheidende Triebkraft wirtschaftlicher Tätigkeit: »Jeder glaubt nur sein eigenes Interesse im Auge zu haben, tatsächlich aber erfährt so indirekt auch das Gesamtwohl der Volkswirtschaft die beste Förderung. Der einzelne wird hierbei von einer unsichtbaren Hand geleitet, um ein Ziel zu verfolgen, das er keineswegs intendiert hat.«

Gegen die damals aufkommende Theorie der Physiokraten machte Adam Smith geltend, es sei nicht allein der Bodenertrag, welcher Wert schaffe. Vielmehr seien auch Handwerk und Handel produktiv. Den Phänomenen Tausch und Arbeitsteilung sprach er sogar eine besondere Bedeutung zu. Damit stand er der wirtschaftlichen Realität Großbritanniens im 18. Jahrhundert mit Sicherheit näher als jene (überwiegend französischen) Theoretiker der Physiokratie, welche aus einem zu eng verstandenen Begriff der Natur einseitige Schlüsse zogen. Bei den schottischen Moralphilosophen und Wirtschaftstheoretikern spielt jeweils die Arbeit eine besondere Rolle. Adam Smith sprach dem Faktor Arbeit im Wirtschaftsprozeß entscheidende Bedeutung zu. Er unterschied drei Quellen des Einkommens: Grundrente, Profit (als Risikoprämie des Unternehmers) und Arbeitslohn. Anders als diejenigen Ökonomen, welche wirtschaftliche Phänomene isoliert betrachten, ging Adam Smith auch auf Wirtschaftspolitik ein, also auf die Bedeutung der Wirtschaft im Rahmen der übrigen Aufgaben des Staates. Zur Erfüllung seiner übrigen Aufgaben (z.B. Sicherheit nach außen, Sicherheit nach innen) braucht der Staat Steuern, die er im Prinzip aus den drei genannten Quellen des Einkommens beziehen kann. Allerdings rät Smith davon ab, den Arbeitslohn zu besteuern, weil dieser ohnehin zum Subsistenzniveau gravitiere und folglich Lohnsteuern die Arbeitskosten verteuerten und die Produktivität schädigten. Desgleichen widerrät er einer Besteuerung des Profits der Unternehmer, weil diese damit gewissermaßen für die wirtschaftlich nützliche Übernahme des Kapitalrisikos bestraft würden. Steuern sollten nach Smith einzig auf Grundrenten gelegt werden – eine Maxime, die der wirtschaftlichen Realität im Großbritannien des 18. Jahrhunderts nahekam.

Adam Smith wurde mit seinem *Wealth of Nations* zum schulbildenden Klassiker der Nationalökonomie; im 19. Jahrhundert folgten ihm unter den Briten vor allem David Ricardo und John Stuart Mill. Aber auch Karl Marx ist ohne die Verschiebung der ökonomischen Theoriebildung vom Handelsüberschuß (Merkantilismus) und Bodenertrag (Physiokratie) auf den Faktor Arbeit (Adam Smith) nicht zu denken.

Naturwissenschaften und Technik

Charakteristisch für die schottische Aufklärung sind der enge persönliche Kontakt der führenden Köpfe untereinander und der praktische Bezug ihrer gedanklichen Anstrengungen. Vielleicht war die Moralphilosophie diejenige Wissenschaft, welche den Schotten am besten entsprach. Aber das Weiterdenken dieser Ansätze in bezug auf eine Grundlegung der Ökonomie, der Soziologie, der Geschichtswissenschaft gehörte ebenso selbstverständlich zu ihrem Habitus wie die Anwendung der aus der Natur gewonnenen Erkenntnisse in der Praxis.

Auf diese Weise wurden mehrere der schottischen Denker, die von einer Philosophie der Natur ausgingen, wie sie von Bacon und Newton angestoßen worden war, zu Begründern oder Mitbegründern einzelner Disziplinen der Naturwissenschaften. Dies läßt sich beispielsweise von Joseph Black sagen, einem der Väter der Chemie, und von James Hutton, dem Begründer der Geologie. Zu ihrer Zeit gab es den nachdarwinistischen Graben zwischen Vernunft und Glauben noch nicht; sie blieben orthodoxe Protestanten oder Deisten, welche sich bemühten, die Gedanken Gottes in der Natur nachzudenken. Ihre grundlegende Überzeugung von der Gesetzförmigkeit natürlicher Erscheinungen trieb sie dazu an, durch Beobachtung und Experiment diesen Gesetzen nachzuspüren und sie, wenn möglich, in mathematischer Sprache zu formulieren. Dem Chemiker Joseph Black gelang es als erstem, Kohlendioxyd zu isolieren. Besonders interessierte er sich für Wärme- und Kältephänomene. Übrigens ermutigte er James Watt in seiner Glasgower Zeit bei seinen Experimenten mit der Dampfmaschine. James Hutton war ein anderer jüngerer Freund Blacks, der zuerst Ammoniak aus Ruß gewann und sich in der Folge von geologischen Phänomenen angezogen fühlte. Wie Goethe, Buffon und andere Zeitgenossen beobachtete er, daß sich Versteinerungen von Meerestieren irritierenderweise in Gebirgsformationen fanden. Er studierte Stratifikationen zum Beispiel an den auffallenden Auffaltungen von Siccar Point in Berwickshire. Mit seinem Werk *The Theory of the Earth* (1796) wurde er zum Begründer der Geologie als Wissenschaft.

James Watt gilt als »Erfinder der Dampfmaschine«. 1769 verbesserte er Newcomens Maschine, indem er einen eigenen Kondensator für den Dampf einführte. Die Verbindung mit dem englischen Unternehmer Matthew Boulton in Birmingham seit 1773 machte dann jenen Siegeszug der verbesserten Dampfmaschine möglich, welcher der Industriellen Revolution nicht nur eine nützliche Maschine bereitstellte, sondern geradezu zu ihrem Symbol werden sollte: 1776 wurde erstmals eine Wattsche Dampfmaschine im Kohlebergbau eingesetzt; sie erbrachte auf Anhieb eine Kohleersparnis von 60 % gegenüber der Newcomen-Maschine und von 35 % gegenüber der von Smeaton optimierten. Seit 1777 wurden Wattsche Dampfmaschinen in den Zinn- und Kupfergruben Cornwalls eingesetzt, wo die Kohleersparnis viel wichtiger war, weil man dort keine eigenen Kohleressourcen hatte. 1781 meldete Watt ein Patent für die Umsetzung der Kolbenbewegung seiner Dampfmaschine in eine Kreisbewegung an, und zwar mit Hilfe eines Planetenradgetriebes. Weitere Verbesserungen folgten.

Die Wattsche Dampfmaschine führte vor allem zur

Konzentration: Sie war der zentrale Motor in Fabriken; also wurden immer mehr Maschinen um einen solchen Motor herum gruppiert. Die Organisationsweise von Fertigungsprozessen in Fabriken führte dann sekundär zur Bildung neuer Städte um diese Fabriken herum. Insofern wirkte der Universalmotor auch als Motor der Urbanisierung.

Doch die Wattsche Dampfmaschine bot noch weitere Möglichkeiten: 1801 befuhr Lord Dundas erstmals einen Kanal in Schottland mit einem Schiff, das von einer Dampfmaschine getrieben wurde: die Geburt des Dampfschiffes. Schließlich wurde die Dampfmaschine 1815 von George Stephenson auf Schienen gesetzt: Die Eisenbahn war erfunden, welche die folgende Epoche der Geschichte prägen sollte.

Die großen schottischen Architekten und die Neustadt von Edinburgh

Das 18. Jahrhundert war eine Zeit, in der schottische Architekten Weltruhm erlangten. Der wirtschaftliche Aufstieg Schottlands seit den Jakobitenkriegen und die Orientierung des Adels an der englischen Kultur brachten eine Fülle von Bauaufgaben, vor allem Schlösser, für die der klassizistische Stil, vorzugsweise in seiner palladianischen Spielart, entscheidend wurde. Alte Adelssitze von burgenartigem Charakter wurden umgestaltet, mit neuen Fassaden versehen, in größere Anlagen einbezogen. Seit der Mitte des Jahrhunderts entstand dann, im Kontrast dazu, ein eigener *Castle Style*, welcher Elemente moderner europäischer Baukunst mit Reminiszenzen an ein schottisches, feudales Mittelalter zu verbinden suchte (z. B. Inveraray, Argyle, wo Roger Morris 1746–1749 erstmals ein neues Schloß im Burgenstil errichtete).

Zu einzigartigem Ruhm gelangte die Architektenfamilie Adam: Vater William Adam (1689–1748) und drei seiner Söhne: John (1721–1792), Robert (1728–1792) und James (1732–1794). Während der Vater noch ein Multitalent als Steinmetz, Bauunternehmer, Grundbesitzer und Architekt war, entwickelten sich die Söhne zu ästhetischen Spezialisten, die ihre Arbeit als Architekten durch künstlerische Gesamtentwürfe auch für Inneneinrichtungen, Möbel, Tapeten abrundeten. Entsprechend der wirtschaftlichen Entwicklung boten zunächst vor allem die *Lowlands* Bauaufgaben großen Stils. William Adam wandelte den alten Landsitz des Earl of Breadalbane, Balloch Castle in Perthshire, zu einem landschaftsbeherrschenden Schloß um, indem er eine neue Fassade aufzog und seitliche Pavillons ansetzte, sodann einen großen Garten mit radialen Achsen anlegte. Das Neue wurde so stark empfunden, daß man sogar einen neuen Namen wählte: Taymouth Castle (seit 1733). Hopetoun House, West Lothian, zeigt in seinem breit hingelagerten, pilastergegliederten und balustradenbekrönten Baukörper offenkundig Einflüsse von Versailles (William Adam baute dort seit 1721, seit 1742 sein Sohn John); die doppelthohen Räume der Frontfassade dienten in erster Linie zur Präsentation einer Gemäldegalerie. Stärker in die Vertikale gerichtet, aber wiederum mit denselben gigantischen Pilastern, zeigt sich das kleinere Duff House, Banffshire, ebenfalls von William Adam (1735–1740). In den elegant geschwungenen, doppelten Außentreppen erkennt man bereits etwas von der Dynamik, welche unter dem Kennwort *movement* zum Programm der Adam-Söhne werden sollte: In Anlehnung an die Begriffe des Pittoresken und Sublimen, welche die ästhetische Diskussion um Landschaft bestimmten, verwirklichten sie in der zweiten Jahrhunderthälfte ein neues Ideal. Bei grundlegendem Festhalten an klassizistischen Errungenschaften wurde nun neben der neuen Bewegtheit auch die Einbeziehung in eine neu verstandene Landschaft wichtig: Nicht mehr im barock-absolutistischen Sinne der Unterwerfung der Natur, sondern vielmehr im Sinne der Einfügung und Ausgestaltung. Eine unvergleichliche Landschaftssituation konnte Robert Adam in Culzean Castle, Ayrshire, gestalten: Über einer Steilküste blendete er einem in Teilen klassizistisch-regelmäßigen Baukörper einen runden Salonturm mit Meerblick vor, ergänzt um unregelmäßige Bauteile im Burgenstil, flankiert von einem großzügigen Hofareal, im Inneren aufs üppigste und feinste ausgestaltet (1785).

Seit dem Spätmittelalter war Edinburgh die Hauptstadt des Königreiches Schottland gewesen. Nach der Verlegung des Hofes nach London seit der Personalunion (1603) war es immer noch ein administratives, rechtliches und kirchliches Zentrum, vor allem aber Sitz einer florierenden Universität. Es bildete im kleinen jenen gesellschaftlichen Mittelpunkt für Schottland, den London für ganz Großbritannien darstellte. Die Richter und die Adligen, aber auch die Heiratslustigen und die Müßiggänger, mochten sie sonst irgendwo in der Ferne oder auf dem Lande leben, verbrachten bevorzugt die Wintermonate in der Enge Edinburghs. Die Stadt hatte ihr bauliches Rückgrat in jener Highstreet, welche dem Kamm des Hügels von der königlichen Residenz Holyrood bis zum Schloß auf dem Gipfel folgte. Besucher konnten hier etwas erleben, was es sonst nirgendwo gab: In der drangvollen Enge der Hauptstraße hatte sich eine kompakte Bebauung von immer höher sich rankenden Häusern entwickelt, an der Talseite gelegentlich mehr als zehn Stockwerke hoch. Die einzelnen Geschosse, Wohnungen oder Zimmer wurden grundsätzlich vermietet, so daß hier eine sozial gemischte Bevölkerung von hohen Richtern, Universitätsprofessoren, Handwerkern und Kaufleuten sich ein Treppenhaus, dieselbe Straße und dasselbe Milieu teilen mußte. Natürlich war das alles längst zu eng und unvermeidlicherweise zu schmutzig, zu laut.

Seit der Mitte des 18. Jahrhunderts kamen immer öfter Pläne für einen neuen Stadtteil zum Vorschein. Man träumte von naturnahem Leben mit Bäumen in sauberen, großzügigen Vierteln. Diese wurden auch tatsächlich auf der ebenen Fläche jenseits der Senke im Norden begonnen, wofür die 1767 publizierten Pläne des Architekten James Craig zugrundegelegt wurden. Großzügige Straßen und noble, klassizistische Bauweise von mehrgeschossigen, regelmäßigen Baukörpern, aufgelockert durch Plätze mit *Crescents*, den halbmondförmigen oder halbkreisförmigen Wohnanlagen, welche man im Großbritannien des späten 18. Jahrhunderts so liebte. Die Prachtstraße sollte »Princes Street« heißen, begleitet von entsprechenden Parallelen, durchschnitten von rechtwinkligen Verbindungen, aufgelockert durch rechteckige Parkanlagen wie Charlotte Square. Entscheidend war aber nicht die regelmäßige Anlage (die ja auch stereotyp hätte wirken können), ebensowenig wie einzelne Glanzlichter es waren, vielmehr war es die perspektivische Raumgestaltung, schlicht die Tatsache, daß man die Südseite der Princes Street von Bebauung freihielt und mithin den Blick auf die prächtig gelegene Altstadt öffnete. Die besten schottischen Architekten der Zeit arbeiteten mit. Robert Adam kehrte aus London zurück, um am Bau der Neustadt Edinburgh mitzuwirken, William Henry Playfair, Gillespie Graham … Wer Ehrgeiz hatte, beteiligte sich. Auch an Käufern und Investoren mangelte es nicht; einer der ersten Großen, die sich hier niederließen, war David Hume.

Schotten in den Bildenden Künsten

Während schottische Komponisten rar sind und sich im 18. Jahrhundert nur wenige Adlige, die eine universale Bildung anstrebten, von kontinentalen Meistern in der Musik auch theoretisch ausbilden ließen, entwickelte sich in der Zeit der Union mit England nicht nur eine praktisch gerichtete Kunst wie die Architektur in Schottland, sondern auch die Malerei, namentlich die Porträtkunst, für die man im gebildeten Schottland der Aufklärung durchaus Aufträge bekommen konnte, von Bürgerlichen wie von Adligen. Bei der Entwicklung der Künste in Schottland ist ja stets zu bedenken, daß die Kirche als Auftraggeberin ausfiel und daß der Hof in London residierte. Aber mit zunehmendem Wohlstand und Geschmack sowie zunehmender Bildung wurde auch die Malerei zu einem Bedürfnis führender Schichten.

William Aikman, Allan Ramsay (der Jüngere), Alexander Runciman, vor allem aber Henry Raeburn traten als Maler hervor. Sie lebten und wirkten überwiegend in der alten Hauptstadt Edinburgh und standen in engem Kontakt mit den führenden Männern der Aufklärung, mit denen sie auch die Gesellschaften bildeten, die für diese Zeit so wichtig waren, die Clubs und Freimaurerlogen. Allan Ramsay beispielsweise war ein enger Freund von David Hume, dessen Meisterporträt für die Nachwelt das Bild dieses »Königs der Philosophen« festhielt. Raeburn war im *Cape Club* Mitglied wie der Dichter Robert Fergusson und sein Malerkollege Runciman, aber auch die Philosophen Thomas Reid und Dugald Stewart, deren Porträts er schuf; der Geologe Hutton und der Schriftsteller Walter Scott waren ebenfalls seine Freunde. Diese Maler waren weniger Handwerker als vielmehr Intellektuelle. Die Moralphilosophie von Francis Hutcheson spielte für sie eine große Rolle; seine Theorie des dem Menschen eingeborenen *moral sentiment* führte sie zu einer eindringenden, psychologisch verfeinerten Menschenauffassung auch im Porträt. Eine historisch-philosophische Zwischenstufe bildete George Turnbull mit seinem *Treatise on Ancient Painting* (1740): Er war ein Freund von Allan Ramsay und Reids akademischer Lehrer am Marischal College in Aberdeen. Malerei, wie sie diese Schotten auffaßten, war so etwas wie praktische Anwendung von Menschenkenntnis und Psychologie. Auf diesem Wege wurde eine Kunst, die in südlicheren Ländern lange schon entwickelt worden war, schließlich auch in Schottland heimisch.

Dichtung: Macpherson und Burns

Die eigene graue Vorzeit der Britischen Inseln wurde seit dem mittleren 18. Jahrhundert eifrig durchforscht nach poetischen Altertümern. Auf historisch relativ sicherem

Boden stand Richard Hurd mit seinen *Letters on Chivalry and Romance* (1762), in denen das Mittelalter insgesamt aufgewertet wurde. Vor allem aber erschien das Mittelalter nun als eine Zeit des Poetischen, des Wunderbaren, Geheimnisvollen. Gegen Kennwörter der eigenen Zeit wie *judgment*, *reason* und *good sense* spielte man nun überraschend *fancy* und *imagination* aus. Hugh Blair verteidigte in seinen *Lectures* die poetische Kraft der Bibel, Homers und Ossians. In *Ossian* glaubten die Schotten einen Ahnherrn ihrer poetischen Vorzeit gefunden zu haben. Ihm schrieb man mancherlei Überlieferungsgut zu, das stets heroisch, schauervoll, von gewaltigen Naturerscheinungen begleitet auftrat. James Macpherson publizierte seit 1760 solche Gedichte, die er als Übersetzungen aus einem anderthalb Jahrtausende alten gälischen Original ausgab. Die Vorstellung war dabei, daß es einmal ein wahrhaft poetisches und heroisches Zeitalter gegeben habe, daß die eigene Zeit aber durch den Zwang der Regeln und das Diktat des klassischen Maßes von der alten Höhe herabgefallen sei. Der Ire Edmund Burke hatte geschrieben, eine »klare« Idee sei immer auch eine »kleine« Idee. Die ossianischen Dichtungen waren ein ungeheurer Erfolg in ganz Europa. Sie entsprachen perfekt der Sensibilität dieser Übergangszeit, für welche die klassische Kultur des *Augustan Age* fragwürdig geworden war. Die Entdeckung des wirklich Alten und die Fiktion eines vorgestellten Alten befruchteten sich dabei gegenseitig.

Robert Burns (1759–1796), obwohl in Deutschland wenig bekannt, ist ohne Zweifel der berühmteste aller schottischen Dichter. Für Schotten weltweit spielt er eine große Rolle als Identifikationsfigur. Es kommt hinzu, daß sich seine Gedichte als äußerst sangbar erwiesen haben; viele Lieder der britischen Überlieferung wurden von Burns gedichtet (die wichtige Sammlung *The Scots Musical Museum* von James Johnson, 1787, enthält nicht weniger als 184 seiner Lieder!), auch hat er viel älteres Überlieferungsgut in diejenige Form gebracht, die heute noch als gültig angesehen wird. Seine sangbaren Verse sind wohl das Wichtigste. Neuere Literaturwissenschaft hat jedoch herausgestellt, daß auch seinen Verssatiren große Bedeutung zukommt.

Bei Robert Burns ist das Persönliche mit der Dichtung aufs engste amalgamiert. Er war bäuerlicher Herkunft und auch selber noch als Kleinbauer tätig, bevor er durch seine erste Veröffentlichung in Buchform, den Kilmarnock-Druck von *Poems, Chiefly in the Scottish Dialect* (1786), eine Berühmtheit wurde. Man reichte ihn in der hauptstädtischen Gesellschaft von Edinburgh herum. Er brillierte durch Stehgreifdichtung mit dem Charme des Unmittelbaren. Die damaligen Gelehrten mit ihrer Vorliebe für das Natürliche waren entzückt über einen neuen Theokrit, der so unklassisch daherkam. Ohne Zweifel stand Wirklichkeitserfahrung im Hintergrund seiner Gedichte, ob er nun die Mühe der Arbeit des Pflügers besang oder die Freuden des Trinkens. Eine auffallende Vitalität verband sich mit zeittypischer Empfindsamkeit: Er besang nicht nur Liebe und Wein, sondern auch die Feldmaus, deren Bau achtlos vom Pflüger zerstört wird, oder das Pferd, dem ein alter Knecht sein Gnadenbrot reicht.

Robert Burns hatte selber Mühe, seine Vitalität in den Griff zu bekommen. Mit 15 Jahren schon als Pflüger tätig, war er binnen kurzem als Weiberheld bekannt, Vater, von seiner Frau getrennt, erneut auf Partnersuche, willens, mit einer anderen Frau nach Amerika auszuwandern, zurückgehalten von seinem aufkeimenden Ruhm, erneut Dichter und Bauer, dann Steuereinnehmer, heute reich, morgen arm, Vater zahlreicher unehelicher Kinder von verschiedenen Frauen, verfolgt von Gläubigern, dann wieder auf der Höhe des Glückes. All dies verflochten in die Wirren der Zeit: begeistert für die Französische Revolution, speziell auch für die Menschenrechte, dann als Beamter zur Vorsicht in seinen Äußerungen gezwungen. Robert Burns war ein Genie, und er führte sich genial auf. Wenn ihn die Leute mochten, so nicht deshalb, weil er sich so viel herausnahm, sondern deshalb, weil er ihr Leben in Sprache darzustellen wußte: die für Schottland so wichtige Religion in all ihren Facetten (auch Frömmelei und Aberglauben), die großen Gefühle, die jeder haben kann (Liebe und Liebesleid, Verlassenheit und Melancholie, Euphorie und Festesfreude, Verzweiflung und Neid). Was Burns schrieb, folgt nicht dem klassischen Kanon der Griechen und Römer; er konnte sich an schottischen Vorläufern wie Allan Ramsay d. Ä. und Robert Fergusson orientieren. Er begeisterte durch seine sprachliche Virtuosität, die sich aus der schottischen, bäuerlichen Lebenswelt speiste. Die meisten seiner Gedichte schrieb er in *Lallans*, das heißt in jenem Schottisch, wie man es in den *Lowlands* sprach und spricht, also nicht Gälisch (diese Sprache beherrschte er nicht) und nur selten Englisch. Dabei bediente er sich virtuos verschiedener Tonlagen, so daß ein Bauer bei Burns eine andere Sprache spricht als ein Geistlicher aus der Stadt. Kurz, ein großer Teil des Reizes seiner Dichtung bestand für die Zeitgenossen darin, daß sie ihre eigene Lebenswelt in solcher Dichtung wiedergegeben und aufgehoben fanden.

Robert Burns steht mit seiner Dichtung für das urwüchsige Leben und gegen alles Gekünstelte, Unechte; er steht für Freiheit, Demokratie und Revolution und gegen die Reichen, die Mächtigen, das Establishment; er steht für das Schottische (auch Jakobitische) gegen die Engländer (denen er in ihrer Sprache ein Identifikationsangebot lieferte mit dem Lied *My Heart 's in the Highlands*). Sein national-patriotisches Lied *Scots Wha Hae* wurde so etwas wie eine inoffizielle schottische Nationalhymne; sein republikanisch-demokratisches Lied *A Man 's a Man for All That* sang man zur Eröffnung des neuen schottischen Parlamentes.

Schottland und die Französische Revolution

Im benachbarten Irland weckte die Französische Revolution große Hoffnungen: Die Aufklärer um Theobald Wolfe Tone (*United Irishmen*) träumten von einem Zusammenschluß der Protestanten und Katholiken zur Abschüttelung der englischen Fremdherrschaft. Ihre Begeisterung für Freiheit, Gleichheit und Brüderlichkeit verband sich mit einem patriotischen und nationalen Impuls. Auch in England wurde seit 1790 der Jahrestag des Bastillesturms von großen Gesellschaften gefeiert, was Edmund Burke zum Anlaß nahm, mit der Französischen Revolution und ihren ungeschichtlichen Prinzipien in einer grundsätzlichen Schrift abzurechnen (*Reflections on the Revolution in France*, 1790). In Schottland dagegen geschah erstaunlich wenig.

Wenn man bedenkt, wie unruhig Schottland bis 1745/46 gewesen war, kann man sich darüber nur wundern. Die Sache der Jakobiten freilich war verloren; aber boten nicht die Ereignisse in Frankreich erneut Erinnerungen an andere Möglichkeiten der Geschichte? Freiheitsfreunde gab es in Schottland genug. Thomas Paines Schrift *Rights of Man* (1790/91, gegen Edmund Burke) wurde mit Begeisterung gelesen, und auch ein schottischer Autor, Sir James Mackintosh, verfaßte mit seiner Schrift *Vindiciae Gallicae* (1791) seinerseits eine Verteidigung der Französischen Revolution. Aber so etwas wie eine revolutionäre Bewegung entstand in Schottland nicht. Das ist vielleicht der schlagendste Beweis für die Diagnose, daß ein Jahrhundert nach der Union wirklich so etwas wie ein gemeinsames Großbritannien entstanden war. Es gab einzelne, die sich exponierten; ihnen drohte bei Verurteilung gewöhnlich der Transport in die Kolonien (damals vor allem nach Australien). Wenn es sich um angesehene Männer handelte, wurden sie auch gerne begnadigt. Es gab freilich spektakuläre Fälle, in denen die Verurteilten nicht um Begnadigung ersuchten und lieber den Transport nach Australien in Kauf nahmen, um sich als politische Märtyrer darzustellen (Thomas Muir, Thomas Fyshe Palmer).

Nach der Hinrichtung des französischen Königs im Januar 1793 und nach der fortschreitenden Entartung der Revolution wandten sich, wie in anderen Ländern auch, immer mehr schottische Freiheitsfreunde von Frankreich ab. Eine Besonderheit der Situation auf den Britischen Inseln bestand darin, daß der Staat gegen die außenpolitische Bedrohung durch das revolutionäre Frankreich Milizen aufstellte. Erstmals in der britischen Geschichte kam es so zu einem allgemeinen Aufgebot, wenn auch auf freiwilliger Basis. Dieser Ruf zu den Waffen wurde in Schottland sogar mit mehr Begeisterung aufgenommen als in England. In Schottland meldeten sich etwa 4% der wehrfähigen männlichen Erwachsenen freiwillig – in England nur 2%. Ein Patriotismus mit britischer Note war offensichtlich vorhanden.

Zwischen den Hauptlagern derer, die vollkommen auf die britische Linie eingeschwenkt waren, und derer, die in schottischem Eigenbewußtsein verharrten, aber sich kaum politisch artikulierten, gab es einen nicht zu engen Zwischenbereich patriotischer Schotten, welche sich mit dem *Status quo* abfanden, ohne sich deshalb etwas zu vergeben. Der 11. Earl of Buchan formulierte eine solche Position mit den Worten: »Als Freund von Frieden, Freiheit und Wissenschaft fühlte ich mich als Bewohner Großbritanniens… Aber als Bürger konnte ich nicht anders, als mich daran zu erinnern, daß ich Schotte bin.«

Die wirtschaftliche Entwicklung

Im Laufe des 18. Jahrhunderts, im Jahrhundert nach der Union mit England, entwickelte sich Schottland ganz gewaltig: von einem ländlich bestimmten Bereich zu einem zunehmend urbanisierten, von einem agrarischen zu einem in Ansätzen industriellen, von einem für barbarisch gehaltenen zu einem aufgeklärten, von einem europäisch marginalen zu einem europäisch zentralen.

Schon die demographische Entwicklung war auffallend: Zur Zeit der Union schätzt man etwa 1 000 000 Schotten. Zur Jahrhundertmitte unternahm erstmals ein privater

Statistiker eine Bevölkerungserhebung, indem er alle Pfarrer anschrieb; Alexander Webster zählte 1755 1 234 575 Köpfe. Bei der ersten britischen Volkszählung 1801 wurden 1 608 420 Einwohner ermittelt. Das bedeutet also: In der ersten Hälfte des 18. Jahrhunderts stieg die Bevölkerung mäßig, in der zweiten Hälfte dagegen stärker an. Das entspricht, grob betrachtet, dem damals in Westeuropa üblichen Bevölkerungswachstum. Bei genauerer Betrachtung stellt man jedoch fest, daß zur gleichen Zeit in England die Bevölkerung doppelt so stark wuchs und in Irland sogar viermal so stark. Schottland hatte also in abgemilderter Form an einem allgemeinen Trend teil, der sich durch verbesserte Landwirtschaft, ausgreifende Industrieproduktion und verbesserte Medizin und Hygiene erklären läßt (damals wurde die Impfung gegen Pocken üblich; epidemische Krankheiten wie Typhus und Beulenpest gingen zurück). Die Lebenserwartung der Menschen im Schottland des 18. Jahrhunderts stieg deutlich an. Man muß wohl umgekehrt fragen, warum die Bevölkerung in Schottland langsamer wuchs als in England und Irland. Bei allen drei Ländern kann man davon ausgehen, daß im 18. Jahrhundert kontrazeptive Maßnahmen keine statistisch bedeutsame Rolle spielten. Insofern ist die entscheidende Größe hier die Länge der fruchtbaren Phase der Frau. Das gemäßigte Wachstum in Schottland ergibt sich dann aus deren relativer Kürze. Und diese hängt mit der Sitte relativ später Heiraten zusammen: Frauen heirateten in Schottland im Durchschnitt erst mit 26 Jahren. Diese Zahl wird um so schlagender, wenn man sich erinnert, daß illegitime Geburten in Schottland weit seltener waren als in anderen Gegenden Europas.

Bei der Bevölkerungszahl muß man natürlich auch berücksichtigen, wie Auswanderung und Einwanderung zueinander im Verhältnis standen. Verläßliche Zahlen darüber liegen nicht vor. Die später so bedeutende Einwanderung aus Irland war im 18. Jahrhundert noch geringfügig und wurde mit Sicherheit übertroffen von der Auswanderung nach Nordamerika, wenn auch erst am Ende des Jahrhunderts, und wenn auch noch in bescheidenem Umfang im Vergleich mit dem, was sich im 19. Jahrhundert entwikkeln sollte.

Zu Beginn der Union war Schottland ein agrarisches Land; was Ackerbau und Viehzucht erbrachten, bestimmte die Lebensqualität der Bevölkerung. Exportgüter gab es kaum, abgesehen von Vieh und Salz. Dies sollte sich im Laufe des 18. Jahrhunderts grundlegend ändern.

Die ersten Jahrzehnte des 18. Jahrhunderts gehören noch zu jener klimatisch ungünstigen Phase, die von Umwelthistorikern als »kleine Eiszeit« bezeichnet wird. Daß die Jahrestemperatur im Durchschnitt um mehrere Grade zurückging, hatte allerdings in dem entlegenen Randbereich, zu dem große Teile Schottlands zu rechnen sind, gravierende Folgen, weil dadurch Böden unrentabel wurden und mancher prekäre Ackerbau völlig zum Erliegen kam. Die Hungersnöte allerdings, die zuletzt die Jahre 1692–1698 bestimmt hatten, blieben aus. Das bedeutet, daß die Effekte des Klimawandels im 18. Jahrhundert aufgefangen wurden von Verbesserungen im Ackerbau. Die Clan-*Chiefs* früherer Zeiten nahmen Teil an jener Entwicklung, die auch in England ausgeprägt war, daß nämlich die Grundbesitzer mehr Energie und Erfindungsreichtum in die Bodenbewirtschaftung investierten, rationale agronomische Versuche unternahmen, verbesserte Maschinen einführten, gezielteren Fruchtwechsel, neue Feldfrüchte. Außerdem betrieben manche der Magnaten eine gezielte Aufforstung, um auf diese Weise den Ertrag des Bodens zu steigern. In agrarischen Grenzbereichen ging man oft zur Weidewirtschaft über, weil Schafe nun mehr und mehr geschätzt wurden und Wolle immer höhere Preise erzielte. Schafzüchtern in den *Highlands* gelangen auffallende Erfolge durch neue Kreuzungen mit anderen Schafrassen (Cheviot, Blackface). Intensivierte Schafzucht bedeutete allerdings gleichzeitig, daß Ländereien zusammengelegt werden mußten und Umsiedlungen von Kleinbauern vorgenommen wurden. Insgesamt wurde Produktion für den Markt üblicher, als sie in früheren Zeiten gewesen war. Bloße Subsistenzwirtschaft wurde zunehmend ersetzt durch eine Rationalisierung und Kommerzialisierung der Nutzung von Grund und Boden.

Auch unternahm man Anstrengungen, den Fischfang zu verbessern. Ullapool in Wester Ross wurde zu einem Musterhafen ausgebaut, auch Tobermory auf Mull, Lochbay auf Skye und Pulteneytown bei Wick in Caithness. Hauptsächlich gefangen und exportiert wurden von schottischen Fischern Hering, Kabeljau und Lachs.

Landschaftstypisch für die entlegenen Gegenden der *Highlands & Islands* wurde kommerzialisiertes *Kelping*: Arme Leute zogen aus, um Seegras zu sammeln und zu verbrennen; das Produkt dieses Prozesses, die mineralhaltige Asche, wurde teilweise zur Düngung verwendet, aber teilweise auch für industrielle Prozesse (Herstellung von Seife und Glas, Bleichen von Textilien). Vor allem im frühen 19. Jahrhundert, zur Zeit der Napoleonischen Kontinentalsperre, gedieh *Kelping* vorübergehend zu einem florierenden Wirtschaftszweig.

Die Industrialisierung wurde in Schottland erst etwa 1780 fühlbar. Das bedeutete eine Verspätung gegenüber England, aber einen Vorsprung gegenüber allen übrigen europäischen Ländern. Wie hängt das zusammen? Zur Zeit der Union waren die in Schottland hergestellten Güter wie z.B. Leinen oder Wolltuche ohne Bedeutung für den Export, weil ihre Qualität der englischen nicht gleichkam. Und Luxusgüter, die für Frankreich und England Bedeutung hatten, wurden in Schottland kaum hergestellt – nicht zuletzt deshalb, weil die Prediger die Bedürfnisse der Gläubigen geringzuhalten suchten. Im Zuge des gemeinsamen Marktes mit England diversifizierte sich die Produktion; der Austausch von Gütern stieg insgesamt an. Durch die zunehmende Marktverflechtung wurde es aber auch in Schottland attraktiver, Güter für den Markt zu produzieren – keineswegs nur in der Landwirtschaft, sondern gerade auch in solchen Produktionszweigen, die in Heimindustrie produzierten, beispielsweise Spinnen, Weben und Stricken.

Mit gesteigerter Produktion einher gingen die Anfänge eines Kapitalmarktes und die Gründung von Banken, welche später für Schottland so wichtig werden sollten. Die *Bank of Scotland* war schon 1695 vom Parlament gegründet worden. 1727 kam die *Royal Bank of Scotland* hinzu, ferner erfolgten private und regionale Gründungen. Banktechnische Neuerungen regten wirtschaftliche Tätigkeit an, beispielsweise die Möglichkeit von Kontoüberziehungen und Zinsen für Depots, vor allem aber die Durchsetzung von Banknoten. In älterer Zeit hatten die als Zahlungsmittel in

Umlauf befindlichen Münzen einen realen Edelmetallwert. Im Laufe des 18. Jahrhunderts wurden nun insbesondere größere Summen bevorzugt mit Banknoten ausgetauscht, d.h. als Verschreibungen auf eine bestimmte Bank, welche die Einlösung in Edelmetall (falls gefordert) gewährleistete.

Eine interessante Entwicklung des 18. Jahrhunderts ist auch darin zu sehen, daß ein armes, agrarisch wenig begünstigtes Land wie Schottland sich allmählich zum Getreideexporteur entwickelte. Ein nicht unbeträchtlicher Teil des Getreides (in Schottland wurden hauptsächlich Hafer und Roggen – von diesem speziell winterharte Sorten – angebaut) konnte nach Skandinavien verkauft werden.

Den bedeutendsten Umschwung brachte die frühe Teilnahme am englischen Kolonialhandel. Nachdem Schottlands eigene Ambitionen im späten 17. Jahrhundert von England blockiert worden waren, konnten sich schottische Interessenten seit 1707 ungehindert in den englischen Kolonien zeigen. Binnen weniger Jahre erlangten Schotten eine beherrschende Stellung im Tabakhandel, und zwar sowohl durch eigene Nachfrage als auch im Zwischenhandel mit Frankreich und Holland. Das kam so: Glasgow und die Hafenstädte am Clyde lagen geographisch sehr günstig zu den Produzenten an der Ostküste Nordamerikas. Der Seeweg von Glasgow nach Virginia und Maryland ist deutlich kürzer als der von London. Während man bei damaligen Gegebenheiten von der Themse aus einmal im Jahr eine Fahrt nach Nordamerika und zurück machen konnte, waren vom Clyde aus zwei pro Jahr möglich. Diese Abkürzung wurde immer wichtiger, weil die jahrzehntelange Feinschaft zwischen England und Frankreich das Kaperwesen begünstigte. Kaperschiffe waren aber im südlichen Bereich wahrscheinlicher als im nördlichen. Dies wirkte zusammen, um die Investoren in Glasgow und den Clyde-Häfen zu begünstigen, die bald als *Tobacco Lords* zu sagenhaftem Reichtum gelangten. Da der Tabakimport natürlich Rückfracht brauchte, lieferten die Schotten bald Leinen und Wolltuche ihrer bescheidenen Qualität, ergänzt um Werkzeuge aus Metall, in großen Mengen an die Kolonisten Nordamerikas, was die heimische Produktion stimulierte und den Reichtum, den man aus Handelstätigkeit ziehen konnte, weiter erhöhte. So wuchs binnen kurzem ein ausgedehnter Überseehandel heran, der Glasgow und die Clyde-Häfen wie Port Glasgow und Greenock immer mehr prosperieren und zahlenmäßig anwachsen ließ. Tabak wurde nicht nur zum wichtigsten Importgut, sondern auch zum wichtigsten Exportgut Schottlands. Im Jahre 1762 beispielsweise machte der Tabakexport nicht weniger als 52 % des schottischen Gesamtexports aus! In der Zeit der gespannten Beziehungen zwischen Großbritannien und seinen amerikanischen Kolonien hatten schottische Händler psychologisch günstigere Chancen als englische. Infolge dieser Entwicklung veränderte sich selbst innerhalb Schottlands die Regionalstruktur merklich. Während bis dahin das wirtschaftliche Hauptgewicht im Osten der *Lowlands* gelegen hatte (mit Edinburgh als Zentrum), verlagerte es sich nun in den Westen der *Lowlands* (mit Glasgow als Zentrum).

Der Überseehandel mit dem Hauptgut Tabak wurde also für Schottland im 18. Jahrhundert zu einem Motor der Wirtschaft. Die Nachfrage nach Leinen für die Rückfracht nach Nordamerika war so stark gestiegen, daß die schottische Produktion bald nicht mehr genügend Rohmaterial zur Herstellung aufbrachte. So entwickelte sich (größtenteils über Bremen und Hamburg) ein neuer Handel mit den Baltischen Staaten auf der Grundlage von Flachs. Schottland importierte immer mehr von diesem Rohstoff und verarbeitete ihn im eigenen Lande zu Leinen, um dieses höherwertige Gut nach Amerika zu exportieren, von wo wiederum der Rohstoff Tabak eingeführt wurde, welcher zu einem großen Teil für Exportdefizite eigener Waren aufkam. In geringerem, wenngleich steigendem Maße wurden andere Kolonialwaren eingeführt, wie Rum, Zukker und Reis.

Die Anregung der Leinenproduktion führte außerdem zu einer Konzentration in Fabriken, so daß Schottland bald (mit bestimmten Gebieten in England) führend in der industriellen Herstellung von Textilien wurde. Bei Leinen blieb es dabei nicht. Durch den Import von Baumwolle aus Amerika wurde es möglich, in immer größerem Umfang neben Leinen auch Baumwoll- und Mischgewebe zu fertigen, ganz abgesehen von Schafwolle und Wollgeweben. Diese Verschiebungen führten auch in Schottland selbst zum Aufstieg spezialisierter Produktions- und Marktzentren, die bis dahin unbedeutend gewesen waren. Paisley in der Nähe von Glasgow wurde zu einem Zentrum der Textilindustrie. Inverness als Tor zu den *Highlands* wurde zum entscheidenden Markt für Wolle. Englische und schottische Erfinder entwickelten im 18. Jahrhundert zunehmend Maschinen zum Spinnen und Weben, welche immer dort effektiv eingesetzt werden konnten, wo sich Produktion zentralisieren ließ. An diesen frühindustriellen Prozessen hatten die schottischen Städte wesentlichen

Anteil – insbesondere dort, wo sie günstig zum Import der Rohmaterialien gelegen waren und zugleich Wasserkraft für den Betrieb nutzen konnten. Mit den *Carron Iron Works* bei Falkirk in Stirlingshire entwickelte sich seit 1759 ein vielbestaunter Komplex. Als Naturgegebenheit hatte man hier die Wasserkraft, die Eisenerzlager von Bo'ness und die Kohle von Kinnaird. Zu den schottischen Wissenschaftlern und Unternehmern mußte noch ein englischer Kapitalist aus Birmingham hinzutreten, um das Kombinat aus Eisenhütte, Schmieden und detaillierten Fertigungsanlagen zu ermöglichen. Hier wurden Nägel hergestellt und Werkzeuge, Kanonenkugeln und schwere Geschütze. Von hier aus wurden die Marineeinheiten und Landheere ausgerüstet, die Nelson und Wellington befehligten. In den ersten Jahren des 19. Jahrhunderts entwickelte sich Carron zum größten Eisenkombinat Europas mit mehr als 2000 Arbeitern.

Schottland in Union mit England und Irland Romantik, Empire, Industrialisierung, Demokratisierung
(1801–1920)

Epochenüberblick

Nach dem Erfolg der Union von England und Schottland 1707 wurde 1801 auch Irland mit dem Vereinigten Königreich zusammengeschlossen. Diese Union stand insofern unter etwas anderen Vorzeichen, als die 1790er Jahre in Irland gekennzeichnet waren durch Aufstände und Anarchie, so daß eine striktere Regierungsführung vom herrschenden Nachbarland aus das Gebot der Stunde schien, zumal angesichts der außenpolitischen Bedrohung nach dem Aufstieg Napoleons. Nun waren die Britischen Inseln erstmals seit Cromwell wieder in einem Staatswesen vereinigt, das sich in Krisenzeiten in diesem Zusammenschluß auch bewährte, das aber infolge dieses staatlichen Zusammenschlusses auch eine Fülle schwieriger Probleme innerhalb seiner Grenzen ausgleichen mußte. Dies betraf in erster Linie das Verhältnis zu Irland, wo im 19. Jahrhundert eine mächtige Nationalbewegung entstand, die katholisch bestimmt war und sich ethnisch als »gälisch« definierte, was einen Keil nicht nur in die Verhältnisse zu Großbritannien trieb, sondern auch zwischen das katholische Irland im Süden und das protestantische im Norden. Die Bedeutung der Union Irlands für Schottland war zunächst weniger erkennbar – abgesehen davon, daß nun noch leichter als zuvor irische Arbeitskräfte in die sich entwickelnden schottischen Industriegebiete strömen konnten, wo die katholischen Arbeitermassen allerdings als unwillkommene Fremde angesehen wurden. Im Laufe der Zeit ergaben sich gewisse Beziehungen durch den »Keltizismus« des 19. Jahrhunderts: Viele Schotten sahen sich als Nachkommen der (gälischen) *Highlanders*; die Iren erinnerten sie an gemeinsame Herkunft und ethnische Verwandtschaft. Irisches Drängen auf *Home Rule* färbte auch auf Schottland ab: Wenn sich Irland von Großbritannien trennen sollte, mußte zugleich die Frage nach dem Status Schottlands neu gestellt werden.

Insgesamt aber blieb Schottland im 19. Jahrhundert, als überall in Europa nationalistisches Denken im Schwange war, erstaunlich ruhig. Im Zeitalter der Industrialisierung romantisierte es sich und legte Tartanstoffe an; auch die mittelalterlichen Helden der schottischen Unabhängigkeitskriege wurden nun erst zu Identifikationsfiguren eines schottischen Nationalbewußtseins, das aber oft genug auch ein bloßes Heimatbewußtsein darstellte und sich, bei begeisterter Identifikation mit dem (vermeintlich) Schottischen, innerhalb des Vereinigten Königreiches von Großbritannien und Irland wohlfühlte und glänzend entfaltete. Zumal das *Empire* den Schotten Möglichkeiten für Karriere, Mission und Handel bot, die sie nie zuvor gehabt hatten. Die Blütezeit des britischen *Empire* ist gleichzeitig die Blütezeit der schottischen Industrie (geprägt von Kohle und Eisen, vom Schiffbau und Maschinenbau, daneben von der Textilindustrie).

Das Zeitalter der Industrialisierung war zugleich ein Zeitalter der Urbanisierung und Bevölkerungszunahme, die durch Emigration vor allem dem *Empire* zugute kam, aber auch in Schottland selbst eine nie gekannte Bevölkerungsdichte bewirkte. Sie verteilte sich freilich nicht gleichmäßig, sondern machte die *Lowlands* (und hier vor allem deren westlichen Teil, die Mündung des Clyde und speziell die Stadt Glasgow) zum Schwerpunkt Schottlands. Die Kirche hielt kaum Schritt mit solcher Bevölkerungsentwicklung; erst durch die Konkurrenz verschiedener Abspaltungen (*Disruption* 1843, Entstehung der *Free Church*) entfaltete sich eine innere und äußere Missionsbewegung und eine allgemeine Kirchbaubewegung (neugotische Kirchen auch in den *Highlands*). Die Demokratie hielt ebenfalls kaum Schritt mit solcher Bevölkerungsdynamik: Erst in späten, nachholenden Reformen des Wahlsystems näherte man sich dem Ideal einer Demokratie mit gleichem Wahlrecht; erst spät wurde dies auch als geheimes Wahlrecht ausübbar (1872). Noch länger dauerte es, bis auch Arbeiter ins Parlament gewählt werden konnten (Diäten für Unterhausabgeordnete erst 1911). Schottland wählte im 19. Jahrhundert überwiegend und beständig die Liberalen; das liberale Weltbild war selber in hohem Maße von den schottischen Traditionen der Aufklärung, des Presbyterianismus, des Freihandels und der Idee des Aufstiegs durch Bildung und Leistung geprägt.

1801	Union von Großbritannien und Irland tritt in Kraft. Erster nationsweiter Zensus.
1807	Abschaffung des Sklavenhandels in brit. Gebieten.
1813–15	Entscheidende Niederlagen Napoleons in der Völkerschlacht von Leipzig, dann auch bei Waterloo. Brit. Heerführer Wellington steigt neben Admiral Nelson zum bekanntesten Kriegshelden auf.
1814	Walter Scott: *Waverley, Or 'Tis Sixty Years Since.*

1815	Wiener Kongreß: Friedensordnung für Europa. George Stephenson baut die erste Eisenbahn mit Dampfkraft.
1818	Walter Scott: *The Heart of Midlothian.*
1820–30	König Georg IV.
1820	Streik und Aufstandsbewegung in Industriegebieten im Westen Schottlands.
1822	Georg IV. besucht Edinburgh und tritt in schott. *Highland*-Kostüm auf.
1827	Abschaffung feudaler Obrigkeitsrechte der Magnaten.
1828	Entwicklung des Hochofens durch J. B. Neilson.
1830–37	König Wilhelm IV.
1832	(1.) Wahlrechtsreform.
1837–1901	Königin Viktoria.
1838	Chartistenbewegung.
1840–61	Albert von Sachsen-Coburg-Gotha *Prince Consort.*
1842 ff.	Viktoria und Albert besuchen Schottland, erwerben Balmoral in den *Highlands* und machen den Sommeraufenthalt in Schottland zur Mode.
1843	*Disruption*: entscheidende Abspaltung der *Free Church* (Thomas Chalmers) von der *Church of Scotland.*
1853	*National Association for the Vindication of Scottish Rights.*
1867	(2.) Wahlrechtsreform.
1869	Nationaldenkmal für William Wallace bei Stirling.
1871	Gründung der *Gaelic Society* von Inverness.
1872	*Scottish Home Rule Association.* *Education Act* für Schottland. Einführung geheimer Wahlen in ganz Großbritannien.
1877	Viktoria zur Kaiserin von Indien gekrönt.
1878	Wiederherstellung der katholischen Bistümer in Schottland.
1884	(3.) Wahlrechtsreform.
1885	Wiedereinführung des *Scottish Secretary.*
1888	Gründung der *Scottish Labour Party.*

1901–10	Eduard VII. König von Großbritannien und Irland.
1910	Verfassungskrise um die Stellung des brit. Oberhauses.
1911	Einführung von Diäten für Unterhausabgeordnete.
1912–13	*Home Rule Bills* für Irland und Schottland (infolge des Ersten Weltkrieges nicht in Kraft getreten).
1914–18	Erster Weltkrieg.
1918	Allgemeines Wahlrecht für volljährige Männer, für Frauen ab dem 30. Lebensjahr.
1920	*Government of Ireland Act.*

Bevölkerungs- und Wirtschaftsentwicklung

Im Jahrhundert der Industrialisierung verdreifachte sich die Bevölkerung in Schottland, von 1,6 Millionen im Jahre 1801 auf 4,5 Millionen im Jahre 1901. Diese starke Zunahme konnte verkraftet werden durch die industrielle Entwicklung, welche für mehr Menschen als früher Erwerbsmöglichkeiten bot. Zusammen mit England bildete Schottland die »Werkstatt der Welt«, ein Industriekonglomerat, das hohe Exportgewinne erzielte und sich infolgedessen auch Importe von Nahrungs- und Genußmitteln und überhaupt Waren aller Art leisten konnte. Allerdings war der Reichtum sehr ungleich verteilt; die Industrialisierung brachte gerade in den Jahrzehnten ihrer Durchsetzung auch die Verelendung eines großen Teiles der Bevölkerung mit sich. Arbeiter lebten oft in schlechten sanitären Verhältnissen und in großer Zahl auf engem Raum zusammen. Viele flohen in den Alkohol.

Während ein nicht unbeträchtlicher Teil der Schotten in dieser Epoche auswanderte (hauptsächlich in die USA und nach Kanada, daneben nach Australien und Neuseeland), stellte Schottland infolge der Industrie gleichzeitig ein

Einwanderungsland dar. Man schätzt, daß um 1901 etwa 10% der Einwohner Schottlands eingewanderte Iren waren. Einwanderer aus England und Wales machten ebenfalls eine nicht kleine Bevölkerungsgruppe aus. Nur geringe Zahlen von Einwanderern kamen aus anderen europäischen Ländern (hauptsächlich Osteuropa).

Innerhalb Schottlands ergaben sich beträchtliche Bevölkerungsverschiebungen. In den *Highlands* wurde immer mehr Land für Schafzucht verwendet, was Menschen, die vom Ackerbau lebten, ihre Subsistenzgrundlage nahm (*Highland Clearances*). Dagegen zog die Industrialisierung des zentralen Tieflandgürtels sowohl Menschen aus den Randbereichen als auch aus Irland an. Dieser zentrale Bereich beheimatete im Jahre 1801 38,9% der Bevölkerung Schottlands, hundert Jahre später waren es 65,5%. Während früher der Osten der *Lowlands* um Edinburgh stärker besiedelt gewesen war als der Westen um Glasgow, entwickelte es sich nun umgekehrt. Die Stadt Glasgow zählte 1801 etwa 75000 Einwohner, hundert Jahre später zehnmal soviel.

Der landwirtschaftliche Sektor ist vor allem durch immer stärkere Marktverflechtung gekennzeichnet. Eisenbahn und Dampfschiff boten revolutionäre Transportmöglichkeiten, die nun plötzlich entfernte Produktionsstätten mit ungekannten Marktchancen ausstatteten. Im 18. Jahrhundert war es noch ein exotischer Luxus gewesen, wenn sich Reiche in London Austern von den berühmten schottischen Austernbänken im Firth of Forth eisgekühlt per Schiff aus Schottland hatten kommen lassen; im 19. Jahrhundert wurden Transporte verderblicher Lebensmittel mit Hilfe der neuen Verkehrsmittel präzise planbar.

Die Tendenzen des 18. Jahrhunderts zur Ausweitung der Schafzucht und zur Steigerung der Wollproduktion wurden genauso fortgeführt wie die Schlachtviehtransporte von Schottland in den Süden. Was neu und zeittypisch war: die Zurichtung der schottischen Wälder zu Jagdgründen für die *Upper Class*. Je mehr sich England und Schottland industrialisierten, desto mehr entwickelte sich ein vornehmer Lebensstil der Reichen, der regelmäßige Aufenthalte auf dem Lande vorsah, wo man Ruhe, Erholung und Abwechslung suchte. Die Jagd auf Hirsche und anderes Hochwild war auf den ausgedehnten, oft neu aufgeforsteten Flächen Schottlands leichter möglich als in England, ebenso die Fuchs- und Moorhuhnjagd und manch anderer Lieblingssport nicht nur des Adels, sondern vor allem auch der Neureichen. Während die *Clearances* infolge der Ausweitung der Schafzucht auf relativ wenig Widerstand gestoßen waren, weckten *Clearances* zum Zwecke der adligen Jagd nicht selten soziale Rebellion.

Ein Leitsektor der frühen Industrialisierung war der Textilsektor, beginnend mit Leinen, dann Baumwolle und Jute. Der Baumwollbereich boomte noch in der ersten Hälfte des 19. Jahrhunderts, doch mußten die Schotten hier allmählich Kapazitäten an Manchester und die nordenglische Region abgeben. In der zweiten Hälfte des 19. Jahrhunderts blieb Schottland nur noch in speziellen Sektoren Marktführer, beispielsweise Paisley für Garn. Und in Dundee entwickelte sich aus älterer Leinenweberei seit der Mitte des 19. Jahrhunderts eine florierende Juteproduktion, da man in diesem Hafen an der Ostküste den Rohstoff kostengünstig aus Indien einführen konnte, um ihn mit einheimischen Produkten zu verarbeiten und zu veredeln. Um 1900 bildete Dundee mit 35 000 Arbeitskräften in der Juteindustrie das Weltzentrum für die Produktion von Jutesäcken und Bodenbelägen wie Linoleum. Allmählich verlagerten schottische Unternehmer jedoch ihre Produktion ins Ausland, nach Indien.

Das 19. Jahrhundert war ein Jahrhundert der Schwerindustrie. Kohle und Eisen boten die Schlüssel zur Entwicklung. Dies gilt für das Ruhrgebiet, für Lothringen, für die Industriegebiete im Norden Englands und auch für diejenigen im Südwesten Schottlands. Hier fand man in nächster Nähe sowohl den Energieträger Kohle als auch das vielgefragte Eisenerz, den Leitstoff dieser Phase der Industrialisierung. Infolge der Erfindung des Hochofens durch den Schotten J. B. Neilson im Jahre 1828 wurde es möglich, die bis dahin schwer auszuwertenden Eisenerze von Lanarkshire und Ayrshire optimal zu nutzen und mit diesem effektiven Verfahren sogar die Engländer auszustechen und zu unterbieten. Hochöfen reduzierten die Kosten nämlich um 40 %. 1806 waren 23000 Tonnen Eisen gewonnen worden, 1852 750 000 Tonnen. Der Anteil des schottischen Eisens am britischen stieg in dieser Zeit von 9 % auf 28 %. Ähnlich bei Kohle: Der Ertrag steigerte sich von 1800 bis 1900 von 2 Millionen Tonnen auf 33 Millionen, der Anteil Schottlands am britischen von 15 % auf 27 %. In derselben Zeit wuchs die Zahl der Arbeiter, die mit Kohle beschäftigt waren, von 9000 auf 103 000. Für Kohle gab es vielerlei Verwendung, je nach Qualität. Die in Lanarkshire und Ayrshire geförderte Steinkohle besaß optimale Eigenschaften für den Hochofenprozeß der Eisenschmelze. Die im Osten Schottlands (Lothian und Fife) abgebaute Kohle fand hauptsächlich in Haushalten Verwendung und wurde, aufgrund der günstigen Lage, exportiert. Auch Eisen wurde im 19. Jahrhundert weit mehr benötigt als heute. Insbesondere der weltweite Ausbau der Eisenbahnlinien stimulierte die Nachfrage über Jahrzehnte. Am Clyde entwickelte man sich aber darüber hinaus zum Spezialisten für den Bau immer größerer und stärkerer Dampfschiffe, die aus Eisenplatten zusammengeschweißt wurden. Der Schiffsbau wurde zu demjenigen Industriezweig, der für Glasgow und die Mündung des Clyde am meisten Bedeutung hatte. Zulieferer aller schiffsrelevanten Branchen boomten, und auch für die Verpflegung von Schiffen sorgte man hier mit großem Erfolg. Die schottische Industrie florierte, solange am Clyde Schiffe gebaut wurden; danach geriet sie mit dem Rückgang des Schiffsbaues in eine tiefgreifende Krise. In der Zeit um 1900 wurde am Clyde ein Drittel der Weltschiffstonnage hergestellt. Auch für Lokomotiven hatten Glasgow und Umgebung Weltruf.

Fragt man sich nach den Wurzeln dieses auffallenden Erfolges in einem kleinen Land am Rande Europas, lassen sich folgende Faktoren dingfest machen: (1) Schottlands Weltmarktposition rührte zum Teil von den günstigen Preisen her, und diese wurden möglich durch billige Arbeit. In der hier in Frage stehenden Epoche verfügte die Industrie immer über Zuzug von Arbeitskräften, sei es aus den strukturschwächeren Regionen Schottlands, sei es aus Irland. Insofern konnten schottische Produkte günstiger auf den Markt kommen als englische, wenn sich dieser Vorteil auch allmählich reduzierte. In den 1840er Jahren lagen schottische Löhne noch etwa 20 % unter den englischen, in den 1880er Jahren nur noch etwa 10 %. (2) Durch den Erfolg der Schotten im britischen Kolonialsystem waren sie mit ihren Firmen und Vertriebsorganisationen überall bestens plaziert, ob nun in den USA, in Kanada oder in Indien. (3) Seit dem späten 17. Jahrhundert hatte sich in Schottland ein starkes Bankwesen entwickelt, das nicht nur außergewöhnlich hohe Kapitalien in Relation zur Bevölkerungszahl zusammenbrachte, sondern auch in spezifisch risikofreudiger Weise einsetzte. (4) Schotten waren erfinderisch und hatten im Bereich des Ingenieurwesens in den Jahrzehnten seit dem 18. Jahrhundert ein unschlagbares Know-how angehäuft. (5) Schottische Unternehmer und Arbeiter waren auch bestimmt durch einen spezifischen religiösen Hintergrund, den calvinistischen, presbyterianischen (obwohl sich im Laufe des 19. Jahrhunderts ein Teil der Unternehmer und Arbeiter von der Kirche entfernte). Die Gewöhnung an harte, unablässige Arbeit bei geringen Ansprüchen an Konsum und Luxus macht sicher einen wesentlichen Teil des wirtschaftlichen Erfolges aus. Dieselben Leute erwiesen sich nämlich auch als bildungseifriger, rationaler, leistungsorientierter. Und der Erfolg war für sie wichtiger als für andere, weil ihr religiöser Hintergrund eine entsprechend religiöse Ausdeutung zuließ. Wer wirtschaftlichen Erfolg hatte, konnte dies leicht auf den göttlichen Willen beziehen; er konnte sich auserwählt und begnadet fühlen. Und er sah sich vielleicht veranlaßt, einen besonders hohen Arbeitsaufwand einzusetzen, um in religiöser Hinsicht keine Skrupel haben zu müssen.

Die Einwanderung aus Irland

Zwei Gruppen von Iren kamen nach Schottland: Protestanten (in geringerer Zahl) und Katholiken (in Massen). Sie fühlten sich hauptsächlich von den reichhaltigen Arbeitsmöglichkeiten im Südwesten Schottlands, in unmittelbarer Nähe Irlands, angezogen, aber auch Dundee im Osten hatte wegen seiner Textilindustrie einen hohen Anteil irischer Arbeiterinnen und Arbeiter.

Katholische Iren wurden von den presbyterianischen Schotten als Fremde abgelehnt und angefeindet. Obwohl Iren seit der Union von 1801 staatlich gesehen britische Inländer waren, sahen viele Schotten auf sie wie Menschen zweiter Klasse herab – zumal, wo diese Vorurteile auch noch rassistisch verschärft wurden. In Karikaturen jener Zeit erschienen Iren oft verweiblicht und passiv, als geborene Sklaven und Untermenschen. Nach ihrer Lebenseinstellung fühlten sich die protestantischen Schotten viel näher verwandt mit den protestantischen Engländern. So etwas wie eine auf die Herkunft bezogene Solidarität gälischer Völker gab es vor dem Ende des 19. Jahrhunderts nicht. Die eingewanderten katholischen Iren zeigten ihrerseits keinerlei Interesse an Assimilation. Sie blieben in Gruppen unter sich, schon aus sprachlichen und religiösen Gründen, und schlossen sich gegen die Schotten ab. Daß ein irischer Arbeiter eine Schottin heiratete, war eine Seltenheit.

Schotten verfügten gewöhnlich über die besseren Stellen in allen Berufen; Iren nahmen die am geringsten bezahlten. Sie erschienen schottischen Arbeitern manchmal geradezu als Streikbrecher: Als Arbeiter, die in Massen herangeschafft wurden, wenn schottische Arbeiter im Ausstand waren, dann an ihre Stelle traten und sie verdrängten. Unter solchen Umständen konnte kein erfreuliches Miteinander entstehen.

Die katholischen Iren lebten in einer eigenen Welt mit eigenen Vereinen, eigener Armenfürsorge, eigenen Sparkassen und Bildungsvereinen. Die Kirche stand im Mittelpunkt. Als das britische Schulwesen 1872 reformiert und stärker staatlich reglementiert wurde, weigerten sich viele Iren, ihre Kinder auf schottische Staatsschulen zu schikken, weil sie protestantische Indoktrination befürchteten, und legten lieber statt dessen ihr weniges Geld zusammen, um eigene Schulen zu finanzieren. In der Freizeit blieben sie für sich und organisierten parallele Vereine auch im Sport, der seit dem späten 19. Jahrhundert immer wichtiger wurde. Aus dieser Zeit stammt die noch heute bekannte Rivalität der Fußballvereine: der protestantischen *Glasgow Rangers* und des katholischen Vereins *Celtic Glasgow.*

Kaum Integrationsprobleme hatten protestantische Iren aus Ulster. Weder wurden sie abgelehnt, noch schlossen sie sich ab. Zur Bestärkung ihrer Herkunft und Gruppenzugehörigkeit diente vor allem das Vereinswesen.

Schottland und das *Empire*

Daß sich die Schotten mit der Union aussöhnten, hängt nicht nur mit der Niederlage der Jakobiten, sondern auch mit ihrem Erfolg im Rahmen des *British Empire* zusammen. Am Beispiel Darien war ihnen bewiesen worden, daß sie keine Kolonien gegen den englischen Willen aufbauen konnten; seit dem 18. Jahrhundert stellten sie unter Beweis, daß sie Entscheidendes zum Erfolg Großbritanniens in anderen Kontinenten beizutragen hatten. Dieser Zusammenhang bestand nicht nur faktisch durch Personal und Kapital; er bestand auch im ideologischen Sinne – mentalitätsprägend. Für einen schottischen Nationalisten waren »Union« und *Empire* nahezu gleichbedeutende Begriffe.

Die Verbindung der Schotten zum *Empire* begann schon im mittleren 17. Jahrhundert; Cromwell hatte nach seinen militärischen Siegen über die Schotten etwa 3000 von ihnen in die Neue Welt transportieren lassen. Auch nach den Jakobitenkriegen waren einige hundert Schotten strafweise in die Kolonien gebracht worden. Dies allerdings war eher untypisch. Die Straffälligen, die Australien im 19. Jahrhundert regelrecht besiedelten, kamen größtenteils aus England und Irland. Schotten verließen ihr Land (anders als Iren) weniger aus Verzweiflung als vielmehr in unternehmerischer Absicht. Dementsprechend gehörten sie bald in den USA, in Kanada, in Australien und Neuseeland, auch in Afrika und Indien zu den Kolonisten, die Erfolg hatten. Dabei ist zu bedenken, daß sie seit Jahrhunderten schon einen Hang zeigten, in fremde Dienste zu gehen, z.B. als Soldaten und Ärzte (um nur zwei große Gruppen zu nennen); in der Frühen Neuzeit hatten sie in beinahe allen europäischen Staaten Beziehungsnetze aufgebaut und von ihren Erfolgen nach Hause berichtet. Im Rahmen des *British Empire* gewannen sie ungeahnte Entfaltungsmöglichkeiten. Auch waren Schotten seit dem frühen 17. Jahrhundert an der Kolonisierung Ulsters beteiligt. Sie waren gewohnt, im Vertrauen auf ihre eigenen Kräfte etwas zu unternehmen und sich in einer fremden

Umwelt durchzusetzen. Nicht wenige von denen, die zuerst in Nordirland Kolonialerfahrungen gesammelt hatten, zogen von dort aus weiter nach Nordamerika, wo ihnen noch bessere Möglichkeiten winkten.

Zwischen 1841 und 1931 wanderten etwa 2750000 Schotten aus. Oft benannten sie ihre Siedlungen nach ihren Herkunftsorten; so entstanden schließlich 19 Dundees, 25 Glasgows, 39 Edinburghs und 75 Hamiltons!

Für unternehmende Soldaten bot das *Empire* reichlich Betätigungsmöglichkeiten. Die Schotten standen seit Jahrhunderten im Rufe außerordentlicher Tapferkeit und Genügsamkeit. Das in ihrer Herkunftsgesellschaft (falls sie aus den *Highlands* kamen) hochangesehene Soldatenhandwerk war in England mit weit geringerem Prestige befrachtet. In allen Kolonialkriegen und an allen kolonialen Fronten waren stets schottische Soldaten und oft auch Heerführer beteiligt.

Ähnlich war es in der zivilen Verwaltungslaufbahn: Schotten stellten zahlreiche führende Kolonialadministratoren. Am Ende des 18. Jahrhunderts wurde das überwiegend durch Patronage bewirkt, nachdem der Schotte Henry Dundas in der britischen Regierung so weit aufgestiegen war, daß er die Verfügung über Ämter und Stellen im politischen und Verwaltungsbereich weitgehend monopolisierte. Seit 1783 war er auch für Indien zuständig; nun wurden bevorzugt Schotten in die indische Verwaltung geschleust. Im Rahmen des *British Empire* fanden die fähigen, gut ausgebildeten und pragmatisch-utilitaristisch ausgerichteten Schotten ein weites Betätigungsfeld – ein weiteres, als es ihnen ihr begrenztes Heimatland am Nordwestrand Europas je hätte bieten können.

Handelstätigkeit ergab sich ebenfalls aus den schottischen Zusammenhängen ganz selbstverständlich, wenn man die internationale Orientierung und Exportzugewandtheit der schottischen Städte bedenkt. Was von der Union bis zum amerikanischen Unabhängigkeitskrieg der Tabak gewesen war, wurde später die Baumwolle, dann die Jute; Lokomotiven und Dampfschiffe exportierte Schottland überallhin. Die gigantischen Weiten Kanadas, welche eine solche Infrastruktur benötigten, um überhaupt zu einem zusammenhängenden Staat werden zu können, wurden von schottischen Eisenbahningenieuren und schottisch-kanadischen Politikern bewältigt (John A. Smith, geadelt als Lord Strathcona, und George Stephen, geadelt als Lord Mountstephen). Jardine & Matheson eröffneten den Handel mit China, wobei Opium eine besondere Rolle spielte; der britische Premier Palmerston erklärte später sogar einen Krieg mit China zur Durchsetzung dieser Handelsinteressen.

Schließlich die Mission in ihrer charakteristischen Verbindung mit den Entdeckungsreisen: Jedes Schulkind kennt David Livingstone, den schottischen Missionar, der das Innere Afrikas erforschte. Er war nicht der einzige schottische Entdecker: 1770 hatte James Bruce of Kinnaird die Quellen des Blauen Nils entdeckt. 1788 erreichte Alexander Mackenzie das Polarmeer an dem nach ihm benannten Mackenzie-Fluß. Mungo Park war als Entdecker in Westafrika um 1800 auf Reisen. 1818 unternahm Sir John Ross eine Reise in die Arktis auf der Suche nach der Nordwestpassage. Entdeckungen, Handel und Missionen gingen oft Hand in Hand. Ärzte bei solchen Expeditionen waren oft Schotten. Und daß britische Missionare ebenfalls oft Schotten waren, hatte auch etwas mit der *Disruption* zu tun: Seit 1843 missionierten die rivalisierenden schottischen Kirchen mit besonderem Eifer, wenn auch fast alle schottischen Missionare zu Chalmers' *Free Church* übergingen.

Schotten hielten in fremden Ländern eng zusammen. Sie trafen sich in Vereinen wie den *Caledonian Societies*, in *Burns' Clubs*, wo sie jährlich am Geburtstag des Dichters (25. Januar) ihre rituelle *Burns' Night* begingen, und veranstalteten sportliche *Highland Gatherings*. Aufgrund ihrer Ausbildung, ihrer Sparsamkeit, ihrer nützlichen Berufe und ihres Karriere-Ehrgeizes bildeten sie in den Kolonialgesellschaften häufig die Elite. Zahlreiche Schotten wurden politisch tätig und übten in ihren neuen Heimatländern Macht aus. Alexander Mackenzie, ein Steinhauer aus Perthshire, wurde 1873 kanadischer Premierminister als Nachfolger seines Landsmannes Sir John A. Macdonald. Robert Stout, ein Schullehrer und Freidenker von den Orkneys, wurde 1884 zum Premierminister Neuseelands gewählt. Australien stellte 1908 den ersten *Labour*-Premier der Welt, auch er ein Schotte: Andrew Fisher, ein Bergmann aus Ayrshire.

Die hohe Zahl der Auslandsschotten, ihre engen Verbindungen in die Heimat und ihr Erfolg in den Kolonien trugen dazu bei, daß sie als Teil einer schottischen Nation bewußtseinsmächtig wurden und auf die Einstellungen in ihrem Heimatland zurückwirkten. Warum, fragte sich mancher, hatten Schotten überall in der Welt mehr Erfolg als im eigenen Lande? Lag die Verfassungsform der Union mit England und Irland vielleicht doch nicht im nationalen Interesse der Schotten? Umgekehrt argumentierten unionistische Briten unentwegt, daß erst das *Empire* den Schotten einen Entfaltungsraum geboten habe, der ihren Talenten entspreche.

Die Erfindung einer Tradition

1983 haben Eric Hobsbawm und Terence Ranger mit einem einflußreichen Sammelband *Invention of Tradition* zum Schlagwort gemacht: Vieles von dem, was im Zuge des Nationalismus als identitätsstiftende Tradition ausgegeben wurde, sei in Wirklichkeit eine kluge Erfindung gewesen, tendenziöse »Sinnstiftung«. Eines der Glanzbeispiele für diese These ist die Tartanisierung Schottlands. In der Tat läßt sich feststellen, daß sich vom 18. zum 19. Jahrhundert das Schottlandbild der Ausländer wie auch das Bild der Schotten von sich selbst entscheidend wandelte. Wortführer der Aufklärung wollten am liebsten Briten werden; David Hume und viele Angehörige der sozialen Eliten gaben sich große Mühe, alles Schottische aus ihrem Verhalten und ihrer Sprache auszumerzen. Als der auf der Londoner Bühne erfolgreiche irische Komödienautor, Schauspieler und Sprachlehrer Richard Brinsley Sheridan auftrat, um korrektes Englisch (vor allem auch in der Aussprache) zu lehren, hatte er nirgendwo einen solchen Zulauf wie in Edinburgh. Im Laufe des 19. Jahrhunderts dagegen entdeckten die Schotten ihr Eigenes, Volkstümliches; ja, sie stilisierten sich geradezu zu besonderen Briten, nämlich Schotten mit eigener Tradition und Kultur. Dabei wandelte sich vor allem das Bild des *Highlanders* grundlegend: In aufklärerischer Sicht standen *Highlanders* im Verdacht des Aufruhrs und der Rebellion; sie mochten ursprünglich, genügsam und tapfer sein, aber das waren im wesentlichen Eigenschaften des »Edlen Wilden«, letztlich also in einer zivilisierten Moderne nicht mehr gefragt. Zu diesem Image des Barbarischen gehörte auch ihr äußeres Erscheinungsbild, gehörten jene karierten Stoffe, in die sie sich mehr einwickelten als kleideten, sowie der Dudelsack, das charakteristische Kriegsinstrument mit seinem durchdringenden Ton. Nicht zufällig waren nach der Niederwerfung der Jakobiten 1746 der Kilt wie auch der Dudelsack untersagt worden.

Im späten 18. Jahrhundert hatte mit *Ossian* und vergleichbaren Erscheinungen ein rousseauistischer Kult des Ursprünglichen, Natürlichen und Unverbildeten in ganz Europa Triumphe gefeiert. In der Zeit um 1800 wurde Schottland zu einem beliebten Reiseland der Engländer, wozu auch die politisch-militärische Tatsache beitrug, daß in Napoleonischer Zeit weite Teile Europas für Engländer zu bereisen nicht ratsam schien und die traditionellen Gewohnheiten der *Grand Tour* umgelenkt werden mußten. So wie man vorher mit Begeisterung am Rhein entlang, durch die Alpen nach Italien gereist war, wandte man sich nun in die schottischen *Highlands*. Die erhabene Landschaft entsprach einer zeitgenössischen Sensibilität der Romantik.

Dies bot den Schotten die Möglichkeit, sich eines Images zu bemächtigen, das nicht gerade erfunden, aber immerhin erst herbeigeholt werden mußte. Auch in den *Lowlands* wurde es Mode, sich in Tartan-Stoffe zu kleiden. Die damals florierende schottische Textilindustrie griff diese Impulse der Mode-Macher begierig auf und gestaltete sie zu einem eigenen Geschäftszweig, in dem sie mehr

Kompetenz und Expertise beanspruchte als die englische Konkurrenz. Das Jahr 1822 hatte hier eine Schlüsselbedeutung: Erstmals seit mehr als einem Jahrhundert kam mit König Georg IV. wieder ein Monarch zu Besuch nach Schottland. Dieser wurde von dem Rechtsanwalt und Romanschriftsteller Walter Scott beraten. Und Scott wagte es, den Monarchen in einen Kilt zu stecken und ihn so als Schotten posieren zu lassen. Er forderte aber auch von den Figuren der schottischen Politik, daß sie in solcher Tracht beim Monarchen erscheinen sollten. Über das Lächerliche der Staffage sah man hinweg; die Inszenierung erschien weniger als peinliche Anbiederung als vielmehr als Anerkennung der Eigenart Schottlands und seiner indigenen Traditionen. Auf Echtheit kam es dabei keineswegs an; ein bezeichnendes Detail: Wo echte Schotten unter dem Kilt nackte, haarige Beine zeigten, trug der Dandy, als welcher Georg IV. bekannt war, enganliegende, fleischfarbene Beinkleider. Die Schotten fühlten sich geschmeichelt; die Publicity-Aktion, welche der infolge seines Zerwürfnisses mit seiner Gattin öffentlich kritisierte Monarch bitter nötig hatte, wurde ein voller Erfolg.

An diesen Erfolg konnte zwei Jahrzehnte später erst Königin Viktoria wieder anknüpfen. Sie kam erstmals 1842 nach Schottland – und in der Folge immer wieder. Allem Anschein nach war anfangs der Geschmack ihres Gemahls, des Prinzen Albert von Sachsen-Coburg-Gotha, ausschlaggebend, welcher sich auf der Suche nach einer bewaldeten Mittelgebirgslandschaft (wie er sie aus dem heimischen Thüringen kannte) nach Schottland wandte. Viktoria fühlte sich persönlich wohl in Schottland; fast jeden Sommer kehrte man wieder (die Herren gingen auf die Jagd, die Damen setzten auf das Gemütliche) und ergriff die Gelegenheit, sich in einem zur Verfügung stehenden Schloß, westlich von Aberdeen in den *Highlands* gelegen, Balmoral geheißen, einzuquartieren. Als das Schloß zum Verkauf stand, wurde es 1852 von der königlichen Familie erworben. In der Folge wurde es von Albert unter Zuhilfenahme lokaler Architekten grundlegend umgebaut und »baronisiert«, d.h., so hergerichtet, wie man sich mittelalterliche Märchenschlösser vorstellte (vollendet 1855). Damit wurde Balmoral zu einem Vorbild für zahlreiche andere schottische Burgen, die fortan ebenfalls Türmchen und Erkerchen erhielten. Das Zeitalter begeisterte sich nun einmal für Minnesänger und edle Ritter und schuf sich ein Ambiente danach. Walter Scott hatte mit seinen Romanen wesentlich zur Verbreitung eines solchen Mittelalterbildes beigetragen und auch zur Kenntnis schottisch-nationaler Vergangenheit.

Hier nun lag die Bedeutung der Verknüpfung von Monarchie und schottischer Tradition: Viktoria und Albert suchten bereits jenes romantisierte Schottland, das sie aus den Büchern und Bildern kannten, und sie fanden es auch vor. Daß die schottischen Gastgeber etwas nachhelfen und manche Erscheinung zurechtfrisieren mußten, störte keinen. Viktoria fand bei ihren Schottlandbesuchen, die sie im modischen Verkehrsmittel Eisenbahn unternahm, Kontakt zu einem ihrer Völker, das seit langem ein Gefühl des Zurückgesetztseins verspürt hatte. Die Niederwerfung der Jakobiten hatte in vielerlei Hinsicht einen Bruch mit der älteren schottischen Geschichte bedeutet; nun kam die bezaubernde junge Königin, um Schottland und seine Traditionen zu hofieren. Sie war ehrlich für alles Schottische begeistert (nach Wales oder Irland reiste sie wenig). Bis dahin hatte sich die schottische Königtradition mit den Stuarts verbunden; die Hannoveraner waren ungeliebt geblieben. Viktoria und Albert sahen kein Problem darin, die Tartans der Stuarts anzulegen und sich zugleich neue Muster entwerfen zu lassen. Viktoria liebte das ländliche Leben und die Schotten, mit denen sie zusammentraf; ihre Inneneinrichtung und ihre Kleidung wurden geprägt von schottischen Stoffen und Accessoires. Sie ging höchst sensibel mit schottischen Traditionen um; sie besuchte die Schlachtfelder der Vergangenheit und historische Stätten aller Art. Sie vermittelte ihren Untertanen im Norden das Gefühl, sie selbst, Viktoria, identifiziere sich mit ihrer Vergangenheit und ihren divergierenden Tendenzen. Sie neutralisierte auch die Verbitterung vieler Schotten in religiösen Belangen, indem sie in England Anglikanerin war, in Schottland aber ohne zu zögern am presbyterianischen Gottesdienst teilnahm und den schottischen Predigern vor den englischen den Vorzug gab. Mit Viktoria wurde die Monarchie in Großbritannien und Irland wieder zu einer tragenden Kraft der Integration; daß sie die Schotten zu gewinnen vermochte, trug auch dazu bei, die Union zu verstetigen und Schottland daran zu hindern, den irischen Weg der Trennung zu gehen.

Politische und nationale Entwicklung

Es gibt Darstellungen der schottischen Geschichte, welche im 18. oder 19. Jahrhundert enden oder nach den Jakobiten und der Aufklärung nur noch dünne Resümees bieten. Dies ist nicht zu rechtfertigen; Schottland entfaltete auf allen Gebieten des Lebens seine eigene Geschichte. Andererseits läßt es sich natürlich auch nicht leugnen, daß seit der Union die entscheidenden Impulse von England aus gesetzt und die unüberschreitbaren Grenzen von englischen Politikern aufgezeigt wurden. Das Gewicht der Macht lag eindeutig im Süden. Allerdings wirkten nun eben schottische Politiker an dieser Gestaltung der Politik im Süden mit. Noch wichtiger war es, daß ganze Gebiete des Politischen schottischer Selbstverwaltung überlassen blieben: Recht, Kirche, Bildungswesen. Vor allem aber blieb die Lokalverwaltung unbehelligt von Westminster in der Hand der Magnaten auf dem Lande und der Oligarchien in den Städten.

Dies allerdings änderte sich im Laufe des 19. Jahrhunderts allmählich, zwar nicht grundsätzlich, aber doch tendenziell. Insofern nahm das Politische eine andere Form an. Die personalen Zusammenhänge der älteren Zeit wurden auch in Schottland im 19. Jahrhundert blasser; Regierung und Verwaltung erfolgten bürokratischer. 1827 kam die Obrigkeit der Adligen faktisch an ein Ende. Die entsprechenden Kompetenzen gingen auf das *Home Office* über. Das bedeutet zugleich, daß lokale und regionale Besonderheiten allmählich abgeschliffen wurden. Die Normen für Verwaltungshandeln unterlagen immer stärker englischem Einfluß.

Eine solche Vereinheitlichung und Angleichung an England läßt sich auf verschiedenen Gebieten im Laufe des 19. Jahrhunderts beobachten. Schottische Spezialbehörden für das Münzwesen, den Zoll und dergleichen wurden in der ersten Jahrhunderthälfte nach und nach abgeschafft. In den Augen patriotischer Schotten war das ein »Bruch der

Union«, eine Serie von Verstößen gegen Einzelbestimmungen eines Vertrages, den sie als Vereinbarung unter Gleichen ansahen und deshalb auch von englischer Seite respektiert zu wissen wünschten.

Romantische Ideen, nationale Erinnerungen und aktuelle soziale und politische Unzufriedenheiten führten in den 1850er Jahren zum Aufkommen eines schottischen Nationalismus, dessen extremste Anhänger auch »Los von England!« propagierten und sich am irischen Drängen auf *Home Rule* orientierten. Freilich: Wie wichtig solche Stimmen genommen werden sollen, hängt vom Standpunkt des Betrachters ab. Ein britisch-unionistischer Betrachter wird finden, daß solche Stimmen eher vereinzelt zu hören waren und daß Schottland insgesamt in dieser Epoche ein integraler Bestandteil der Union des »Vereinigten Königreiches« war. Ein schottisch-nationalistischer Betrachter wird darauf hinweisen, daß in dieser Epoche erstmals seit der Niederlage der Jakobiten wiederum ein schottisches Unabhängigkeitsbewußtsein politisch artikuliert wurde. Und beide haben recht!

Die Beurteilung wird auch dadurch erschwert, daß patriotisches und nationales Bewußtsein in allen möglichen Mischungsverhältnissen mit anderen Anliegen artikuliert wurden – etwa einer radikalen Politik oder der Arbeiterbewegung. Im frühen 19. Jahrhundert lebte in Schottland durchaus noch ein Radikalismus, der im Zusammenhang der Französischen Revolution entfacht worden war und zudem durch die Nähe zu den irischen Kämpfen und Aufständen immer neue Nahrung erhielt. In der Napoleonischen Ära, die als eine bestandene Bewährungsprobe der Union mit England und Irland gesehen werden kann, gab es nichtsdestoweniger auch in Schottland Aktivisten, die auf Menschenrechte pochten, die Abschaffung der Sklaverei verlangten, ein allgemeines Wahlrecht (meist für erwachsene Männer) einforderten und manche Zöpfe abgeschnitten wissen wollten. Solcher Radikalismus (den es gleichzeitig auch in England gab) erhielt neue Nahrung durch die frühindustriellen Beziehungen zwischen ausbeuterischen Unternehmern und widerspenstigen Arbeitern. Das herausragende und zugleich umstrittenste Ereignis in diesem Zusammenhang ist eine Erhebung in den Industriegebieten im Westen Schottlands (1820), ein Streik, der etwa 60 000 Arbeiter erfaßte, von denen manche auch zu den Waffen griffen. Die Regierung schickte Truppen und warf die Aufständischen binnen kurzem nieder – wobei sie sich der neuesten technischen Mittel bediente, indem sie erstmals eine größere Truppenverlagerung mit Dampfschiffen durchführte. Ob es sich dabei um eine nationale oder eher soziale Erhebung handelte, bleibt umstritten. Denn im Jahr zuvor hatte es ähnliche Erscheinungen in den nordenglischen Industriegebieten gegeben (*Peterloo Massacre*). In schottischen Industriegebieten lagen dieselben Mißstände vor, welche die englischen Arbeiter in die Rebellion getrieben hatten. Allerdings vernahm man unter den Aufständischen auch nationale Töne. Man sah damals Banner mit der Parole »*Scotland Free or Scotland a Desert*«.

In jenen Jahren, in denen in Deutschland das Gedenken der Völkerschlacht von Leipzig (18. Oktober) zum ersten nationalen Fest gestaltet wurde, gab es auch in Schottland vergleichbare Erscheinungen. 1814 wurde (erstmals in der Geschichte) das Gedenken an die Schlacht von Bannockburn als Massenereignis begangen; 10 000 Schotten waren auf den Beinen und feierten den 500. Jahrestag des Sieges über die Engländer. Im Jahr darauf nahmen ebenfalls über 10 000 Schotten an einem *Covenanting March* in Ayrshire teil.

Ein gesamtbritisches Problem stellte die Frage der Erweiterung des Wahlrechts dar. Auch in Schottland schlossen sich 1838 viele der britischen Chartistenbewegung mit ihren bekannten sechs Forderungen an (allgemeines Wahlrecht [für Männer], jährlich einzuberufende Parlamente, geheime Wahl, gleiche Wahlbezirke, Abschaffung der Eigentumsqualifikation für Parlamentsabgeordnete und Einführung von Diäten für Abgeordnete). Die Regierung in London hatte sich 1832 nur zu einer mäßigen Wahlrechtsreform herbeigelassen, welche auch in Schottland die Wahlberechtigten vermehrte, aber den politischen Forderungen der Aktiven bei weitem nicht genügte, mochten auch die schottischen Sitze im Parlament von Westminster zahlreicher werden. Von England aus gesehen, handelte es sich bei solchen Bewegungen um sozial und politisch motivierte Initiativen. In Schottland verbanden sich damit stets nationale Töne – unvermeidlich in einem nationalen Zeitalter, in dem ganz Europa von liberalen, demokratischen und nationalen Revolutionen geschüttelt wurde. Im europäischen Rahmen blieb alles, was in Schottland in den Jahren um 1848 geschah, zahm und zurückhaltend. Mit britischem Maßstab gemessen, wurden in den 1850er Jahren dissonante schottisch-nationalistische Stimmen hörbar. 1853 wurde erstmals eine nennenswerte nationalistische Organisation gegründet, die *National Association for the Vindication of Scottish Rights* (NAVSR). Sie war der Zahl nach eine nicht sehr große

Organisation (wohl unter 1000 Mitglieder), aber ihrer sozialen Bedeutung nach durch die Teilnahme bekannter Honoratioren eine wichtige Bewegung. Sie proklamierten die Bezeichnung *Great Britain* (wo die meisten Engländer gedankenlos *England* sagten, wenn sie Britannien meinten). Die Regionen würden ungleich behandelt; die Regierung in London investiere zu wenig im Norden. Die Schottland 1707 zugeteilten 45 Parlamentssitze genügten ihnen nicht. Bei der Reform von 1832 waren sie auf 53 aufgestockt worden, aber auch das war ihnen zu wenig. Sie forderten 71 – und erhielten sie auch. Die Forderung nach einem *Scottish Secretary*, einem Schottlandminister, wurde ebenfalls erfüllt (1885).

Im Zuge der Romantik waren das schottische Eigenbewußtsein und der Stolz auf die eigene Geschichte Schottlands gestärkt worden – nicht zuletzt durch die Schriften und Aktivitäten Sir Walter Scotts. Wie in Deutschland und anderen Ländern gab es auch in Schottland eine Denkmalbewegung, welche nationales Bewußtsein zugleich voraussetzte und im Handeln und Bauen bestärkte und verfestigte. Eine interessante Erscheinung ist, daß das früheste Nationaldenkmal, die Säulen eines dorischen Tempels auf dem Calton Hill in Edinburgh, noch heute als Bauruine dasteht. Es sollte an den Sieg Großbritanniens unter Wellington über Napoleon erinnern, wurde nach Waterloo begonnen und 1828 wegen Geldmangels nicht weitergebaut. Gewiß, die 1820er Jahre waren eine wirtschaftlich besonders bedrängte Zeit. Aber die Ruine symbolisiert eben auch das damals eher schwache schottische (oder britische?) Nationalbewußtsein. In den folgenden Jahrzehnten wurde es mächtig angefacht, nicht zuletzt durch die Verehrung von Helden, die Thomas Carlyle gefordert und unterstützt hatte. William Wallace und Robert the Bruce, Helden der Unabhängigkeitskriege gegen England, wurden nun besonders hervorgehoben und auf den Sockel gestellt. Öffentliche Denkmäler für Wallace wurden 1820 in Dryburgh und Falkirk eingeweiht, 1819 und 1833 in Ayr, 1888 in Aberdeen. Seit 1856 gab es eine Bewegung zum Bau eines Nationaldenkmals für Wallace auf einem herausgehobenen Berg (Abbey Craig) bei Stirling; dieses wichtigste *National Monument* wurde 1869 der Öffentlichkeit übergeben.

Außer den Freiheitshelden ging es der nationalen Bewegung um die Sammlung und Edition älterer Geschichtsquellen sowie um die Förderung der gälischen Sprache. Dies mag erstaunen, wenn man bedenkt, daß Gälisch im älteren Schottland nur eine von mehreren Sprachen gewesen war und keineswegs die Sprache der nationalen Bewegung. Aber der »Keltizismus« ist selber eine signifikante Erscheinung der zweiten Hälfte des 19. Jahrhunderts. In Einheit mit der irischen Nationalbewegung (und begleitet von dünneren Stimmen aus Wales, Cornwall, von der Insel Man und aus der Bretagne) postulierte man eine sprachliche und rassische Einheit der Kelten. In Irland war das insofern plausibler, als diese Bewegung zur Grundlage einer Nationalbewegung werden konnte, die *Home Rule* forderte und »Los von England!« und die deshalb ein einigendes Bewußtsein mit Stoßrichtung gegen die Engländer benötigte. Die Engländer galten als *Sassenachs*, d.h. zugewanderte Angelsachsen, während die Gälen (Kelten) als Ureinwohner der Britischen Inseln (schon gar Irlands!) deklariert wurden. Aber in Schottland? Waren wirklich alle

Schotten gälische Abkömmlinge von *Highlanders*? Dieses Stereotyp hatte eine soziale Fundierung insofern, als *Highlanders* im Zuge der Industrialisierung natürlich auch in Mengen in die Industriestädte der *Lowlands* geströmt waren und dort Grund hatten, nostalgisch an ihre Heimat zu denken und sich ihrer Herkunft und Identität zu versichern. Eigentümlich ist nur, daß es im Zuge der nationalen Bewegung des 19. Jahrhunderts bald so scheinen konnte, als seien Schottland und die *Highlands* identisch (während sich faktisch die *Highlands* immer mehr entvölkerten und zwei Drittel der schottischen Bevölkerung in den *Lowlands* lebten und arbeiteten).

1871 wurde die *Gaelic Society* von Inverness gegründet: Wie ältere antiquarische Gesellschaften wollte sie die Sprache pflegen, die Literatur bewahren, Musik und Tanz fördern. 1872 wurde (wie in Irland) eine *Scottish Home Rule Association* ins Leben gerufen; ihre Forderungen waren politisch: mehr Unabhängigkeit für Schottland, freie Hand in Verwaltungsfragen. Im britischen Unterhaus konstituierte sich eine Gruppierung für Schottlandfragen (1894, 1907).

Der britische Premier William Ewart Gladstone (seiner Herkunft nach ein Schotte, aber englisch erzogen) versprach zur Lösung der irischen Frage *Home Rule* und nahm es in Kauf, daß sich seine Liberale Partei über dieser Frage spaltete. Auch den Schotten versprach er »*Home Rule All Around*«, aber diesem Lippenbekenntnis folgten keine Taten. So kommt es, daß um 1900 immer mehr Vereinigungen entstanden, welche die politische Forderung nach mehr Selbständigkeit für Schottland auf ihre Fahnen geschrieben hatten. Während sich in Irland die Möglichkeit einer Lösung aller politischen, sozialen, konfessionellen und kulturellen Konflikte durch *Home Rule* abzuzeichnen schien (1912), wurde im Parlament von Westminster auch eine Vorlage mit *Home Rule* für Schottland mehrheitlich verabschiedet (1913). Diese aber sollte bedeutungslos bleiben, als 1914 der Weltkrieg ausbrach und sich die Schotten ohne Wenn und Aber als britische Patrioten erwiesen. In der Stunde der Not wollte die Mehrheit an Englands Seite stehen; es zeigte sich im Laufe von vier Jahren, daß die schottischen Soldaten, aus Tradition besonders tapfere und todesmutige Kämpfer, doppelt so viele Gefallene zählten wie die englischen. Das gemeinsame Erlebnis des Ersten Weltkrieges schmiedete die Union aufs neue und fester als zuvor zusammen, während sich Irland (die Republik des Südens, nicht aber Ulster) infolge des Krieges definitiv von Großbritannien abspaltete und sich nach dem Kriege mit Gewalt nahm, was man ihr vorher nicht hatte geben wollen.

Das Jahrhundert vor dem Ersten Weltkrieg war ein liberales Jahrhundert und ein Jahrhundert der Liberalen. In Großbritannien hatte sich seit dem 17. Jahrhundert ein relativ stabiles Zweiparteiensystem eingespielt; *Whigs* und *Tories* wechselten sich in längeren Pendelschlägen an der Regierung ab. Im 19. Jahrhundert nannte man die *Whigs* meist Liberale. Schottland ist nun dadurch gekennzeichnet, daß es im 19. Jahrhundert ein stabil liberales Milieu ausbildete. Mochte auch in London von Zeit zu Zeit eine *Tory*-Regierung gebildet werden: Die Mehrheit der Schotten hielt stets zu den Liberalen. Dies hatte verschiedene Ursachen. Zu den Glaubenssätzen der Liberalen gehörte der Freihandel, zu denen der *Tories* der Schutzzoll für Getreide. Fast alle Schotten waren Freihändler, weil Schottland in dieser Phase der Industrialisierung stark auf den Export setzte und insofern davon abhängig war, daß ausländische Handelspartner schottische Waren abnahmen. Im Gegenzug verlangten diese gewöhnlich, daß man auch ihre Waren (oft Rohprodukte oder Lebensmittel) kaufte oder jedenfalls nicht prinzipiell behinderte. Ein weiterer Testpunkt für Liberale war das Verhältnis zwischen Kirche und Staat. In der Tat waren Presbyterianer (im Gegensatz zu den Episkopalen) meistens Liberale. Kirchlich organisierte Schotten blieben nach ihrem religiösen Hintergrund und ihren führenden Lebensanschauungen der Tendenz nach dem liberalen Weltbild verbunden und wählten auch die Liberalen als Partei.

Eine der großen Fragen im 19. Jahrhundert war das Wahlrecht. Seit der amerikanischen Revolution war die Idee in der Welt: »*One man, one vote*«. Dies entsprach weder der englischen noch der schottischen Tradition. Vielmehr blieb (jedenfalls bis zur Wahlrechtsreform von 1832) das britische – und schon gar das schottische – Wahlsystem eigentümlich traditionsgebunden. Es waren eigentlich nicht mehr als 4500 Wahlberechtigte, welche in Schottland bis 1832 die politische Nation repräsentierten. Dies hing damit zusammen, daß das Wahlrecht in den *Counties* an feudale Rechte geknüpft war, nicht nur an Grundeigentum wie in England. Solche Rechte hatten nicht alle Eigentümer, in manchen *Counties* nur wenige. In solchen Wahlkreisen war es leicht, Wahlen zu manipulieren. Wenn nötig, teilte man die feudalen Rechte auf, um so mehr Stimmen für das eigene Lager zu schaffen. In England war vor 1832 etwa jeder achte männliche Erwachsene wahlberechtigt, in Schottland nur jeder hundertste. In den *Burghs* wurden die Parlamentsabgeordneten nicht von den Bürgern gewählt, sondern vom Stadtrat, der seinerseits eine seit Jahrhunderten verfilzte Oligarchie darstellte, die sich selber perpetuierte.

Dieses System wurde durch die britische Wahlrechtsreform von 1832 deutlich korrigiert. Nun wurde die englische Regelung der Bindung der Stimmen an eine Besitzqualifikation auch auf Schottland ausgedehnt. Mit einem Schlag hatte Schottland nun seine Wahlberechtigten mehr als verzehnfacht (65 000). Man kann sagen, daß Schottland damit gewissermaßen aus dem Mittelalter in die Neuzeit vorrückte. Gleichwohl ist festzuhalten, daß dies noch weit vom allgemeinen Wahlrecht entfernt war, das die Chartisten forderten, und noch weiter von einem Wahlrecht, das auch die Frauen eingeschlossen hätte. Hier blieb also weiter Reformbedarf.

Die Wahlreform stand auch auf der Agenda der kommenden Generation. 1867 wurde in ganz Großbritannien die Zahl der Wähler erneut erhöht, wenn man auch wiederum vor dem allgemeinen Wahlrecht zurückschreckte. Beibehalten wurde die Trennung von *Counties* und *Burghs*. Wer in *Counties* Land besaß mit einem Jahresertrag von mindestens fünf Pfund oder aus gepachtetem Land mindestens zwölf Pfund erwirtschaftete, durfte sich in Wählerregister eintragen lassen. In *Burghs* durften Haushaltsvorstände mit Hauseigentum wählen sowie Mieter, die mindestens 10 Pfund jährlich Miete bezahlten, sofern sie länger als ein Jahr ansässig waren. Diese letzte Klausel schloß einen großen Teil der Arbeiterschaft aus, weil Arbeiter damals zu häufigem Wohnungswechsel gezwungen waren. Ein altes Gravamen war

Grafschaften vor 1890
Grenzen unverändert auch nach 1890
Grenzen teilweise verändert nach 1890
0
50
100 km
Lordship of Shetland
Orkney
Atlantischer
Ozean
Nordsee
Caithness
Sutherland
Cromarty
Ross
Nairn
Elgin
Banff
Aberdeen
Inverness
Kincardine
Forfar
Perth
Kinross
Fife
Clackmannan
Argyll
Dum-barton
Stirling
Linlith-gow
Edin-burgh
Haddington
Berwick
Renfrew
Lanark
Bute
Peebles
Selkirk
Roxburgh
Ayr
Dumfries
Kirkcudbright
Wigtown

die öffentliche Abstimmung, weil dann natürlich die Gutsbesitzer und Arbeitgeber darauf sehen konnten, wie die von ihnen Abhängigen und Bezahlten wählten. Erst 1872 wurde in Großbritannien die geheime Wahl eingeführt. Eine abschließende Wahlrechtsreform ebnete 1884 die Differenz zwischen *Counties* und *Burghs* ein; wählen durfte nun jeder männliche Haushaltsvorstand (bei geringer Besitzqualifikation und ständigem Wohnsitz).

Was bedeuteten diese Erweiterungen der Wählerschaft für die politische Situation in Schottland? Erstaunlich wenig, denn auch die neu erschlossenen Wählerschaften hielten überwiegend zu den Liberalen. Auch die angelernten, besser gestellten Arbeiter teilten das geschilderte liberale Weltbild mit Freihandel, Betonung der individuellen Freiheiten und der Förderung von Bildung unabhängig von Besitz. Angefügt werden muß allerdings, daß in Schottland bereits 1888 von Gewerkschaftern, Sozialisten und irischen Nationalisten eine Arbeiterpartei gegründet wurde (wenn diese auch bis 1900 keinen nennenswerten politischen Erfolg hatte).

Spaltungen der Kirche

Schon im Laufe des 18. Jahrhunderts war die institutionelle Schwäche der reformierten Kirchen deutlich geworden: Mancherlei Abspaltungen hatten das Prinzip einer allgemeinen Kirche wie auch das Prinzip einer umfassenden Staatskirche unmöglich gemacht. Das 19. Jahrhundert war durch weitere Spaltungen gekennzeichnet – vor dem Hintergrund eines erstarkenden Utilitarismus, Materialismus und Darwinismus.

Die modernen Bedrohungen der Kirche hatte Thomas Chalmers als Prediger in Glasgow, einem der Brennpunkte, in den Jahren 1815 bis 1823 erfahren. Er hatte die Mentalität der Arbeiter kennengelernt und auch das Auftreten neuer religiöser Gemeinschaften, die sich missionarisch um die Bedürfnisse der Arbeiterschaft kümmerten, während die etablierte Kirche im sorgsam gehüteten und profitabel vermieteten Kirchengestühl schlief. Seine Vorstellung war, man müsse die traditionell enge Verbindung zwischen Kirche und Staat erneuern, um den Menschen und der Gesellschaft einen stabilisierenden Rückhalt zu bieten. Dazu forderte er eine Reform der etablierten Kirche, wobei erneut das Prinzip der Patronage, das schon im 18. Jahrhundert zu Abspaltungen geführt hatte, zum Zankapfel wurde. Der innere Zusammenhang der Probleme bestand für Chalmers darin, daß die lauen Prediger der etablierten Kirche, weil sie von Laien nach Gesichtspunkten ausgesucht wurden, die nicht in allen Fällen spirituellen Charakter hatten, in seinen Augen die Entwicklung der Kirche, die notwendige Missionierung und ein Zugehen auf die Massen blockierten. Chalmers, ein begeisternder Prediger, provozierte nach zehn Jahren des Streites im Jahre 1843 die entscheidende Trennung (*Disruption*); er führte mehr als ein Drittel der Prediger (470 von 1200) und etwa 40 % der Gläubigen aus einer reformunwilligen *Church of Scotland* heraus in die *Free Church*.

Durch diese nunmehr entstandene Konkurrenz dreier starker Religionsgemeinschaften (*Church of Scotland*, *Free Church* und die Freiwilligenkirchen bzw. Sekten) entwikkelte sich ein starker Wettbewerb. In jeder Stadt, ja auch in den meisten Dörfern wurden neue Kirchen und Kapellen gebaut (meist im neugotischen Stil); neben den bestehenden der Staatskirche auch jeweils eine der *Free Church* und möglicherweise mehrere andere. Die *Free Church* fand vor allem in den *Highlands* großen Zulauf: Hier kannten die Menschen noch die direkte Erfahrung der Auseinandersetzung mit mächtigen Grundbesitzern; hier waren soziale Konflikte zwischen Eigentümern und Abhängigen durch die *Clearances* allgegenwärtig. Doch der evangelische Impuls verebbte in den 1880er Jahren. Auch blieb es zweifelhaft, ob Chalmers sein Ziel erreicht hatte, die Arbeitermassen für eine presbyterianische Kirche zurückzugewinnen.

Die *Disruption* führte nicht nur zur Spaltung, sondern in der Folge auch zu Zusammenschlüssen. Denn unter dem Eindruck der mächtigen neuen Abspaltung von Chalmers sahen manche der älteren Glaubensgemeinschaften, die sich im 18. Jahrhundert ebenfalls im Streit um Fragen der Patronage und des Verhältnisses von Kirche und Staat getrennt hatten, die Möglichkeit eines neuen Zusammenschlusses (1847 *United Presbyterians*).

Um das Bild komplett zu machen, müßte man noch erwähnen, daß auch die in England florierenden protestantischen Religionsgemeinschaften sich auf Schottland ausbreiteten (z.B. die Methodisten, Baptisten, Kongregationalisten) und daß es in Schottland nach wie vor die Episkopalen gab, welche sich im 19. Jahrhundert der anglikanischen Kirche annäherten – von den Katholiken ganz zu schweigen. Denn auch die katholische Bewegung erlebte im 19. Jahrhundert einen Aufschwung, nicht nur durch Einwanderung aus Irland, sondern auch in England und schließlich in ganz Großbritannien. Äußerlich sichtbar wurde das durch die Restitution der katholischen, Rom unterstehenden Bistümer in England (1850) und schließlich auch in Schottland (1878).

Die kirchlichen Organisationsstrukturen hatten nicht nur für die Angehörigen dieser Glaubensgemeinschaften Bedeutung, sondern für die ganze Gesellschaft. Denn aus Tradition wurde die Armenfürsorge in England und Schottland auf der Ebene der Kirchengemeinde organisiert. Nach der *Disruption* erwies es sich als notwendig, die Armenfürsorge übergreifend zu regeln, d.h. nicht mehr innerhalb der Kirchengemeinde der *Church of Scotland*, sondern zwar weiterhin lokal, aber durch ein Gremium aller Glaubensgemeinschaften (1845). Ebenso war das Schulwesen zunächst Sache der Kirchengemeinde. Die *Disruption* von 1843 intensivierte nicht nur die kirchliche Bautätigkeit, sondern führte auch zu gesteigerten Anstrengungen im Schulwesen. Immer mehr Lehrer wurden angestellt, weil die Konkurrenz der Religionsgemeinschaften dies zu fordern schien. Andererseits entstanden so auch Ungleichheiten im Bildungswesen und unterschiedliche Chancen für Kinder, je nachdem, welcher Religionsgemeinschaft ihre Eltern angehörten. 1872 wurde im Zuge einer von London ausgehenden Reform des Bildungswesens auch für Schottland eine Reform bewirkt, welche den schulischen Sektor allmählich öffnete, entkonfessionalisierte und säkularisierte.

Schulen und Universitäten

Seit Jahrhunderten waren die Schotten stolz auf ihr Bildungswesen, ihre zahlreichen Schulen und Universitäten; sie waren davon überzeugt, gerade im Bildungswesen den sonst beneideten Engländern überlegen zu sein. Die bekannten Zahlen unterstützen diese Einschätzung: Die Quote derer, die 1855 lesen und schreiben konnten, war in Schottland deutlich höher als in England. Aber nicht nur dies: In Schottland konnten proportional mehr Frauen lesen und schreiben als in England Männer! Die Bedeutung des lokalen Schulwesens (eine Schule in jeder Pfarrei seit Jahrhunderten) wurde bereits erwähnt. Aber auch im höheren Bildungsbereich war Schottland auffallend: Nach einer Erhebung von 1865 studierten in Schottland (bezogen auf die Bevölkerungszahl) sechsmal soviel Männer wie in England.

Aufgrund des religiösen Hintergrundes war es in Schottland seit Jahrhunderten üblich, die Fähigsten auch jedes Dorfes auf eine höhere Schule zu bringen und möglichst studieren zu lassen. Während in England das Bildungswesen hauptsächlich zur Verteilung sozialer Chancen genutzt wurde, bestand in Schottland eine Ideologie der Gleichheit. Man hatte die Vorstellung, daß jeder »tüchtige Junge« (*lad o' pairts*) alle Bildungschancen bekommen sollte, die seinen Fähigkeiten entsprachen. Von daher gab es in Schottland durch die Jahrhunderte eine beträchtliche regionale und soziale Mobilität durch Bildung. Während in England eine gute Schul- und Hochschulbildung eine Frage des Geldbeutels war, studierten in Schottland viele mit Hilfe von Stipendien. An der Universität Aberdeen, dem Tor zu den *Highlands*, erhielten durch die Jahrhunderte hindurch immer etwa ein Drittel der Studierenden Stipendien. In den 1860er Jahren waren nicht weniger als ein Fünftel der Studierenden Arbeiterkinder! Allerdings verschlechterte sich dieses Verhältnis gegen Ende des Jahrhunderts; ein Graben zwischen dem älteren Ideal und der neueren Wirklichkeit tat sich auf. Dies hängt zum Teil mit der Bildungsreform von 1872 zusammen, welche das Schulwesen vereinheitlichte und die Vielzahl älterer Schulanstalten reduzierte und reglementierte. Nach den preußisch-deutschen Siegen von 1866 und 1870 war man überall in Europa der Meinung, das preußisch-deutsche Bildungswesen mit seiner disziplinierenden Volkserziehung sei die wahre Voraussetzung für die militärischen Siege gewesen. Deshalb holte man in Frankreich, England, Schottland und anderen Ländern nun Reformen des Schulwesens nach, die auf eine nationale Effektivierung zielten. Der *Education Act* von 1872 brachte für Schottland insbesondere eine umfassende Sorge des Staates für den schulischen Sektor, die in solchem Maße vorher nicht bestanden hatte. Die Gegner dieser Schulreform sahen in ihr vor allem eine Tendenz zur Anglisierung, aber auch Protestantisierung. So kam es, daß die Katholiken mit ihren Schulen sich zunächst gegen die Vereinnahmung sperrten. Erst im *Education Act* von 1918 wurden auch die katholischen Schulen grundsätzlich einbezogen.

Was bis 1872 größtenteils Sache der kirchlichen Gremien auf lokaler Ebene gewesen war, wurde nun einheitlich auf neue lokale politische Gremien übertragen, in denen die ortsansässigen Steuerzahler demokratisch bestimmten, was sie für Schulen ausgeben und wie sie mit den Geldern umgehen wollten. Alle Kinder zwischen 5 und 13 Jahren galten als schulpflichtig. Allerdings war nun die Problemlage anders: Während in früheren Jahrhunderten ein Zielkonflikt zwischen Bildungsstreben und landwirtschaftlicher Beschäftigung bestanden hatte, lag nun das Hauptproblem in der Proletarisierung der Industriegebiete. Vor allem in Glasgow und in den westlichen *Lowlands* lebten Massen von irischen Einwanderern, die so arm waren, daß die Kinder möglichst früh mitverdienen mußten. Hier stieß die Schulpflicht vom 5.–13. Lebensjahr am ehesten auf ihre Grenzen. Der Hebel, den der Staat ansetzte, funktionierte über die Armenunterstützung: Wenn Eltern ihre Kinder nicht in die Schule schickten, waren sie nicht berechtigt, Armenunterstützung zu empfangen.

Die Befürchtung der Iren und Katholiken, die Staatsschulen würden ihre Kinder anglisieren und protestantisch machen, beruhte hauptsächlich darauf, daß die lokalen *School Boards* aus Predigern und aktiven, frommen Laien zusammengesetzt wurden. Die Spitze dieses Systems – und das war in der Tat eine Neuerung für die schottischen Verhältnisse – bildete eine in London angesiedelte Behörde mit Namen *Scottish Education Department*. Der Einfluß dieser staatlich zentralisierenden Schulbehörde wuchs in dem Maße, wie sie Mittel zu vergeben hatte. Auf diesem Wege wurden immer mehr Schulen als staatliche zertifiziert und vom Staat mitfinanziert, wenn sie sich den vorgegebenen Regelungen anpaßten. Diese Entwicklung gipfelte 1888 im *Scottish Leaving Certificate*, dem Äquivalent zum deutschen Abitur. Seit 1892 wurden an schottischen Universitäten nur noch solche Studenten zugelassen, die ein solches Schulabgangszeugnis vorzuweisen hatten.

Eine andere Folge der staatlichen Schulreformpolitik führte dazu, daß auch Mädchen fast zu 100 % in die Schule geschickt wurden und daß immer mehr Frauen Lehrerinnen wurden. Man hatte damals die Vorstellung, daß Frauen besonders geeignet seien, kleine Kinder zu unterrichten. Allerdings erhielten sie dafür nur die Hälfte des Gehalts, das man einem Lehrer zahlte. Hier zeichnete sich also eine neue Lebensmöglichkeit für berufstätige Frauen ab, die allerdings nur mit einem geringen Einkommen und Statusprestige versehen war. Doch dies machte sie unabhängig von Männern – eine Tendenz, die man damals für bedenklich hielt. Wie attraktiv diese Perspektive für junge Frauen war, ergibt sich daraus, daß bereits 1881 den 5000 Lehrern 8000 Lehrerinnen gegenüberstanden.

Das Problem der Anglisierung durch die Reform des Bildungswesens ist nicht leicht zu durchschauen. Denn eine absichtliche Anglisierungspolitik von der Londoner Zentrale aus ist nicht zu erkennen. Dort waren es im wesentlichen schottische Reformer, welche die Linie vorgaben. Teilweise bezieht sich die geäußerte Kritik auf das Sprachenproblem: Das ganze Bildungswesen beruhte auf der englischen Sprache. Allerdings war auch die gälischsprachige Bevölkerung in den schottischen *Highlands* im späten 19. Jahrhundert der Meinung, daß Bildung und berufliches Vorankommen nur mittels der englischen Sprache möglich waren. Sie drängten also keineswegs darauf, daß ihre Schulen Unterricht in gälischer Sprache erteilen sollten. 1884 stellte eine Bildungskommission fest, daß es möglich sein sollte, Gälisch in den Schulen der *Highlands* zu unterrichten. Das *Scottish Education Department* hatte bereits 1878 zugestanden, daß auch Lehrer gälischer Sprache in den *Highlands* angestellt werden dürften und Anrecht auf gleiche Bezahlung hätten. Doch war es keine Maxime dieser Behörde, die gälische Sprache zu fördern.

Während im Primarbereich Schottland schon von alter Zeit her führend war und in den Alphabetisierungsraten mit den damals fortgeschrittensten Staaten, Deutschland und der Schweiz, mithalten konnte, stellte der Übergang zu höheren Schulen des Sekundarbereichs ein Problem dar. Die vorhandenen Stipendien der kirchlichen und staatlichen Fonds wurden ergänzt durch die *Carnegie Foundation*, die jahrzehntelang von großem Einfluß auf das schottische Bildungswesen war. Andrew Carnegie verkörperte die Bilderbuchkarriere »vom Tellerwäscher zum Millionär«. Er hatte als schottischer Auswanderer in Amerika sagenhaften Reichtum erworben und mittels einer Stiftung vor allem Bibliotheken und Stipendien auch in seinem Heimatland ausgestattet. Der *Carnegie Trust* wurde 1900 eingerichtet und zahlte bereits 1910 Stipendien an nicht weniger als die Hälfte aller Studenten schottischer Universitäten.

Die schottischen Universitäten, welche im 18. Jahrhundert auf ganz Europa ausgestrahlt hatten, waren im Laufe des 19. Jahrhunderts zum Problem geworden. Sie hatten nie eine Reform für nötig gehalten und waren immer weiter hinter die europäischen Standards zurückgefallen. Schottische Studenten, die höher hinauswollten, wechselten nach Oxford und Cambridge.

Frauenbewegung

Rechtlich und politisch waren Frauen in Großbritannien stärker benachteiligt als in anderen europäischen Ländern. Seit dem späten 19. Jahrhundert machten Suffragetten mit spektakulären Aktionen auf sich aufmerksam und forderten Gleichheit im Wahlrecht auch für Frauen.

Der Prozeß der Industrialisierung hatte in seiner ersten Phase die Ungleichheit zwischen Männern und Frauen noch verschärft, weil die neuen Industrien, vor allem die Schwerindustrie, Männersache waren. In der Textilindustrie arbeiteten traditionell auch viele Frauen. Beispielsweise machten sie unter den in Dundee mit Jute Beschäftigten drei Viertel aus. Die in der späteren Industrialisierung so signifikanten Frauenberufe wie Telefonistin gab es damals noch nicht.

Allerdings hatten sich Frauen mittlerer Schichten im Laufe des 19. Jahrhunderts über das Vereinswesen öffentliche Räume erschlossen, etwa in der Armenfürsorge, vor allem in der Bewegung gegen Alkoholismus. Diese Tendenz verstärkte sich im letzten Drittel des 19. Jahrhunderts in zwei Richtungen: Frauen konnten teilweise auf lokaler Ebene wählen; und Frauen wurden seit der Schulreform von 1872 verstärkt Lehrerinnen.

Schottische Universitäten sperrten sich nicht so lange wie englische gegen die Aufnahme von Studentinnen. Seit 1890 durften sie sich immatrikulieren, 1893 wurden die ersten akademischen Grade an Frauen verliehen. Studierte Frauen wurden Lehrerinnen und Ärztinnen.

Walter Scott und die literarische Entwicklung

Sir Walter Scott gilt geradezu als der Erfinder des historischen Romans. Jedenfalls machte er diese Gattung durch seine frühen Meisterwerke (*Waverley, Or 'Tis Sixty Years Since*, 1814; *The Heart of Midlothian*, 1818) zu einer sehr beliebten Gattung. Zunächst ging er in eine nahe Vergangenheit zurück, an die sich alte Leute noch erinnern konnten

(*Waverley* handelt vom letzten Aufstand der Jakobiten 1745/46), später behandelte er bevorzugt das Mittelalter. Dabei ist es bemerkenswert, daß hier die Grenze zwischen Fiktion und Historie immer wieder überschritten wurde: Scott liebte es, breitangelegte Historiengemälde zu liefern, für die er natürlich die historischen Darstellungen ausschlachten mußte; umgekehrt wurde Scotts historischer Roman auch zum Vorbild für die großen Historiker des 19. Jahrhunderts – nicht nur in England, sondern überall in Europa. Scott arbeitete gerne mit polaren Basiskonflikten, er zeigte einen Helden zwischen Pflicht und Neigung, zwischen Sympathie für die Engländer und für die Jakobiten, zwischen zwei Frauen grundverschiedener Wesensart, zwischen alter Welt und neuer, zwischen Aktivität und Passivität usw. Er erhob auch den Anspruch, mit seinen Helden nicht zufällige Individuen erfunden zu haben, sondern solche, die die Konflikte und Polaritäten der jeweiligen Epoche oder des jeweiligen Problemfeldes exemplarisch repräsentierten.

Scott ist außerdem dafür bekannt, daß er Schottland als Feld der Literatur erschloß. Wie Maria Edgeworth mit ihrem Roman *Castle Rackrent* aus dem Jahre 1800 erstmals Irland zum Schauplatz eines Romans gemacht und damit einen Ausgangspunkt für den Heimatroman (*regional novel*) des 19. Jahrhunderts geschaffen hatte, so machte Scott seine Heimat Schottland zum Romanschauplatz, verhandelte die schottische Geschichte und die schottischen Probleme vor einer großen Öffentlichkeit, die zu einem beträchtlichen Teil aus Engländern bestand. Seit Edgeworth und Scott gibt es dieses besondere Genre *regional novel*, das dann in der Folge immer wieder aufgegriffen wurde, so daß auch andere Landschaften in der Romanliteratur ihren Platz fanden.

Romantisch ist an Scott vor allem die Rückwendung in eine ferne Vergangenheit. Es ist auch kein Zufall, daß dabei das gotische Element, die feudale Gesellschaftsstruktur und abgelegene Gebiete bevorzugt wurden. Sir Walter Scott war wohl der einzige wirklich durch und durch Konservative unter den Romantikern. Dementsprechend konnte das breite Ausmalen einer idyllischen Vergangenheit (oder jedenfalls einer solchen Zeit, welche die Probleme der Gegenwart noch nicht kannte!) auch die Tendenz der Leser zur Flucht aus der Gegenwart, zum Eskapismus, zum Sich-weg-Träumen in eine unbestimmte Ferne begünstigen. Das ist das romantische Element an Scott: der Phantasieraum der Geschichte als Spielfeld der Imagination. Die egoistischen und exzentrischen Tendenzen der romantischen Poeten finden sich in dieser Welt nicht. Pointiert gesagt: Das Moderne an Scott ist seine Flucht aus der Moderne. Solche bändereichen Lesestoffe muß man wohl als Linderungsmittel für Leser verstehen, die sich in einer zunehmend kalten, rationalisierten, utilitaristischen, profitgierigen, arbeitsorientierten Gegenwart schwer zurechtfinden konnten. Scott bot ihnen die Weite der Geschichte, und zwar als britische Nationalgeschichte, als eine ruhmvolle, gotische Vergangenheit. In vieler Hinsicht erschien sie – trotz der dargestellten Konflikte – im Vergleich mit den Nöten und Zwängen der damaligen Gegenwart als »heile Welt«.

Der realistische, ja materialistische Geisteszuschnitt der schottischen Viktorianer hielt sie in Distanz zu brotlosen, der Ablenkung, dem Vergnügen, der ästhetischen Bildung dienenden Künsten, soweit sie nicht gewissermaßen philosophisch fundiert und psychologisch-anthropologisch einsetzbar waren. Aber auch die einem solchen Geisteszuschnitt eigentlich entsprechende Literatur entwickelte sich im Zeitalter der Industrialisierung nicht entsprechend. Wohl gab es Talente wie James Hogg, der sich als jüngerer Zeitgenosse von Robert Burns angeregt fühlte, aber jenseits seiner Dichtung vor allem durch einen einzigen Roman, *The Private Memoirs and Confessions of a Justified Sinner* (1824), in die Weltliteratur einrückte. Aber was Charles Dickens beispielsweise für England leistete, blieb in Schottland ungeschrieben. Eine Hinwendung zur Gegenwart, zum Stadtleben, zur industrialisierten Welt blieb in der Literatur genauso aus wie in der Malerei. Für die schottische Literatur bürgerte sich in diesem Zusammenhang der Ausdruck *Kailyard* ein (»Kohlstück«, Gemüsegarten, dörfliches Milieu um den Kirchturm herum). Diesen Ausdruck prägte zuerst J. H. Millar in seinem Werk *A Literary History of Scotland* (1903). Als einflußreicher Propagandist einer solchen idyllischen Heimatliteratur wirkte im zweiten Viertel des 19. Jahrhunderts vor allem John Wilson, seit 1817 Herausgeber und Hauptbeiträger von *Blackwood's Edinburgh Magazine* und außerdem Professor für Moralphilosophie an der Universität Edinburgh. Eines seiner einschlägigen Werke heißt *Lights and Shadows of Scottish Life* (1822). Dieser Tendenz lassen sich noch viele Werke und Autoren zuordnen, die heute niemand mehr kennt, die aber damals das literarische Leben bestimmten.

Andere Autoren schottischer Herkunft gehören dagegen eher in den Rahmen der Weltliteratur; sie wirkten überwiegend außerhalb des Landes und griffen nur zum

Teil auf Themen ihrer Heimat und Herkunft zurück. Thomas Carlyle beispielsweise war stark beeinflußt von der deutschen Literatur und Philosophie und lebte die längste Zeit in England; trotzdem kann man in ihm natürlich einen presbyterianischen Prediger sehen, der immer Schotte blieb. Und Robert Louis Stevenson (Sproß der bekannten Dynastie von Ingenieuren und Brückenbauern), international hauptsächlich bekannt durch Werke wie *Treasure Island* (1882) und *The Strange Case of Dr. Jekyll and Mr. Hyde* (1886), verfaßte mehrere Romane, die in Schottland spielen und gewissermaßen dort ansetzen, wo Walter Scott aufgehört hatte (*Kidnapped*, 1886; *Catriona*, 1893; *The Master of Ballantrae*, 1889).

Schotten in den Künsten

Seit der Anglisierung im 18. Jahrhundert, welche zugleich eine Europäisierung bedeutete, war Schottland in den Hauptstrom der europäischen Kultur eingetaucht. Ehrgeizige junge Schotten verließen ihre Heimat nicht mehr nur, um Soldaten und Kolonisten zu werden, sondern auch, um in Italien Künste wie Malerei und Architektur zu erlernen. Zahlreiche Schotten begaben sich als echte Briten auf die *Grand Tour*, um sich mit den Stätten europäischer Kultur in Verbindung zu setzen.

Es ist interessant zu sehen, wie sich dies auf die verschiedenen Künste in unterschiedlicher Weise auswirkte. Eine schottische Schule der Malerei gab es offenkundig seit dem 18. Jahrhundert. Sie begann mit der Porträtmalerei, griff über auf Landschaft (Alexander Nasmyth, David Octavius Hill, John Knox), Vedute, Historie. Zum Porträt eines Adligen gehörte das Porträt seines Landsitzes. Da aber in der Hierarchie der Künste die Historie obenan stand, machten ehrgeizige Maler wie Alexander und John Runciman oder Gavin Hamilton auch in diesem Genre Versuche. Eine gewisse Brücke von der nationalen Landschaft zur nationalen Dichtung stellten die Illustrationen zu *Ossian* dar, welche in der Zeit um 1800 eine wichtige Rolle spielten. Die großen historischen Ereignisse verführten zu einer Historisierung der Gegenwart. Daneben entwickelte sich eine Genretradition, die in David Wilkie einen unbestrittenen Meister fand, allerdings die Nachfolger im 19. Jahrhundert nicht feite gegen ein Abgleiten ins Süßliche, Biedermeierhafte. Im übrigen kann man sagen, daß die künstlerischen Entwicklungen der Epoche, die von Frankreich und anderen Zentren der Kunst angestoßen wurden, auch in Schottland Widerhall fanden; auch schottische Maler lieferten realistische, impressionistische und expressionistische Gemälde, die in ihrer Heimat freilich bekannter sind als im Ausland. Seit dem 19. Jahrhundert gab es, vor allem in Edinburgh, nationale Vereine und Institutionen, welche sich einer kontinuierlichen Ausbildung von Künstlern widmeten, ihnen Ausstellungsmöglichkeiten boten und sie förderten (*Institution for the Encouragement of Fine Arts in Scotland*, 1819; *[Royal] Scottish Academy*, 1826; *National Gallery of Scotland*, 1859). Diese Tradition wurde solide begründet.

Dies läßt sich über die Skulptur kaum sagen. Wo Denkmäler und Statuen gefragt wurden, mußte man sich auch im 19. Jahrhundert zumeist noch ausländischer Künstler bedienen. Ebensowenig kam eine eigene dramatische Kunst zur Entfaltung, wenn auch natürlich in den Städten

Theater geschaffen wurden. Desgleichen blieb die europäische Kunstmusik den Schotten lange fremd: Da die Kirche hier nicht fördernd eintrat und kein Hof vorhanden war, hätte es eines musikliebenden, konzertgängigen Bürgertums bedurft, um dies zu ändern. Aber die Quizfrage nach schottischen Komponisten klassischer oder romantischer Musik bringt nicht nur Ausländer ins Grübeln. Alexander Mackenzie war lange unglücklich darüber, daß ausgerechnet sein *Benedictus*, der Lieblingswunsch der Wunschkonzerte, für sein ganzes Schaffen stehen sollte. Und Hamish MacCunns Ruf drang über Schottland kaum hinaus.

Ein wahres Bild der schottischen Mentalität dieses Zeitalters erhält man im Blick auf die angewandten Bereiche, die Architektur und vor allem die Ingenieurkunst. Zeitlos elegante und zugleich nützliche Werke wie die Brücke über den Firth of Forth stehen für die Verbindung von Technik und Eleganz, welche um 1900 eine Glasgower Schule der Malerei hervorbringen sollte und in Dekor und Stil bei Charles Rennie Macintosh ein Kunstwollen eigener Art offenbarten, das durch den Verweis auf die Parallelen mit dem englischen *Arts and Crafts Movement*, dem Pariser Art Déco und dem Wiener Jugendstil in seiner Bedeutung nicht voll erfaßt werden kann.

Der Erste Weltkrieg und der irische Osteraufstand

Die Schrecken des Ersten Weltkrieges begannen mit der Begeisterung von 1914, die in Großbritannien nicht geringer war als in Deutschland. Mit besonderem Eifer strömten schottische Freiwillige zu den Waffen: sei es aufgrund der kriegerischen Tradition des Landes, des gesellschaftlichen Drucks oder der wenig inspirierenden Verhältnisse in den industriellen Agglomeraten. Auf beiden Seiten war man überzeugt, an Weihnachten nach geschlagener Schlacht wieder zu Hause zu sein.

Der Krieg entwickelte sich anders als vorhergesehen. Statt ritterlicher Heldentaten ein reduziertes Vegetieren im Schlamm flandrischer Schützengräben; statt Erfolgen bei den Frauen zu Hause Tod oder Verstümmelung in anonymen Minenfeldern. Der Krieg verlängerte sich Jahr um Jahr, die Zahl der Toten stieg ins Unermeßliche. Während die schottischen Musterungsbehörden im Sommer 1914 des Ansturms kaum Herr zu werden vermochten und die Tauglichkeitsprüfungen verschärften, senkten sie die Anforderungen im folgenden Jahr, und 1917 war der Zustrom der Freiwilligen so weit abgeebbt, daß mit einer allgemeinen Wehrpflicht anstelle der Begeisterung Zwang treten mußte.

Aber nicht nur das Geschehen auf den Schlachtfeldern entwickelte sich anders als erwartet; auch an der Heimatfront entstanden unerwartete soziale Spannungen. Während in früheren Jahrzehnten ein Überangebot an Arbeitern bestanden hatte, wurden nun Arbeiter, die in der Rüstungsindustrie besonders dringend gebraucht wurden, händeringend gesucht. Etwa 20 000 von ihnen strömten in die Waffenschmieden am Clyde. Nach den Gesetzen der Marktwirtschaft erhöhten die Hausbesitzer die Mieten; ein Teil der Arbeiter konnte diese bezahlen, weil auch die Löhne stiegen und unbegrenzt bezahlte Überstunden hinzukamen; ein anderer Teil, beispielsweise die Familienangehörigen von eingezogenen Soldaten, kamen durch diese Dynamik in Schwierigkeiten. Die Kriegsjahre sahen eine Inflation in damals ungekannter Höhe. Die sozialen Spannungen stiegen.

Zumal auch die organisierte Arbeitnehmerschaft in dieser Zeit ihre Muskeln spielen ließ. Demonstrationen und Streiks der Arbeiter zielten wesentlich auf Verkürzung der Arbeitszeit, Erhöhung der Löhne, Einfrieren der Mieten und Verbesserung der Lebensbedingungen überhaupt. Aber daß dabei zunehmend sozialistische Agitatoren auftraten, alarmierte den bürgerlichen Teil der Bevölkerung. Es entstand die Redeweise von der *Red Clydeside*; und der sozialistische Arbeiterführer John Maclean in Glasgow wurde von Lenin zu seinem Generalkonsul für Schottland ernannt. Wie James Connolly in Irland war auch Maclean von der Vorstellung bestimmt, eine nationale, keltische Vergangenheit der Arbeiter als des eigentlichen Volkes sei zu verbinden mit einer sozialistischen Zukunftsvision, in der die Arbeiter die Macht im Staate übernehmen würden.

Während die britische Nation in Europa gegen die »Hunnen« kämpfte (so wurden die Deutschen damals vorzugsweise genannt!) und sich zu einem »letzten Gefecht« aufstellte, das viele in eschatologischer Perspektive als »Armageddon« mythisierten, fielen ihr die auf Autonomie drängenden Iren in den Rücken. Der Osteraufstand einiger nationalistischer Heißsporne um Patrick Pearse in Dublin 1916 wurde von britischen Truppen brutal niedergeworfen; in der Folge entwickelte sich, als immer mehr dieser fehlgeleiteten Idealisten hingerichtet wurden, ein Kult der Märtyrer, die Stimmung in Irland kehrte sich eindeutig gegen Großbritannien. Die Verkündung der allgemeinen

Wehrpflicht auch in Irland, aus britischer Sicht selbstverständlich in der Stunde der Not, wurde dort von allen gesellschaftlichen Gruppen mit Empörung aufgenommen, von den Gewerkschaften bis zu den Bischöfen der katholischen Kirche. Im Krieg wurde der Bruch zwischen dem katholischen Irland und dem britischen Staat vollzogen, der sich lange schon angekündigt hatte und der seit den *Home-Rule*-Vorlagen nur mühsam aufgehalten worden war.

Der Krieg brachte auch eine Umschichtung der Parteienlandschaft in den verschiedenen Teilen des Vereinigten Königreiches. Schon im Zusammenhang des Burenkrieges hatten die Liberalen in Schottland erstmals den Konservativen eine Mehrheit von Sitzen überlassen müssen. Im Krieg selber bildete eine sonst in Großbritannien nicht übliche Kriegskoalition, eine Art von Volksfront, die Regierung. Der irische Anteil der schottischen Wähler, die zuvor wegen *Home Rule* für die Liberalen gestimmt hatten, schwenkte zur neuen Arbeiterpartei um. Überhaupt machte *Labour* während des Krieges in Schottland entscheidende Gewinne. Da sich gleichzeitig auch noch die Liberalen spalteten (Lloyd George auf der einen Seite, Asquith auf der anderen), zeichnete sich seitdem jene Konstellation ab, welche das 20. Jahrhundert bestimmen sollte: ein Zweiparteiensystem mit den Konservativen auf der einen Seite, auf der anderen nun aber nicht mehr die Liberalen, sondern *Labour.*

Die Neuformierung der Parteien und politischen Milieus resultierte aus der letzten großen Ausweitung der Wählerschaft durch die Wahlrechtsreformen des Jahres 1918. Am Ende des Krieges führte kein Weg mehr daran vorbei, allen männlichen Erwachsenen (die soeben in Massen ihr Leben dem Staat zur Verfügung gestellt hatten!) das Wahlrecht zu geben. Außerdem wurden Frauen ab dem 30. Lebensjahr wahlberechtigt. Die Zahl von 779 000 Wahlberechtigten in Schottland 1910 verdreifachte sich 1918 beinahe auf 2 205 000. Das bedeutete einen strukturellen Zugewinn für *Labour*, denn natürlich waren die meisten neuen Wähler solche aus der Arbeiterschaft. 1922 wurde *Labour* in Schottland diejenige Partei, welche die meisten Sitze erlangte.

Die soziale Situation hatte sich durch den Krieg zugespitzt. Am 31. Januar 1919 versammelten sich über 100 000 Menschen in Glasgow zu einer Demonstration für die 40-Stunden-Woche – man fürchtete bereits Massenarbeitslosigkeit, wenn die Soldaten zurückkehren würden und wieder ins Arbeitsleben eingegliedert werden mußten. Weil dabei auch eine Rote Fahne gehißt wurde, sahen die politisch Verantwortlichen mit Robert Munro als *Scottish Secretary* an der Spitze auch in Schottland eine bolschewistische Revolution ausbrechen. Diese Fehleinschätzung führte dazu, daß die britische Regierung (alarmiert durch die Vorgänge in Dublin) in unverhältnismäßiger Weise Truppen und Panzer einsetzte, um die Arbeiterproteste niederzuwerfen.

1919 hatte in Irland die neue Partei *Sinn Féin* eine provisorische Regierung mit de Valera an der Spitze gebildet: Irland spaltete sich in der Folge vom Vereinigten Königreich ab. 1920 erfolgte die verfassungsmäßige Regelung im *Government of Ireland Act*, welche die Trennung zwischen den sechs nordirischen Grafschaften und den 26 südirischen besiegelte und zwei irische Staaten vorsah, deren einer sich in der Folge wirklich als solcher konstituierte (die Republik im Süden), während die sechs nördlichen und mehrheitlich protestantischen Grafschaften an der Union mit Großbritannien festhielten. Damit stand auch Schottland in einem neuen Kontext.

Schottlands britisches Jahrhundert
(1921–1999)

Epochenüberblick

Spätestens seit dem Ersten Weltkrieg und der Unabhängigkeit Irlands war Schottland weitgehend in Großbritannien aufgegangen. Spezifisch Schottisches galt nur noch als Regionalfärbung innerhalb des britischen Zusammenhanges. Die umfassenden Wirtschaftsprobleme, die sich aus Demobilisierung, Weltwirtschaftskrise und Strukturschwächen summierten, schienen jahrzehntelang nur im gesamtstaatlichen Rahmen der britischen Monarchie lösbar, wie auch die sozialen Folgen in einer englisch-schottischen Gemeinschaftslösung angegangen wurden: der Wohlfahrtsstaat. Die außenpolitischen Herausforderungen der Epoche, insbesondere die Bedrohung durch Hitler, schweißten die Länder (oder Landesteile) weiter zusammen. Von *Home Rule* für Schottland war zunächst kaum mehr die Rede. Die Partei des 20. Jahrhunderts war in Schottland die *Labour Party*: Trotz aller Widersprüche und Friktionen sah sich eine Mehrheit der schottischen Wähler lange am ehesten von dieser Partei vertreten.

Dies änderte sich mit dem Aufkommen schottisch-nationalistischer Parteien, welche die wirtschaftliche und soziale Unzufriedenheit mit einem schottisch-nationalistischen Programm auffangen wollten. Seit dem 19. Jahrhundert hatte es einen durchgehenden Strang der Traditionspflege gegeben, welcher schottische Helden in den Vordergrund rückte und die Unabhängigkeitskriege gegen England herausstellte. Ein ewiger englisch-schottischer

Gegensatz habe die gemeinsame Geschichte bestimmt, welcher in der sprachlichen Entgegensetzung (Englisch/Gälisch) wie auch (teilweise) in rassischer Differenz (Angelsächsisch/Keltisch) zu erkennen sei. Nationalisten erwarteten den wirtschaftlichen Aufschwung nicht von London, sondern von einer politischen Unabhängigkeit Schottlands. Wenn sie auch prozentual nur eine winzige Minderheit ausmachten, wuchs ihnen doch über Jahrzehnte eine politische Schlüsselstellung zu, weil die Forderung nach stärkerer Berücksichtigung schottischer Regionalinteressen in London genau dann Erfolg hatte, wenn man auf die aufkommenden Extremisten hinwies, denen man im Rahmen der bestehenden Institutionen und Möglichkeiten – wie es hieß – das Wasser abgraben müsse, weil sonst die Einheit Großbritanniens auf dem Spiel stehe. Auch wirkte sich der Niedergang des *Empire* aus, der immer offensichtlicher wurde, nachdem sich Indien 1947/48 losgesagt hatte. Das Zurückweichen der Franzosen und Engländer vor einem ägyptischen Diktator in der Suez-Krise (1956) machte besonders sinnfällig, daß nun ein postkoloniales Zeitalter angebrochen war, in dem die traditionellen europäischen Mächte ihre Macht verloren hatten. So sehr die Möglichkeiten des *Empire* zur Integration der Schotten seit dem 18. Jahrhundert beigetragen hatten, so sehr beschädigte der Niedergang des *Empire* die Anziehungskraft Englands. Die gemeinsame ruhmvolle Geschichte der bestandenen Weltkriege und des *Empire* rückte zunehmend in den Hintergrund; aktuelle Unzufriedenheit bestimmte um so mehr das Feld in einer Zeit, die auch in England von wirtschaftlichem Niedergang bestimmt war. Die nüchterne Kalkulation des ökonomischen Nutzens griff Raum. Diese geriet in einen neuen Kontext mit der Entdeckung des Nordseeöls vor der schottischen Küste und mit der Annäherung an die Europäische Gemeinschaft. In den Jahrzehnten unter Thatcher wurde die Entfremdung zwischen Schotten und Engländern immer sichtbarer, welche sich auch in einschlägigen Wahlergebnissen für die Parteien ausdrückte: Schottland wählte fast einhellig *Labour*, während in England eine Mehrheit die Konservativen stützte. Unter diesen Umständen entstand eine andere *Labour*-Strategie, die vom älteren *Labour*-Unionismus umschwenkte auf mehr Selbstverwaltung für Schottland (*Devolution*), welche in einer ersten Volksabstimmung 1979 noch nicht ganz, in einer zweiten 1997 aber vollständig durchdrang. 1999 wurde in Edinburgh ein neues Parlament eröffnet: für Unionisten eine Auffanglinie zur Rettung Großbritanniens, für Nationalisten der erste Schritt zu einem völlig unabhängigen Staat.

1910–36	Georg V. König.
1921/22	Im Süden Irlands konstituiert sich ein *Irish Free State*, während der Norden im Verbund mit Großbritannien verbleibt.
1924	Erste *Labour*-Regierung Großbritanniens unter dem schott. Premier James Ramsay MacDonald.
1928	Gründung der *National Party of Scotland*.
1929–31	Weltwirtschaftskrise. Höchststand der Arbeitslosigkeit.
1931	Jahr der demographischen Wende Schottlands (seither Geburtenrate geringer als Sterberate).
1932	Gründung der *Scottish Self-Government Party*.
1934	*Scottish National Party* als Zusammenschluß der beiden nationalistischen Parteien.

1936	Krise der Monarchie: Nach Georgs V. Tod wird zunächst sein Sohn Eduard VIII. König, der jedoch kurz darauf abdankt. Ihm folgt sein Bruder Georg VI.
1937	*Scottish Office* nach Edinburgh verlegt.
1938	Münchner Abkommen mit Hitler.
1939–45	Zweiter Weltkrieg, *Battle of Britain.*
Seit 1941	Tom Johnston *Scottish Secretary of State.*
Seit 1942	Konzept für einen Sozialstaat der Nachkriegszeit wird ausgearbeitet.
1945	Überraschender Sieg eines schott. Nationalisten in der Nachwahl von Motherwell.
1946	*National Health Service.*
1947/48	Unabhängigkeit Indiens: Das *Empire* beginnt zu zerfallen.
1949	Drastische Abwertung des brit. Pfundes.
1952	Nach dem Tode Georgs VI. folgt Elisabeth II. auf den Thron. Erste brit. Atombombe.
1956	Suez-Kanal-Krise.
1960er Jahre:	Erstarken des schott. Nationalismus.
1960	Gründung der Freihandelszone EFTA als Reaktion auf die Gründung der EWG.
1962	Einrichtung des *Scottish Development Department.*
1967	Drastische Abwertung des brit. Pfundes. Winnie Ewing erlangt bei einer Nachwahl in Hamilton einen Sitz für die SNP.
1968	Beginn der Unruhen in Nordirland.
1969	In der Nordsee wird vor der Ostküste Schottlands Erdöl gefunden.
1970	Erster Wahlerfolg der SNP bei allgemeinen Wahlen.
1973	Beitritt Großbritanniens zur EG.
1974	Größte Wahlerfolge der schott. Nationalisten.
1979–90	Konservative und neoliberale Ära Margaret Thatchers (bis 1997 fortgeführt durch John Major).

Niederringung der Gewerkschaften. Privatisierungswelle. Rückgang der Arbeitslosigkeit.

1979 Referenden über größere Selbständigkeit von Wales wie auch Schottland scheitern.

1982 Falkland-Krieg.

1997 Wahlsieg der *Labour Party* unter Tony Blair (bis 2007). Referenden über *Devolution* (regionale Selbstverwaltung) in Wales und Schottland erbringen Mehrheiten.

1999 Eröffnung von Regionalparlamenten in Cardiff und Edinburgh.

Die Renaissance des Schottischen

In den 1920er und 30er Jahren zeigte sich eine überwiegend literarische Bewegung, die als *Scottish Renaissance* bezeichnet wird, seit sie von einem französischen Kritiker so getauft wurde. Vielleicht kann man sie am ehesten als eine Reflexion auf Schottland und das Schottische verstehen, die jedoch alle Ambivalenzen des 20. Jahrhunderts sogleich aufscheinen läßt: Die Bewegung will zurück zu den Wurzeln, aber sie erschließt sich die Tradition im Kontext der Moderne und als Bestandteil der modernsten künstlerischen und poetischen Techniken. Hugh Mac Diarmid (der eigentlich Christopher Murray Grieve hieß und zuerst als Kritiker auftrat, bevor er sich mit dem gälischen Wunschnamen zum Dichter stilisierte) verband die schottische Selbstbesinnung mit Marxismus und Sozialismus und schrieb Hymnen an Lenin. Während er in seiner Frühzeit *Scots* als Dichtersprache abgelehnt hatte, besteht seine wesentliche Lebensleistung doch in einer Revitalisierung des *Scots* als eines dichterischen Idioms. Dies allerdings nicht aus Ortsgebundenheit, sondern vielmehr als nationalkulturelles Programm, das ihn ein synthetisches Schottisch erfinden ließ, nicht an einen bestimmten Dialekt gebunden, in engem Kontakt mit der literarischen Tradition, so daß er sich schließlich als Fortsetzer von Dunbar und Burns verstehen konnte. In seinem langen Versmonolog *A Drunk Man Looks at the Thistle* (1926) bediente er sich der literarischen Mittel, die James Joyce entwickelt hatte (*stream of consciousness*), verknüpfte diese aber mit dem Schottland-Thema (angesprochen schon in der Wappenpflanze, der Distel, die eine vielschichtige Deutung erfährt).

Die Frage nach der Sprache war seit 1920 erneut in der Diskussion, nachdem der *London Burns Club* beschlossen hatte, eine Renaissance des *Scots* anzuregen und die Verwendung in der Schule und allgemein im öffentlichen Leben forderte. Edwin Muir, der von den Orkneys stammte und den es als Jugendlichen nach Glasgow verschlagen hatte, was er selbst als Zeitreise von 150 Jahren deutete, vertrat gegen Mac Diarmid den Standpunkt, moderne schottische Literatur könne nur in englischer Sprache auf Erfolg hoffen (*Scott and Scotland*, 1936). Er erweiterte den Horizont seiner Zeitgenossen vor allem durch Übersetzungen aus dem Deutschen (Hölderlin, Kafka). Er arbeitete sich am calvinistischen Erbe ab, was ihn über das Thema der Prädestination zum Problem des Schicksalsglaubens und in das literarische Feld der griechischen Mythologie führte. Eine andere Facette zeigt sich bei Neil M. Gunn, der sich in seinen Romanen vor allem dem Leben in den *Highlands* zuwandte, aber kein Gälisch verstand und durchgehend Englisch schrieb. Der Niedergang der Kleinbauern und der Übergang vom Land in die Stadt ist auch das Thema der Romantrilogie *A Scots Quair* (1932–34) von Lewis Grassic Gibbon (James Leslie Mitchell), in welcher er mit *Scots* als Rollensprache experimentierte.

Es erweist sich, daß – trotz des griffigen Ausdrucks *Scottish Renaissance* – nicht leicht eine Gemeinsamkeit dieser Autoren auszumachen ist. Sie standen zwischen Englisch, *Scots* und Gälisch und wollten dem Schottischen wieder zu seinem Platz verhelfen, allerdings kritisch gegenüber der nationalistischen Heldentradition (Mac Diarmid) und sogar gegenüber dem Nationalismus selbst (Muir). Sie alle wollten das originär Schottische in den *Highlands* wiederfinden, freilich in bewußtem Kontakt mit der europäischen Moderne. Sie alle machten in unterschiedlicher Weise die Eigenart Schottlands bewußt und trugen zu jener bohrenden Selbstbefragung bei, welche die 1930er Jahre kennzeichnete. Damals erschien eine ganze Reihe einschlägiger Bücher: von David Cleghorn Thomson *Scotland in Quest of Her Youth* (1932), von George Blake *The Heart of Scotland* (1934), von Malcolm Thomson *Scotland: That Distressed Area* (1935), von William Power *Literature and Oatmeal: What Literature Has Meant to Scotland* (1935). Solche Identitätssuche ereignete sich im Kontext eines aufsteigenden Nationalismus wie auch eines eklatanten ökonomischen Niedergangs.

Die wirtschaftliche Entwicklung

Die schottische Dominanz in der Schwerindustrie, bei Kohle und Eisen, im Maschinenbau und im Schiffsbau, war in den Zeiten der Hochrüstung vor und in den Weltkriegen von hoher Bedeutung gewesen. Doch in Friedenszeiten brachten diese Industriesektoren im 20. Jahrhundert zunehmend Probleme mit sich: Der Export ging zurück; die Rohstoffe (Kohle!) wurden rarer; die überseeische Konkurrenz wurde stärker. Diese ungünstigen Tendenzen konnten jahrzehntelang eingedämmt und bloß symptomatisch behandelt werden. Die schottische Schwerindustrie wurde mit Subventionen und Regierungsaufträgen am Leben gehalten, teilweise in sozialpolitischer Absicht, teilweise aus regionalpolitischen Interessen. Zu Zeiten des Wohlfahrtsstaates, insbesondere in den 1940er und 50er Jahren, hatte sich der Staat massiv an Industrieunternehmungen beteiligt; später wurde möglichst viel privatisiert. So zog sich der Niedergang bis in die 1970er Jahre hin; einschneidend wurde er erst, als sich die wirtschaftspolitischen Maximen in den konservativen Jahrzehnten unter Margaret Thatcher grundlegend wandelten und man aus wirtschaftsliberalistischer Überzeugung alle Unternehmungen sterben ließ, welche sich nicht aus eigener Kraft am Markt behaupten konnten. Zum schottischen Symbol solcher Politik wurde Ravenscraig (Motherwell): Dieses Stahlkombinat beschäftigte 1977 noch 15 000 Arbeiter, die 20 Jahre später auf der Straße standen, weil die Abnehmer zusammengebrochen waren und die Eigner auf Konzentration an ihren walisischen Standorten setzten. Der einst so stolze Schiffsbau ging zwischen 1951 und 1991 von 77 000 Arbeitern auf 14 000 zurück. Von 15 000 Bergarbeitern blieb nur eine nicht nennenswerte Zahl unter Tage. Die Schotten fühlten sich von Staat und Regierung verlassen und reagierten entsprechend mit Abwendung: Sie wählten *Labour* oder die Schottischen Nationalisten.

Die im 19. Jahrhundert so erfolgreiche Textilindustrie war im 20. Jahrhundert nur noch von untergeordneter Bedeutung. Andere Branchen, welche an die Stelle der traditionellen hätten treten können, waren lange nicht in Sicht. Warum ging die Umstellung einer vom industriellen Sektor dominierten Volkswirtschaft auf eine vom Dienstleistungssektor beherrschte im Norden der Britischen Insel besonders langsam vonstatten? Das Pro-Kopf-Einkommen der Schotten lag jahrzehntelang deutlich unter dem der Engländer. Die Konsumkraft im Norden blieb relativ gering und bot wenig Möglichkeiten für eine Entfaltung des Dienstleistungssektors. Die Schotten neigten dazu – offenbar aus ihrer langfristig akkumulierten Erfahrung –, einen relativ hohen Teil ihres Einkommens zu sparen, statt zu konsumieren. Ein Mentalitätsfaktor, welcher Investitionen im industriellen Sektor hemmte, war die Ideologie der Gleichheit, Gerechtigkeit und Arbeit, welche sich im Laufe der schottischen Geschichte gebildet hatte. Man weiß aus Umfragen, daß in Schottland ein Unternehmer weit weniger geachtet ist als in England oder Deutschland.

Solche ungünstigen Bedingungen wurden teilweise durch ausländische Investoren egalisiert. Vor allem amerikanische Firmen investierten seit den 1950er Jahren in großem Stil in Schottland, allerdings meist nur in der Form, daß existierende Firmen schottische Zweigniederlassungen gründeten, um über ihre dortige Produktion Zugang zum europäischen Markt zu finden (später folgten japanische Firmen). Dies betrifft vor allem die Elektronikbranche, in der Schottland in den für die Entwicklung entscheidenden Jahrzehnten keinen eigenen Ansatz gefunden hatte. Diese international operierenden Firmen zogen jedoch weiter, wenn sie anderswo günstigere Bedingungen vorfanden, sei es niedrigere Arbeitslöhne in Osteuropa oder gutes Know-how in Fernost.

Ein unerwarteter Schub entstand für die schottische Wirtschaft durch die Entdeckung von Nordseeöl, mit dessen Förderung man 1970 zögernd begann. Es bedurfte des Ölpreisschocks wenige Jahre später, um diese Aktivitäten in Schwung zu bringen. Ohne Zweifel bewirkten neue Firmengründungen in Aberdeen und Umgebung einen Boom, aber ohne nachhaltige Effekte für die schottische Wirtschaft im ganzen. Die Vorkommen wurden von internationalen Ölmultis ausgebeutet, welche allein das nötige Know-how dafür besaßen. Schottische Zulieferindustrien wurden nur in geringem Umfang beteiligt. Es erwies sich, daß die niedergehenden Schiffsbauer am Clyde so wenig in der Lage waren, Ölplattformen zu produzieren, wie die schottischen Stahlwerke die nötigen Pipelines und Bohrtürme liefern konnten. Im übrigen verfügten die Öl-Multis über ihre eingespielten Teams und bedienten sich ihrer bewährten Lieferverbindungen. Für schottische Mitwirkung war weniger Raum als erträumt; der Reichtum aus dem Öl machte sich nur zu einem verhältnismäßig geringen Teil in Schottland geltend.

Probleme der *Highlands*

Die traditionellen agrarischen Probleme wurden verschärft durch die Weltwirtschaftskrise. Die Arbeitslosigkeit verdoppelte sich zwischen 1930 und 1936. Es wurde immer deutlicher, daß die Möglichkeiten für die bäuerliche Bevölkerung, sich durch industriellen Nebenerwerb zu halten, sehr begrenzt waren.

So schleppten sich die Probleme durch die Jahrzehnte. Am ehesten wurden noch grundlegende strukturpolitische Maßnahmen wirksam, wie Aktivitäten des *North of Scotland Hydro Electric Board*, also eines Unternehmens, das sich auf Energiegewinnung aus Wasserkraft verlegte und sein Stromnetz über das ganze Gebiet ausdehnte. Aber auch diese sinnvolle Unternehmung rief sofort Zerwürfnisse über Zielkonflikte hervor: Sollte es primär um billige Energie als Anreiz für Industrieansiedlungen gehen oder um flächendeckende Bereitstellung eines Stromnetzes für jedermann auch in den entlegensten Gebieten?

Die *Highland*-Problematik rückte in ein neues Feld, als Großbritannien 1973 der EG beigetreten war. Das Zauberwort lautete nun: *Objective One*, d.h., Schottland wollte die Brüsseler Höchstförderung für ländliche Problemgebiete. Obwohl das Bruttosozialprodukt bei 79 % der EG lag und somit eigentlich zu hoch für solche Förderung, gelang es doch, ganz Schottland mit Ausnahme von Edinburgh in den Bereich der *Objective-One*-Förderung zu bringen. Nun wurden also die *Highlands* mit höchster Priorität von Europa her aufgebaut, während gleichzeitig die alten industriellen Problemgebiete um Glasgow und die westlichen *Lowlands* ebenfalls mit solcher Förderung umstrukturiert wurden. Das bedeutete vor allem, daß die Landfrage, die jahrzehntelang im Zentrum gestanden hatte, nun in den Hintergrund rückte und stärker auf Industrieansiedelung und Tourismus geachtet wurde.

Schon in den Jahrzehnten nach dem Zweiten Weltkrieg

war teilweise bewußt mit staatlicher Förderung Industrie in den *Highlands* angesiedelt worden. 1965 wurde von den nun herrschenden *Labour*-Verantwortlichen in London auch eine neue Initiative für die *Highlands* ausgerufen. An die Stelle der früheren Behörde trat ein *Highlands and Islands Development Board.* Es orientierte sich (wie schon frühere Maßnahmen) an der amerikanischen *New-Deal*-Politik der 1930er Jahre. Nun wurden Versuche unternommen, durch konzentrierte Förderungsmaßnahmen Erfolge zu erzielen. Hauptsächlich wollte man die Industrieansiedelung fördern, aber nicht mehr flächendeckend, sondern konzentriert auf die Gegend um den Moray Firth, Caithness, Fort William und einige kleinere Punkte. Neue Industrien wurden angesiedelt, beispielsweise der *Invergordon Aluminium Smelter* oder die *Fort William Pulp Mill* (*pulp* ›Zellstoff‹), später auch ein Atomkraftwerk an der Nordküste. Solche Initiativen brachten vorübergehend den Trend zum Ausbluten und zu einem immer weitergehenden Bevölkerungsabzug zum Stillstand. Allerdings erwiesen sich diese Unternehmungen je auf ihre Art als krisenanfällig und verschärften die Probleme einige Jahre oder Jahrzehnte später. Beispielsweise mußte das vielgelobte Aluminiumwerk schließen, als die Nachfrage nach Aluminium vorübergehend zurückging, während gleichzeitig die Energiepreise anzogen.

Immer wieder wurde auch angeregt, durch intensivere Forstwirtschaft die *Highlands* voranzubringen. Wichtig wurde dies vor allem in der Zeit des Zweiten Weltkrieges. Das Problem mit der Forstwirtschaft liegt heute allerdings darin, daß sie einen hochtechnisierten Erwerbszweig darstellt, in dem internationale Konkurrenzfähigkeit nur durch massiven Einsatz von Maschinen möglich ist, mithin durch Kapitaleinsatz, während der Beschäftigungseffekt gleichzeitig eher geringfügig ist. Trotzdem kann man in der schottischen Landschaft heute allenthalben beobachten, daß auf diesem Sektor viel getan wurde.

In den 1960er Jahren gab es eine dynamische Initiative, die *Highlands* zu einer Bildungslandschaft umzugestalten und hier (zentral oder dezentral) Einrichtungen der höheren Bildung anzusiedeln. Insgesamt muß man freilich feststellen, daß sich diese Vorstellung politisch nicht durchzusetzen vermochte. So gelang es beispielsweise nicht, in einer Phase des Ausbaus der Universitäten auch eine Universität in den *Highlands* anzusiedeln, obwohl solche Pläne bestanden.

Ein anderes, noch wichtigeres Gebiet ist der Tourismus. In den *Highlands* gab es Tourismus seit dem 19. Jahrhundert, allerdings konzentriert auf wenige einzelne Punkte, wenige Landsitze und Landhotels, die eigentlich nur kurze Zeit im Jahr zu Jagdzwecken aufgesucht wurden und schon wegen der Kürze der Saison eine zweifelhafte Investition darstellten. Dies hat sich im 20. Jahrhundert insofern geändert, als erst durch die flächendeckende Elektrifizierung und Versorgung mit fließendem Wasser die Ausbreitung von *Bed & Breakfasts* möglich wurde, welche der lokalen Bevölkerung bei geringen Investitionen ein Zusatzeinkommen verschaffen können. Der Ausbau der Straßen und Autobahnen wurde mit Mitteln der EU vorangetrieben, ebenso wie der Denkmalschutz. Der Tourismus vermarktet zwar hauptsächlich die Landschaft und steht damit in einem inneren Widerspruch: Je erfolgreicher er ist, desto mehr vernichtet er sein Produkt. Allerdings läßt sich Tourismus auch lenken, und auf diesem Gebiet erwiesen sich die Schotten als sehr erfinderisch und erfolgreich. Ganz Schottland, mithin auch die *Highlands & Islands*, wird heute als Geschichtslandschaft inszeniert, als ein Netz von besuchenswerten Schlachtfeldern, Schlössern, Museen und anderen Punkten von historischer Bedeutung, welche jeweils mit umfassenden Einrichtungen zum Besuch locken und historische Ausstellungen und historische Gebäude ergänzen um gastronomische Einrichtungen und Hotels, um *Audio-Visual-Shows* und Einkaufsmöglichkeiten, die bestückt sind mit landestypischen Produkten sowie Touristensouvenirs. Wahrscheinlich gehört dem Tourismus in Schottland die Zukunft. Natur, Folklore und Geschichte verbinden sich in idealer Weise. In dieser Verbindung wird die nationale Identität der Schotten vorzeigbar, die in den zurückliegenden Jahrzehnten immer bewußter nach außen getragen wurde. Darüber hinaus bietet ein solcher Tourismus auch den Millionen von Amerikanern, welche ihre Herkunft auf schottische Wurzeln zurückführen, einen willkommenen Bezugspunkt ihrer eigenen Herkunft und Identität.

Parteien und Nationalismus

Seit der Ausweitung des Wahlrechts 1918 schien *Labour* diejenige Partei zu sein, die in Schottland am ehesten eine Mehrheit der Sitze erzielen konnte, was ihr 1922 erstmals gelang. In den ungeheuren sozialen Problemen der Nachkriegszeit – Wiedereingliederung der zurückkehrenden Soldaten, Wohnungsnot, Epidemien und überhaupt mangelhafte hygienische Zustände in den überbevölkerten

Städten – verkörperte am ehesten *Labour* die Stimme der arbeitenden Bevölkerung und die Partei der Reformen.

Auf der Gegenseite weckte das Gefühl der Bedrohung durch die bolschewistische Revolution (Schlagwort *Red Clydeside*) alle bürgerlichen Kräfte, dem Vordringen der Arbeiterpartei Widerstand entgegenzusetzen. Dies führte beispielsweise zu Wahlkreisabsprachen zwischen den Konservativen und dem unionistischen Flügel der Liberalen, daß im jeweiligen Wahlkreis nur derjenige kandidieren solle, der wirklich Chancen hatte, den *Labour*-Kandidaten zu schlagen, um eine Zersplitterung des bürgerlichen Wählerpotentials zu vermeiden.

In den Jahrzehnten nach dem Ersten Weltkrieg waren die wirtschaftlichen Perspektiven Schottlands besonders schlecht; in den Zeitungen focht man in Pro und Contra mit Vorliebe den Streit um »Schottlands Niedergang« oder gar »Schottlands Ende« aus. Realität war eine Abwanderung von Firmen von Norden nach Süden und eine Neuansiedlung neuer, konsumorientierter Industrien hauptsächlich im kaufkräftigeren englischen Südosten (Automobilfirmen, Elektrotechnik, Chemie). Das Gewicht innerhalb Großbritanniens verschob sich zu Ungunsten Schottlands. Und die Wähler erwarteten von ihren Politikern, daß sie gegensteuerten. Dies vermochten sie jedoch nur in geringem Maße, weil die regierenden Parteien ihrerseits von England aus dominiert wurden. Während im 19. Jahrhundert Schotten und Iren oft ein gemeinsames Interesse vertreten hatten, fehlte nun das Gewicht Irlands, statt dessen blieb nur noch Ulster – eine Region mit ähnlichen Strukturproblemen wie Schottland. Die Weltwirtschaftskrise von 1929 traf zwar alle gleichermaßen, aber die von den alten Industrien dominierten Teile Großbritanniens im Norden eben doch besonders hart. Die extrem hohe Arbeitslosigkeit begann erst zu sinken, als das Herannahen eines neuen Weltkrieges erneut Hochrüstung brachte.

Die Debatte um das »Ende Schottlands« fand ein weiteres Argument in der Demographie: Seit Menschengedenken war in Schottland die Bevölkerung gewachsen und hatte außer der heimischen Zunahme auch noch eine starke Emigration im Rahmen des *Empire* bewirkt. Der Umschlagspunkt lag 1931. Zwar blieb auch danach die Geburtenrate in Schottland noch höher als in England und Wales, aber die Bevölkerungszahl sank langfristig. Dies läßt sich wohl in erster Linie im Zusammenhang mit der hohen Arbeitslosigkeit in Schottland und den neuen industriellen Möglichkeiten in England und Wales verstehen.

Die ökonomisch-sozialen Probleme stachen in dieser Epoche so hervor, daß sich *Labour* am meisten Wahlchancen durch Versprechungen für die Bedürftigen ausrechnete. Hilfe konnte nur vom Staat kommen (ob nun in Form von Industrieansiedelungen, Wohnungsbauprogrammen oder Sozialhilfe), und der Staat saß in London. So kommt es, daß das *Labour*-Programm lange Zeit unionistisch ausgerichtet war. *Home Rule* würde Schottland auf sich selber zurückwerfen, während im Verbund mit dem wirtschaftlich stärkeren England und Wales immerhin ein gewisser Transfer zu erwarten war.

Dies führte zu einer Veränderung der Parteienlandschaft, als 1928 die *National Party of Scotland* (NPS) gegründet wurde, welche aus der Situation die umgekehrte Schlußfolgerung zog: Weil es Schottland schlechtging, mußte es die Verbindung mit dem Süden lösen. Das Parlament in Westminster brachte weder Zeit genug für schottische Angelegenheiten auf noch die Sachkenntnis, ja, noch nicht einmal den Willen, eine Politik zugunsten der nördlichen Region zu formulieren. Im herrschenden Mehrheitswahlsystem konnten die Nationalisten wohl Meinung mobilisieren und die Wählerschaft beeinflussen; es erwies sich aber, daß sie die politische Landschaft als solche kaum zu verändern vermochten und deshalb letztlich in der Gefahr standen, wieder in die Bedeutungslosigkeit abzusinken. Diese Situation führte zu Absplitterungen und Umgruppierungen im nationalen Lager, aus denen schließlich 1934 die *Scottish National Party* (SNP) hervorging. Doch auch ihr war kein besseres Schicksal beschieden als den Vorgängerparteien, weil man ihr keine Kompetenz in den sozialen und wirtschaftlichen Fragen zumaß, welche den Wählern in jenen Jahren auf den Nägeln brannten.

Aber auch die *Labour Party*, der man im Prinzip die Lösung solcher Fragen zutraute, kam damals in schwieriges Fahrwasser – teilweise aufgrund ihres Erfolges. Denn 1924 war es unter dem schottischen *Labour*-Führer James Ramsey MacDonald erstmals in Großbritannien zur Bildung einer *Labour*-Regierung gekommen, eine von den Liberalen geduldete Minderheitsregierung. Die Liberalen hatten bis dahin den strategischen Vorteil ausgenutzt, sich ihrer Wählerschaft empfehlen zu können als diejenigen, welche die sozialistischen Experimente von *Labour* verhinderten. Nun hatten sie ihre Glaubwürdigkeit in dieser Hinsicht eingebüßt. Das *Labour*-Experiment war schon nach neun Monaten gescheitert, aber die Liberalen waren fortan ausgeschieden. Es brach eine Zeit konservativer Regierungen an.

Während der Weltwirtschaftskrise 1929–1931 war erneut eine *Labour*-Regierung unter MacDonald an der Macht. Diese verfügte allerdings angesichts der *Great Depression* so wenig über ein Rezept wie die anderen Parteien auch. Dann aber wurde 1931 auf Drängen König Georgs V. ein *National Government* gebildet, eine Mehrparteienkoalition (unter Einschluß von Liberalen und Konservativen) unter der Führung MacDonalds (bis 1935). Haushaltskonsolidierung und Schaffung von Arbeitsplätzen durch öffentliche Vorhaben standen nun im Vordergrund. Wahren Sozialisten war eine solche Koalition ein Greuel, und so spaltete sich 1932 unter James Maxton eine *Independent Labour Party* (ILP) ab, die sich zwar nicht dauerhaft etablieren konnte, aber die regierende *Labour Party* schwächte.

In dieser Zeit war es besonders schwierig, eine für alle Regionen Großbritanniens gleich förderliche Politik zu treiben, denn jede Förderungsmaßnahme entfremdete einen Teil der Wähler, und immer fühlte sich Schottland benachteiligt. Beispielsweise subventionierte die Regierung den Anbau von Weizen – wovon man in Schottland keinen Nutzen hatte, weil dort hauptsächlich Roggen und Hafer angebaut wurden und eine Umstellung auf Weizen aus klimatischen Gründen kaum möglich war. Oder: Die Regierung entschloß sich, den Anbau von Zuckerrüben zu fördern – was prompt zur Folge hatte, daß die schottische Zuckerrohrraffinerie in Greenock in Konkurs gehen mußte. Schottische Nationalisten bekamen mehr Wasser auf ihre Mühlen, als sie sich träumen ließen. Sie konnten beispielsweise leicht herausstellen, daß von den Geldern, die von der Regierung in Westminster für Museen und Bibliotheken aufgewandt wurden, ein proportional viel zu geringer Teil nach Schottland floß. Es machte sich eine Stimmung breit, die von der Zentralregierung alles andere als das Heil erwartete und die Vorstellung nährte, daß es Schottland besser ginge, wenn es seine eigenen Angelegenheiten selber besorgen könnte.

Die Regierung reagierte mit symbolischer Politik. Das *Scottish Office* wurde 1937 demonstrativ von London nach Edinburgh verlegt, um den Schotten das Gefühl zu geben, ihre Probleme würden am Ort selbst von sachkundigen Schotten gelöst. In Wirklichkeit lag die Macht weiterhin beim *Scottish Secretary of State*, der seine Anweisungen von der Regierung in London entgegenzunehmen hatte. Aber der britische Staat akzeptierte immerhin seine Verantwortung, indem er mehrere Komitees speziell für wirtschaftliche und soziale Belange Schottlands installierte (wenngleich diese Aktivität, realistisch eingeschätzt, die Zustände nicht wesentlich verbesserte). Königliche Besuche wurden nun in Schottland wieder häufiger. Die schottischen Archive, welche von Eduard I. im 13. Jahrhundert in den Süden verschleppt worden waren, wurden nun als Geste des guten Willens mit Pomp nach Edinburgh zurückgebracht.

Seit der Schotte und *Labour*-Politiker Tom Johnston 1941 den Posten des *Scottish Secretary of State* übernommen hatte, ging es für die Schotten aufwärts. Er spielte virtuos mit dem diffusen Faktor der Bedrohung Großbritanniens durch die schottischen Nationalisten; er erhielt bis dahin unerhörte Kompetenzen und Gelder unter Hinweis darauf, daß sonst der Nationalismus in Schottland Aufwind bekäme und die Einheit Großbritanniens auf dem Spiel stehe. Als *Labour*-Politiker bediente er seine Klientel mit staatlicher Sozialpolitik. Damals glaubten geradezu alle Parteien an möglichst viel Staat. Während des Zweiten Weltkrieges wurde der Sozialstaat geplant: im Wirtschaftlichen, Sozialen, im Bildungswesen. Johnston war derjenige, der dabei für Schottland plante, lenkte und organisierte. Er entwarf den *Forth Clyde Valley Plan*, welcher die von Schwerindustrie dominierte schottische Region umstrukturieren und über eine größere industrielle Diversifikation langfristig Arbeitsplätze sichern sollte. Johnston stand für Konsens: nicht nur zwischen englischer Politik und schottischen Ansprüchen, sondern auch von Unternehmer- und Arbeiterinteressen.

Nachdem Neville Chamberlains Politik des *Appeasement* gegenüber Hitler so offensichtlich gescheitert war und die Insel außerdem seit 1940 direkt aus der Luft durch deutsche Bomber bedroht wurde, ging eine Welle der Solidarisierung durch das Land, welche auch England und Schottland stärker zusammenschweißte. Es war *Britain's Finest Hour*, jene Stunde, als es schien, die Werte des Abendlandes, Freiheit, Demokratie und Menschenrechte, könnten in einer äußersten Anstrengung gegen die Barbarei der Nationalsozialisten (und Bolschewisten) nur von Großbritannien (und Amerika) gerettet werden. Um so schmerzlicher aus britischer Sicht, daß sich die Republik Irland neutral verhielt; um so wichtiger, daß England, Nordirland und Schottland in Gefahr zusammenstanden.

Der Zweite Weltkrieg brachte Vollbeschäftigung, zugleich aber auch neue soziale Probleme und überdeutliche

Erinnerungen an die Greuel des Ersten Weltkrieges und dessen soziale Folgen. Stimmungsmäßig waren die Nationalisten in Schottland Nutznießer der Unzufriedenheit. Schließlich sah sich sogar die *Labour Party* genötigt, die Forderung nach einem eigenen Parlament in Edinburgh in ihr Programm aufzunehmen. Andererseits war der Schotte Johnston innerhalb der britischen Regierung so erfolgreich, daß er zynisch fragen konnte: »Was hätten wir von einem eigenen Parlament in Edinburgh, wenn dies nichts zu verwalten hätte als die Auswanderung, das vielgelobte Armengesetz und die Friedhöfe?«

Die Nachkriegszeit läßt sich auch unter der Fragestellung sehen, wie weit es möglich ist, gleichzeitig ein schottisches Nationalbewußtsein und ein britisches Staatsbewußtsein zu pflegen. Darauf gaben die Schotten im Laufe der Jahrzehnte verschiedene Antworten, die teils von den bestehenden Institutionen ausgingen, teils aber auch auf eine Veränderung der Institutionen abzielten. Die psychologischen Dividenden von *Britain's Glory* flossen reichlich zu Zeiten des *Empire* und des Abwehrkampfes gegen Hitlerdeutschland; sie gingen zurück mit dem Abbröckeln des *Empire* und dem Verschwinden eines gemeinsamen Feindes. Als aber solche Dividenden ausblieben, wurde es für Schotten unattraktiver, zu einem solchen Vereinigten Königreich zu gehören. Und desto mehr waren sie geneigt, die Frage rein materialistisch zu stellen: »Was haben wir davon, wenn wir in der Union mit Großbritannien bleiben?«

Nach dem Zweiten Weltkrieg war die Zeit bestimmt von der Vorstellung eines starken Staates, der als Agent sozialer Gerechtigkeit eine zusätzliche Legitimation für sich in Anspruch nehmen konnte. Der Wohlfahrtsstaat im allgemeinen, insbesondere aber auch der *National Health Service* und die Altersrente für jedermann, entsprachen in hohem Maße nicht nur den Vorstellungen der *Labour Party*, sondern weit darüber hinaus breiten Kreisen einer britischen Bevölkerung, die im Weltkrieg zusammengestanden und das Äußerste an Überlebenswillen mobilisiert hatte, nun aber auch gemeinsam den Nutzen dieser kollektiven Anstrengung genießen wollte. Diese Idee war ausgesprochen schottisch; sie hing aufs engste zusammen mit dem Streben nach sozialer Gerechtigkeit und einem hohen Maß an Gleichheit. Der Wohlfahrtsstaat bedeutete insofern auch ein Programm zur Integration Schottlands und zur Stärkung der Union.

Ein zusätzlicher Gesichtspunkt wird mit der Frage nach der Wirkung der Massenmedien eingeführt. Auch in Großbritannien war das 20. Jahrhundert ein Jahrhundert der Massenmedien: des Kinos, des Hörfunks, des Fernsehens. Es gab durchaus die Meinung, daß die gleichmäßige Zugänglichkeit von Informationen es überall möglich machen würde, ältere regionale Loyalitäten aufzubrechen und eine nationsweite öffentliche Meinung herzustellen. Aber trotz der zentralen und zentralisierenden Einflüsse der BBC entwickelten sich auch regionale Tendenzen. 1955 ging *Scottish Television* auf Sendung, und 1961 *Grampian*. BBC profilierte sich in Schottland unter dem Namen *BBC Scotland*. Das jahrzehntelang zentrale Rundfunkprogramm wurde erst 1974 als *Radio Scotland* regional. Insgesamt scheint es so, als habe die Entwicklung der neueren Medien etwas nachvollzogen, was vorher schon den Zeitungsmarkt bestimmte: eine spezifische Ausrichtung auf ein schottisches Publikum und ein Umschmeicheln des schottischen Eigeninteresses – unabhängig davon, ob dies mit eher separatistischen oder eher unionistischen Tendenzen verbunden war.

Die nationalistische Option wurde zunächst von den etablierten Parteien erfolgreich blockiert durch Wahlabsprachen, wie sie schon vor dem Krieg, aber vor allem während des Krieges angebracht schienen. Im Frühjahr 1945 jedoch ergab es sich plötzlich, daß bei einer Nachwahl in Motherwell der SNP-Kandidat Robert McIntyre die meisten Stimmen auf sich zog. Faktisch änderte sich wenig, weil dieser ›Ausrutscher‹ im allgemeinen Nachkriegs-Konsens für den Wohlfahrtsstaat aufgefangen wurde.

Allerdings machte in den späten 1940er Jahren auch eine *Scottish Convention* auf sich aufmerksam, ein Verein, welcher ein schottisches nationalistisches Interesse artikulierte, das in der alten Forderung auf *Home Rule* auch für Schottland gipfelte. 1949 sammelte er Unterschriften für eine große Petition, die geschichtsbewußt als *Scottish Covenant* bezeichnet wurde. Innerhalb des etablierten Parteiensystems wurde diese Tendenz nicht aufgefangen: *Labour* setzte auf den britischen Wohlfahrtsstaat und war insofern unionistisch; und die Konservativen führten damals ohnehin den Parteinamen *Unionist Party*. Die Jahre von 1951–1963 waren in Großbritannien die Ära der Konservativen. Sie nahmen die schottischen Beschwerden in der Weise auf, daß sie eine *Royal Commission on Scottish Affairs* unter Lord Balfour einsetzten, welche 1954 auch administrative Reformen vorschlug und zur Ausführung an das *Scottish Office* übertrug. Einen stärkeren Impuls zu einer konzentrierten Regionalpolitik für den Norden brachte die Reorganisation dieser Behörde im Jahr 1962, nun als *Scottish Development Department.*

Als seit 1963 *Labour* wiederum die Richtung in Großbritannien vorgab und unionistisch blieb, bewegte sich erstaunlicherweise der Konservative Edward Heath, der die Vorstellung entwickelt hatte, die SNP sei die entscheidende politische Kraft in Schottland und die etablierten Parteien müßten darauf reagieren. Im November 1967 hatte Winnie Ewing (SNP) in einer als sensationell empfundenen Nachwahl den Sitz für Hamilton gewonnen. Heath trat einige Monate später mit einer *Declaration of Perth* vor seine Partei, mit der er diese dafür zu gewinnen suchte, eine eigene schottische Gesetzgebung zuzulassen.

1970 siegte erstmals ein SNP-Kandidat bei allgemeinen Wahlen; Donald Stewart entschied die Auseinandersetzung um den Sitz für den Wahlkreis *Western Isles* für sich. Die Entdeckung des Nordseeöls im Jahr zuvor bescherte den Nationalisten den Slogan »*It's Scotland's Oil!*«, welcher das schottische Nationalbewußtsein vollgültig zum Ausdruck brachte und sich gegen die Zentralregierung wenden ließ: Der Slogan unterstellte, daß die wirtschaftlichen Schwierigkeiten des Landes lösbar wären, wenn nur die Schotten selbst über ihre Ressourcen verfügen könnten. (Das Problem der Öl-Multis wurde dabei ausgeklammert.) Je tiefer Großbritannien in eine wirtschaftliche Krise rutschte, desto erfolgreicher kanalisierten die schottischen Nationalisten die allgemeine Unzufriedenheit in ihrem Sinne. Im Februar 1974 erzielte die SNP ihr bis dahin bestes Wahlergebnis: 21,9 % der schottischen Stimmen, sieben Sitze im Unterhaus. Bei den Wahlen im Oktober 1974 übertraf sie dieses: 30,4% und elf Sitze. Diese Situation brachte auch *Labour* zum Umdenken: Die Londoner Zentrale entwickelte ein Programm zur *Devolution*, d.h. verwaltungsmäßigen Dezentralisierung der politischen Kompetenzen. Im Hin und Her der Meinungen setzte man auf ein Referendum, doch die Tücken des gewählten Verfahrens erbrachten ein für viele unerwartetes Resultat: Wohl stimmte eine knappe Mehrheit der Schotten 1979 für *Devolution* (51,6% Ja, 48,4% Nein), doch erfüllten sie nicht die zweite damit verknüpfte Bedingung (*Cunningham Amendment*), nämlich eine Mehrheit von 40% der Wahlberechtigten. So kam es, daß genau in dem Augenblick, als das Vertrauen in die britische Politik am geringsten war, der weitere Weg einer *Devolution* verbaut wurde.

Ab 1979 regierten in Großbritannien die Konservativen unter Margaret Thatcher; sie veränderten die politische Richtung so radikal, daß man damals gerne von einer *Thatcher Revolution* sprach. Die Probleme des Wohlfahrtsstaates waren überdeutlich geworden; die Gewerkschaften spielten mit weitausgreifenden Streiks ihre Macht ohne Rücksicht auf allgemeine Interessen aus. In Schottland wurden die aufkommenden neoliberalen Ideen einer Entflechtung von Staat und Gesellschaft und einer Stärkung der Kräfte des freien Marktes als eine spezifisch englische Politik begriffen. Insbesondere die ersten Jahre der Austerität, welche internationale Zahlungsschwierigkeiten im Zusammenhang mit dem Firmensterben, noch höherer Arbeitslosigkeit und kaum gebremster Inflation sahen, wurden in Schottland als Politik gegen die Menschen verstanden, als Gesundschrumpfen derjenigen Industriebranchen, die sich dies leisten konnten. Diese waren vorzugsweise im Südosten Englands angesiedelt; während der Speckgürtel um London herum immer provozierender wurde, traf es die alten Industrieregionen im Norden Englands und in Schottland mit voller Wucht. Im britischen Wahlsystem konnte Unzufriedenheit nicht direkt umgesetzt werden; man sah wohl die Warnsignale einzelner mißglückter Nachwahlen, aber für die nationale Ebene der Politik schien das wenig Bedeutung zu haben. Während man prinzipiell darüber streiten konnte, ob eine eher liberale oder eine eher soziale Politik für Großbritannien förderlicher sei, wurde in Schottland die konservative Austeritätspolitik als Affront betrachtet; wieder einmal schien sich zu bestätigen, daß in Westminster Politik ohne Rücksicht auf die Belange Schottlands gemacht wurde. Und bei alledem schien die Vernachlässigung Schottlands aus der Sicht Margaret Thatchers geradezu gerechtfertigt durch das Referendum: Die Schotten hatten sich ja gegen eine Trennung der Staaten ausgesprochen.

Die Entfremdung von England in der konservativen Ära weckte bis dahin unbekannte Hoffnungen auf Europa. Konnte man auf der Ebene der EU schottische Interessen besser zur Geltung bringen als in London? Während sich die Konservativen wie auch *Labour* mit ihrem Verhältnis zu Europa schwertaten (Margaret Thatcher eindeutig ablehnend, John Major proeuropäisch), entwickelte die SNP überraschenderweise eine Wahlplattform mit proeuropäischen Akzenten. Großbritannien schien auf dem absteigenden Ast, Europa aufsteigend: Die Schotten setzten fortan auf Europa. Während für viele Engländer der Abschied vom *Empire* auch heute noch nicht vollzogen ist, zog eine Mehrheit der Schotten einen Schlußstrich. Die historisch Versierten (das sind in Schottland nicht wenige!) verbanden die neue Option ohne zu zögern mit ihrer Geschichte: War nicht Schottland in alten Zeiten viel europäischer gewesen als England, zur Zeit der *Auld Alliance* mit Frankreich und der Jakobiten? Manche warfen auch Seitenblicke auf Irland: Entwickelte sich nicht die Republik Irland in der EU prächtiger als Nordirland im Verbund des Vereinigten Königreiches? Das konnte einem Schotten schon zu denken geben …

Devolution entstand schließlich (wie schon manch frühere Wendung im Verhältnis von England und Schottland) aus parteitaktischen Interessen: *Labour*, in den Thatcher- und Major-Jahren aufs äußerste gedemütigt, was England anbelangte, mit tragfähiger Basis und unverminderter Loyalität dagegen in Schottland gewählt, entschloß sich, erneut ein Referendum in Schottland (und Wales) anzusetzen. Dies geschah 1997; es erbrachte eine deutliche Mehrheit – und Schottland erhielt sein eigenes Parlament.

Die Bedeutung der Kirchen

Noch zu Beginn des 20. Jahrhunderts bestand ein enger Konnex von schottischem nationalem Bewußtsein und protestantischem, vor allem presbyterianischem Bewußtsein. Die Mehrheit der Schotten kultivierte eine Identität, in der die eigenen Eigenschaften wie Ehrlichkeit, Gerechtigkeit, Gleichheitsstreben, Härte, Sparsamkeit, Bildungseifer aus dem religiösen Erbe abgeleitet wurden. Auch die imperiale Orientierung stand damit im Zusammenhang: Mission und Erschließung, Zivilisierung und Bildung von Eingeborenen wurden als christlicher Auftrag begriffen;

man sah dies nicht im Widerspruch zum materiellen Nutzen, den man aus diesen Ländern zog (Rohstoffe, Märkte).

Der Ausbruch des Ersten Weltkrieges brachte eine besonders enge Verbindung von Protestantismus und Nationalismus; die Zahl der Freiwilligen und Gefallenen war besonders hoch unter den Predigern und Söhnen aus dem Pfarrhaus. Die Verbindung von Christentum und Pazifismus war damals in Europa allgemein noch sehr schwach. Nach dem Ersten Weltkrieg sahen die protestantischen Kirchen eine wichtige Aufgabe im Totengedenken, in der Errichtung von Denkmälern, in der Pflege des ruhmreichen Andenkens der für die Nation Gefallenen.

Die Not der Zeit und die Konfrontation mit größeren Problemen weckten das Bewußtsein der Einheit – zumindest unter Protestanten, zumindest unter Presbyterianern. 1929 schlossen sich die *Free Kirk* und die *United Presbyterian Church* zur *United Free Church* zusammen, die nun den größten Teil der Protestanten Schottlands umfaßte. Die protestantische Hauptgruppe auf der Gegenseite war nun die (bischöfliche) *Church of Scotland*, die zwar in Schottland auf eine lange Tradition zurückblicken konnte, aber nichtsdestoweniger von den Presbyterianern als unschottisch angesehen wurde. Sie waren stolz auf die starke Mitwirkung von Laien in ihrer Kirche, der sie den entscheidenden Einfluß auf die Gesellschaft überhaupt zuschrieben, vor allem im Erziehungswesen und in der Wohlfahrtspflege.

Auch nach ihrem Zusammenschluß 1929 erfaßten die presbyterianischen Kirchen nicht mehr als 27% der schottischen Bevölkerung. Die *United Free Church* stellte ihrem Selbstverständnis nach die Kirche des schottischen Volkes dar und war insofern auch sehr an innerer Mission interessiert. Freilich blieben ihre Erfolge in der Arbeiterschaft begrenzt. Es waren eigentlich nur einzelne charismatische Prediger, welche durch ihre Persönlichkeit neue Gläubige aus den Arbeitervierteln an sich zu binden vermochten. Insgesamt befand sich die schottische Gesellschaft des 20. Jahrhunderts ebenso auf einem Weg der Säkularisierung wie die anderen europäischen Gesellschaften auch.

Nach der tiefgreifenden Krise des Zweiten Weltkriegs kam es in Schottland (wie in anderen europäischen Staaten) zu einer Wiederbelebung des Christentums. Evangelisierungsbewegungen wurden von eigenen Kräften, aber auch von amerikanischen Predigern getragen. Der Höhepunkt der Kircheneintritte lag 1956. Danach aber überwogen die Austritte; seit 1963 ging die Zahl der Kirchgänger wie auch die Zahl der Kirchenmitglieder immer weiter zurück. Eine Ausnahme davon machten nur die Inseln im Westen und einzelne ländliche Gemeinden in anderen Landesteilen. Dort hielt sich die Zugehörigkeit zu den protestantischen Gemeinden; dort waren auch die traditionell von der Religion bestimmten Lebensformen (Sonntagsheiligung) am festesten verwurzelt.

Die schottische presbyterianische Tradition legte besonderen Wert auf Engagement der Christen in der Gesellschaft. Aber im 20. Jahrhundert, zunehmend nach dem Zweiten Weltkrieg, wurden traditionelle Aufgaben der Kirchengemeinden wie Armenfürsorge und Erziehung auch in Großbritannien vom Staat übernommen. Die besondere Ausprägung des Wohlfahrtsstaates läßt sich einerseits aus dem christlichen Bewußtsein der protestantischen Mehrheit herleiten, andererseits bedeutete die

Übertragung solcher Aufgaben auf den Staat auch eine Schwächung der Bedeutung der Kirchen.

Der Anteil der Katholiken in der schottischen Gesellschaft blieb weit geringer als in England, Deutschland oder Holland. Und während andere ehemalige Kolonialländer seit den 1960er Jahren große Zahlen von Einwanderern aus Übersee zu verkraften hatten, mit ihnen auch Angehörige anderer Religionen, blieb die Einwanderung nach Schottland geringfügig. Juden gab es in Schottland deutlich weniger als in vergleichbaren Ländern. Der Islam, der in neuester Zeit vielfach auf sich aufmerksam machte, hat in Schottland kaum Fuß gefaßt.

Alles zusammengenommen, läßt sich feststellen, daß die Bedeutung der Kirchen in Schottland zwar ebenso zurückgegangen ist wie in anderen europäischen Ländern und daß auch Schottland der allgemeinen Tendenz zur Säkularisierung der Lebensverhältnisse gefolgt ist. Trotzdem sind die allgemeinen Trends infolge der geringeren Pluralisierung, der schwächeren äußeren Einflüsse und der zurückhaltenden gesellschaftlichen Entwicklungsdynamik in Schottland nur abgeschwächt zu spüren. Das bedeutet, daß auch heute noch die protestantisch-presbyterianische Grundierung spürbar ist, wenn auch die Zahl der Kirchenmitglieder, der Kirchgänger und der sich als religiös bezeichnenden Schotten proportional so gering ist wie noch nie in der Geschichte. Es sind also wesentlich nicht religiöse, sondern aus der früheren religiösen Tradition abgeleitete Eigenschaften, welche als Säkularisate noch heute für Schotten charakteristisch sind.

Angesichts der wirtschaftlichen Nöte schrumpfte der gesamte Bildungssektor. Die Jahrzehnte von den 1920er bis zu den 1960er Jahren bedeuteten auch einen Rückgang von Studenten und Schülern höherer Schulen, die niederer Herkunft waren. Die prinzipiell staatlich propagierte Auslese und Förderung der Besten, unabhängig vom Elternhaus, welche schon aus Gründen nationaler Effektivierung unabdingbar schien (von sozialer Gerechtigkeit ganz abgesehen), stieß in diesen Jahrzehnten an die engen Grenzen des wirtschaftlich Machbaren. Die Politik des *Scottish Education Department* begleitete diese Grundtendenz mit entsprechenden Reglementierungen. Notorisch wurde vor allem *Circular 44* dieser Behörde von 1923. Seither endete die Schulpflicht schon mit 12 Jahren. Die höheren Schulen wurden eingeteilt in eine bessere Sparte (*Senior Secondary*), welche ein volles Programm anboten, und eine mindere Sparte (*Junior Secondary*), welche nicht zur Universität führen sollten. Diese Anordnung hielt man für einen Anschlag auf die demokratischen und egalitären Traditionen des schottischen Bildungswesens; manche Schulen leisteten hinhaltenden Widerstand.

1951 erreichten nur 5% der Schotten einen kompletten höheren Schulabschluß mit Universitätsberechtigung; 90% der Schüler gingen bereits vor Vollendung ihres 15. Lebensjahres von der Schule ab. Die Bildungspolitik der 1960er Jahre änderte diese Tendenz grundlegend. 1955 schon war beschlossen worden, einen neuen *O-Level*-Abschluß einzuführen, d.h. nach vier Jahren höherer Schulbildung, etwa im Alter von 17 Jahren. 1962 wurde dies allgemein durchgesetzt. 1965 wurden Gesamtschulen allgemein eingeführt (*Comprehensive Schools*), damit war die ältere Unterscheidung von *Junior* und *Senior Secondaries* hinfällig geworden. Gesamtschulen empfanden die schottischen Erziehungswissenschaftler als ihrer Tradition entsprechend. Seit dieser Zeit wuchs der Sektor der höheren Schule immer weiter an. Die Schulpflicht wurde im Laufe der Zeit immer weiter heraufgesetzt: 1947 auf 15 Jahre, 1973 auf 16 Jahre.

Seit der neuen Bildungsoffensive, die in Großbritannien in den 1960er Jahren ausgerufen wurde und die einen immer größeren Anteil jedes Jahrgangs an die Universitäten führen sollte, wurden erstmals in Schottland wieder neue Universitäten gegründet, wenngleich in geringerem Maße als in England. Die einzige wirkliche Neugründung ist die Universität Stirling (1968). Die Universitäten Dundee (1967), Heriot-Watt (in Edinburgh, 1966) und Strathclyde (in Glasgow, 1964) gingen aus älteren höheren Bildungseinrichtungen hervor.

Inzwischen erlangen in Schottland knapp 40% jedes Jahrganges einen universitären Abschluß. Die schottischen Universitäten, die bis in die 1970er Jahre hinein einen weitgehend britisch-unionistischen Charakter hatten, haben sich seit 1979 zu bewußt nationalen Institutionen entwickelt, an denen man die ganze Fülle der schottischen Kultur studieren kann. Den Universitäten kommt eine große Bedeutung zu im Rahmen einer bewußten Auseinandersetzung mit dem nationalen Erbe und der schottischen Identität.

Schotten in den Künsten

Spätestens seit Charles Rennie Macintosh und der *Glasgow School of Art* war die schottische Kunstszene Bestandteil der europäischen Moderne geworden. Die meisten schottischen Künstler um 1900 lernten und arbeiteten zeitweise in Paris. Manche suchten diesen Zusammenhang nicht nur aus künstlerischen, sondern auch aus ideologischen Gründen. Der Maler J.D. Fergusson formulierte explizit: Wenn es dem keltischen Schottland gelänge, eine *New Alliance* mit Frankreich zu stiften und die *Auld Alliance* vom Politischen ins Künstlerische zu wenden, könnte das bedeuten, Schottland auf den Hauptweg seiner Kultur zurückzuführen. Aber auch in Glasgow, Edinburgh, Aberdeen und Dundee waren Kunsthochschulen entstanden, welche eine breitgefächerte Ausbildung in allen künstlerischen Bereichen zur Ausgangsbasis und zum Standard für internationales Niveau machten.

Dementsprechend fällt es auch schwer, die vielfältigen Bemühungen um Schönheit in der Häßlichkeit des 20. Jahrhunderts mit wenigen Etiketten zu belegen. Die Epoche war zweifelsohne die uneinheitlichste und wechselhafteste in der Kunstgeschichte. Zum Modernismus gehört ja gerade dieses sich gegenseitige Überbieten und Übertreffen-Wollen: Eine künstlerische Persönlichkeit, die einen eigenen Stil entwickelt hat, nutzt diesen gewissermaßen wie ein Markenzeichen – und doch treibt das ganze Umfeld, die Konkurrenz und Nachahmung einer Vielzahl kleinerer und größerer Meisterinnen und Meister, dazu, den eigenen Stil zu überwinden und neue Erfahrungen zu suchen.

Was ist schottisch an der schottischen Kunst? Diese Frage ist nicht weniger angebracht als die nach der *Englishness of English Art*, denn das bemerkenswerteste Faktum ist zunächst einmal, daß es überhaupt eine schottische Kunst gibt. Hätte man den Reformator John Knox und die Seinen gefragt – sie hätten davon grundsätzlich abgeraten. Kunst in Schottland heißt also auch: abweichen von jenem presbyterianischen Hauptweg der schottischen Geschichte, den man sich noch verlängert denken kann zu den Philosophen des *Common Sense*, zu den Ärzten und Naturwissenschaftlern, nicht aber zu den Malern und zur internationalen Boheme. In diesem Sinne ist es ein Kennzeichen der schottischen Kunst, daß sie nicht mehr schottisch ist.

Dies ist selbstverständlich keine befriedigende Antwort, die sich einem kontinentaleuropäischen Betrachter jedoch aufdrängt, wenn er beispielsweise J.D. Fergussons *The Blue Hat* (1909) sieht und dabei zwangsläufig an Matisse denken wird, wenn er Stanley Cursiters *Rain on Princes Street* (1913) sieht und einen Futuristen vor sich hat, wenn William Crozier *Edinburgh from Salisbury Crags* (1927) im Stil des Kubismus präsentiert, wenn Hugh Adam Crawfords *Theatre* (um 1935) einem als ein Werk von Paul Klee erscheint, wenn man mit Jack Knox' *Aftermath* (1961) einen Abstrakten Expressionisten vor sich hat, wenn Alexander Moffat mit den charakteristischen Dichterköpfen um Hugh Mac Diarmid in seinem *Poets Pub* (1980) einen Pop-Art-Abklatsch des sozialistischen Realismus bietet. Zu allen Strömungen und Stilen haben auch Schotten beigetragen, was ihre enge Verwobenheit mit der europäischen Moderne belegt, ein Kreuz und Quer der Lern- und Lehrbeziehungen, ein Nachahmen und Übertreffen.

Und doch: Die Vielfalt der Stilrichtungen und die Versatilität der Künstlerpersönlichkeiten ist nicht ohne Lokalfarbe. Die Frage nach dem Schottischen in der schottischen Kunst findet deshalb *eine* Antwort auch in der Bedeutung des Landschaftsmotivs und in den Seestücken. Seit dem 19. Jahrhundert hatten die Künstler die *Highlands & Islands* entdeckt; jede schottische Landschaft fand ihre einheimischen Meister, ob nun in der nördlichen Luminosität der Orkneys (Stanley Cursiter) oder im gedämpften Licht des Binnenlandes der Trossachs (G.L. Hunter). Vor allem die Insel Skye mit ihren Licht- und Nebelspielen hat es zahlreichen Künstlern angetan (z.B. W.M. Gillies, Pam Carter). D.Y. Cameron unternahm es, in einer großen Serie alles einzufangen, was die *Highlands* an Formen und Farben zu bieten haben. Daß die 60 000 km Küstenlinie Schottlands eine Herausforderung für unzählige Künstler bieten müßten, war abzusehen.

Von *Landscape & Seascape* war es immer nur ein kleiner Schritt zur Historie oder zur Verwendung eines nationalen Symbolismus. Die Anfänge liegen hier im 19. Jahrhundert, als William McTaggart einzelne Segelschiffe in seine Seestücke einsetzte, die, als »Auswandererschiffe« bezeichnet, auf die *Highland Clearances* verwiesen und eine sozial anklägerische Note gewannen, oder wenn er ein anderes dieser Seestücke mit Segelschiff als *The Coming of St Columba* bezeichnete und ihm so einen nationalen Stoff einschrieb. (Die Mönchsinsel Iona wurde für eine Gruppe von Künstlern zu einem jährlichen Wallfahrtsort.) Diese Tendenz kam immer wieder an die Oberfläche, ob nun bewußt bei den Malern im Umkreis des *Gaelic Revival* oder ohne politische Wirkungsabsicht. Dies mag zum Teil auf Auftragsarbeiten und öffentliche Preisausschreiben zurückzuführen sein (offensichtlich in den Historiengemälden an den Wänden der *Scottish National Portrait Gallery* in Edinburgh), entspringt aber auch dem starken National- und Geschichtsbewußtsein, wie es für ›kleine‹ Nationen typisch ist.

Dieses auffallende Geschichtsbewußtsein hat den Schritt in die Gegenstandslosigkeit, der für die Moderne so charakteristisch ist, nicht behindert. Auch konzeptualistische Ansätze der Gegenwartskunst fehlen in Schottland keineswegs – dafür hat Joseph Beuys zu lange in Schottland gelehrt. Als George Wyllie am 22. Juni 1987 eine Lokomotive aus Stroh baute, die dann (vor laufenden Kameras, versteht sich) feierlich abgebrannt wurde, wobei am Ende ein solides Fragezeichen stehenblieb, verwies das karnevalistische Happening moderner Kunst unübersehbar auf schottische Industrie und Geschichte.

Die Entwicklung der Städte

Verstädterung wird im allgemeinen im Zusammenhang mit Industrialisierung gesehen. Schottland war schon am Beginn des 20. Jahrhunderts (abgesehen von England) das am meisten verstädterte Land in Europa. Ungefähr 60 % der Schotten lebten schon damals in Städten.

Dieses Ergebnis hatte freilich noch tiefere Wurzeln in der Geschichte, weil Schottland schon vor seiner Industrialisierung eine besondere Städtedichte aufgewiesen hatte, und zwar in den *Lowlands*. Eine Eigentümlichkeit

Schottlands ist seine polyzentrische Struktur: Vier große Städte gaben seit langem den Ton an: Edinburgh, Glasgow, Aberdeen und Dundee; diese vier Städte waren auch in der Industrialisierung am meisten gewachsen, und diese vier Städte sind heute noch die einwohnerreichsten in Schottland.

In älterer Zeit war vor allem Edinburgh durch die mehrgeschossige Bauweise seiner Häuser aufgefallen: Dicht bei dicht lebten hier Menschen in großen Massen. Diese Bauweise bestimmte jedoch (trotz andersartiger topographischer Gegebenheiten) tendenziell auch andere schottische Städte. In der Phase der Industrialisierung war es typisch, daß für die Arbeiter 4- bis 5geschossige Wohnblocks errichtet wurden. Schottische Wohnungen waren kleiner als die in England; mehr Menschen wohnten auf engem Raum unter oft sehr schlechten hygienischen Verhältnissen beieinander.

Die traditionellen Baumaterialien waren in Schottland Naturstein und Schiefer, welche den Stadtlandschaften ein düsteres Aussehen gaben. Als im 20. Jahrhundert auch andere Baumaterialien eingesetzt wurden, zunächst vor allem Ziegelsteine und Dachziegel, empfanden die Schotten das als »englisch«. Die rötlichen Häuser blieben ihnen lange fremd. Auch die lockerere Bebauung Englands setzte sich in Schottland nur langsam durch. Teilweise wurden im 20. Jahrhundert Versuche unternommen, die typisch englische Bauweise (*semi-detached houses*, d.h. meist zweigeschossige Einfamilienhäuser, die paarweise aneinandergebaut wurden – Doppelhaushälften – und von einem Garten umgeben waren), in schottischen Vorstädten einzuführen, wo sie aber weniger gern angenommen wurden als in England. Überhaupt griff die englische Gartenstadtbewegung seit der Jahrhundertwende auch auf Schottland über, war aber weniger erfolgreich. Hier dominierten über Jahrzehnte (und dominieren noch heute) andere Wohnvorstellungen. Man wohnt lieber dicht beisammen in Wohnblocks; andernfalls gab man seit den 1930er Jahren Bungalows den Vorzug. (Unter »Bungalow« versteht man in diesem Zusammenhang einzelnstehende, ebenerdige, eingeschossige Wohneinheiten für eine Familie, nicht notwendigerweise mit Flachdach.) Die Bungalow-Bewegung breitete sich in den 1940er Jahren auch in Schottland aus. Obwohl sie hier keine traditionellen Wurzeln hatte, scheint sie sich doch einer gewissen Beliebtheit zu erfreuen – möglicherweise aufgrund der ähnlichen Hauseinteilung und ebenerdigen Lebensweise, wie sie in den schottischen Bauernhäusern der Tradition die Norm gewesen war. Den schärfsten Gegensatz dazu bildeten die zwanzigstöckigen Hochhäuser, die ab den 1960er Jahren auch in schottischen Städten und Vorstädten hochgezogen wurden, als man das Bauen mit Stahlbeton übernommen hatte. Vor allem Glasgow und seine Vorstädte sind dadurch gekennzeichnet.

Die Siedlungsweise in neuen Vorstädten und Städten hatte die Ausweitung des öffentlichen Nahverkehrs zur Voraussetzung. Busse und Bahnen, Straßenbahnen und Untergrundbahnen ermöglichten es im Laufe des 20. Jahrhunderts einem immer größeren Teil der Bevölkerung, außerhalb des Lärms und Gestanks der Städte zu wohnen und sich abseits von ihren Arbeitsstellen ruhige Rekreationsräume zu schaffen.

Eine neue Entwicklung, deren Tragweite gegenwärtig

noch nicht abgeschätzt werden kann, besteht darin, daß im Zeitalter des Computers, insbesondere durch Internet und E-Mail, viele Arbeiten von zu Hause aus erledigt werden können und nicht mehr in allen Fällen die Anwesenheit einer Person an einem Arbeitsplatz vonnöten ist. Seit Jahrzehnten schon hört man aus dem Bereich der *Highlands & Islands* Klagen gegen *White Settlers*, d.h. Leute aus England, Deutschland oder den schottischen Städten, die sich an landschaftlich schönen Punkten Häuser bauen, oft entfernt von Städten und Dörfern, für sich allein leben und sich nicht um die ansässige Bevölkerung kümmern. Es läßt sich vorhersagen, daß solches Landleben im elektronischen Zeitalter weiter zunehmen wird. Schon jetzt fallen dem Reisenden Einzelhäuser und Neubausiedlungen an den Meeresküsten oder auf den Inseln auf, bei denen man sich verwundert fragt, womit sich deren Bewohner wohl ihren Lebensunterhalt verdienen mögen.

Frauen

Es spricht einiges für die Annahme, daß die schottische Gesellschaft am Beginn des 20. Jahrhunderts patriarchalischer war als die englische und es auch – trotz aller Angleichung, trotz einer egalitären Gesetzgebung – am Beginn des 21. Jahrhunderts immer noch ist. Trotzdem hat sich das Leben der Frauen auch in Schottland im Laufe dieses Jahrhunderts grundlegend verändert. Das beginnt schon damit, daß die durchschnittliche Lebenszeit von Frauen um 1900 nur 47 Jahre betrug, um 2000 jedoch 77 Jahre. Der nächste Unterschied: Um 1900 brachten schottische Frauen etwa ein Drittel ihres Lebens mit Kindererziehung in der Familie zu, um 2000 nur noch ein Fünfzehntel. Außerhäusliche Berufstätigkeit von Frauen war um 1900 selten, um 2000 ganz gewöhnlich. Um 1900 waren Frauen ihren Vätern oder Männern untergeben, um 2000 lebten sie zu einem großen Teil selbstbestimmt und zu einem nicht geringen Teil auch allein oder nur mit ihren Kindern. Das 20. Jahrhundert hat eine Fülle von industriellen, arbeitsmäßigen, gewerkschaftlichen, tariflichen Veränderungen gebracht, die für Frauen einschneidend waren. Am entscheidendsten aber war die Revolution der Empfängnisverhütung in den 1960er Jahren, welche es den Frauen ermöglichte, selber über Schwangerschaft und Kinderzahl zu entscheiden, mithin ihren Lebenslauf weitgehend nach ihren eigenen Vorstellungen zu gestalten.

Um 1900 war man allgemein in Schottland (und nicht nur dort) der Meinung, der Platz einer Frau sei am Herd; eine außerhäusliche Arbeit wie auch öffentliche Wirksamkeit betrachtete man allgemein als Anomalie, als durch bestimmte Umstände bedingte Ausnahme. Dies wird nicht zuletzt daran deutlich, daß die Arbeitsverhältnisse des Ersten Weltkrieges, in denen Frauen oft an die Stelle der im Felde kämpfenden Männer berufstätig werden mußten und auch für die Rüstungsindustrie wichtig geworden waren, nach eingetretenem Frieden so schnell wie möglich wieder den Vorkriegsstandards angepaßt wurden. Ein eigenes Gesetz ordnete die Rückkehr zur Zeit vor 1914 an.

Auch wo Frauen berufstätig waren, war dies in der Regel an einen ehelosen Familienstand geknüpft. Junge Frauen wurden in gewissen Berufen wohl eingestellt, aber man erwartete von ihnen, daß sie mit ihrer Eheschließung aus dem Berufsleben ausschieden. Frauenarbeit war grundsätzlich geringer bezahlt als Männerarbeit (am Jahrhundertanfang erhielten Frauen etwa 45% des Lohnes der Männer). Wenn Frauen heirateten, ihren Beruf aufgaben, Kinder erzogen und eventuell danach als Witwen oder Geschiedene erneut Arbeit suchten, erhielten sie nur noch schlechter bezahlte Stellen. Teilzeitarbeitsstellen gab es kaum. Als diese nach dem Zweiten Weltkrieg häufiger wurden, gingen sie zu 90% an Frauen. D.h., daß man allgemein in der schottischen Gesellschaft (wie auch anderswo) den Mann für den Ernährer hielt, dem die vollen Stellen, die qualifizierteren Stellen und die besser bezahlten Stellen zustanden; Frauen kamen auf dem Arbeitsmarkt nur hilfsweise hinzu, um Lücken auszufüllen. Dies war keineswegs nur ein Ergebnis ökonomischer Prozesse von Angebot und Nachfrage; es war ein Ergebnis des gesellschaftlichen Konsenses. Bekräftigt wurde dieser durch die Gewerkschaften, in denen Facharbeiter tonangebend waren. Die männlich bestimmten Gewerkschaften sicherten ihren Mitgliedern die besser bezahlten Stellen in den attraktiveren Branchen und schotteten sich gegen weibliche Konkurrenz ab. Dies änderte sich grundlegend erst mit dem Zweiten Weltkrieg, als Frauen wiederum für die Produktion kriegswichtig wurden, sich aber anschließend nicht mehr aus der Produktion verdrängen ließen und sich auch in den Gewerkschaften entsprechend organisierten. Seit dieser Zeit stieg der Anteil von Frauen im Arbeitsleben merklich an, wenn auch viele von ihnen auf Teilzeitstellen tätig waren.

Auf der einen Seite wurde das Leben der Frauen von Arbeit und Industrie bestimmt, auf der anderen Seite von

Familie und Biologie. Während in England schon früher die Kinderzahl zurückgegangen war, setzte dieser Prozeß in Schottland erst später ein. Das Heiratsalter von Frauen lag in Schottland traditionell hoch und auch 1950 noch im Bereich von 26 Jahren. Dann allerdings begannen die Frauen, in jüngerem Alter Ehen zu schließen: 1960 mit 25 Jahren, 1970 mit 24 Jahren. Anschließend stieg das Heiratsalter wiederum an: 1980 auf 25 Jahre, 1990 auf 27 Jahre, 1992 sogar auf 29 Jahre. Diese Bewegungen hatten selbstverständlich Einfluß auf die Kinderzahl. Allerdings veränderten sich Einstellung und Verhalten der schottischen Frauen im Laufe des 20. Jahrhunderts: Während es in früheren Jahrhunderten kaum außereheliche Geburten gab, sind solche seit den 1960er Jahren deutlich gestiegen. Heute gibt es auch in Schottland einen beträchtlichen Anteil unehelicher Kinder und alleinerziehender Mütter.

Scheidungen waren früher zwar möglich, aber doch selten. Im Jahre 1900 reichten in ganz Schottland nicht mehr als 142 Personen die Scheidung ein. 1960 waren es noch unter 2000 Scheidungen pro Jahr, 1991 allerdings 12400. Die Scheidung per Gesetz wurde im Zuge des 20. Jahrhunderts immer weiter erleichtert: Während früher nur Männer die Scheidung einreichen konnten, wurde dies seit den 1920er Jahren auch für Frauen möglich. Als möglicher Grund wurde seit 1938 auch *cruelty* zugelassen (Grausamkeit, Gewalt), ein Scheidungsgrund, der meistens gegen Männer geltend gemacht wird. Seit den 1960er Jahren wurden Scheidungen auch möglich, ohne daß einem Partner Verschulden nachgewiesen werden mußte. Diese Entwicklung in Kombination mit der anderen, nämlich einem Zusammenleben von Paaren ohne formale Eheschließung, wirkte sich dahin aus, daß heute jede fünfte schottische Familie keinen Vater hat.

Was sich im Leben der schottischen Frauen verändert hat: Es gibt nicht mehr das Berufsbild des Dienstmädchens. Andererseits stand seit dem Zweiten Weltkrieg eine Vielzahl mechanischer Haushaltshilfen zur Verfügung, vom Staubsauger bis zur Waschmaschine.

Berufe und Karrieren sind keineswegs gleich verteilt, wenngleich es seit Jahrzehnten eine Gesetzgebung gibt, die darauf hinwirken soll. Die Ungleichheit der Verdienstmöglichkeiten von Mann und Frau im Berufsleben ist geringer geworden. Allerdings weisen alle Statistiken aus, daß die bestbezahlten Berufe fest in Männerhand sind und daß die Frauen unter den schlechtbezahlten den größten Anteil haben. Doch während Frauen am Beginn des 20. Jahrhunderts nur in Ausnahmefällen ein akademisches Studium versuchten, beträgt ihr Anteil am Beginn des 21. Jahrhunderts fast die Hälfte. Dessenungeachtet verringert sich ihr Anteil an akademischen Positionen immer mehr, je höher man in der Hierarchie kommt.

Epilog

Die schottische Nation mit eigenem Parlament (seit 1999)

Bei den allgemeinen Wahlen zum Unterhaus am 1. Mai 1997 erlebten die Konservativen ein Debakel. Bis dahin hatten die *Tories* noch 11 schottische Abgeordnete: Sie wurden sämtlich aus dem Parlament gefegt. Für *Labour* sprachen aus schottischer Sicht 1997 drei Gründe: 1. Die Konservativen hatten bewiesen, daß sie sich um schottische Belange nicht kümmerten; unter *Labour* konnte es nur besser werden. 2. Die *Labour Party* hatte sich in den letzten Jahren der Opposition grundlegend erneuert. Sie war von einer Partei der Arbeiter und Gewerkschaften, die nach wie vor die Verstaatlichung des Eigentums im Programm führte, zu einer linken Volkspartei geworden und von einer Gewerkschaftspartei mit Blockstimmen zu einer allgemeinen Partei für jedermann. Diese Erneuerung war wesentlich von schottischen *Labour*-Politikern vorangetrieben worden. Die Schotten verehrten den legendären John Smith, der sich kaum als Parteiführer hatte profilieren können, weil er schon 1994 überraschend verstorben war. Aber auch Tony Blair hatte schottische Wurzeln, ebenso Gordon Brown und manche andere. Die Schotten konnten wirklich hoffen, mit *Labour* an der Macht etwas für ihr Land zu gewinnen. 3. Schließlich hatte sich *Labour* inzwischen auch auf *Devolution* festgelegt. Es war ein Wahlversprechen an die walisischen und schottischen Wähler, daß sie nach einem *Labour*-Sieg eigene Parlamente bekommen würden.

Am 1. Mai 1997 erzielte die *Labour Party* eine Mehrheit von 179 Sitzen im Unterhaus, ein wahrer Erdrutschsieg. Noch nie war die Partei so stark ins Unterhaus eingezogen – und noch nie hatten die Konservativen ein so schwaches Ergebnis erzielt. Die schottischen Nationalisten hatten bei der Wahl ein bißchen auf Kosten der Konservativen zugelegt, aber das alles überwältigende Resultat war die Dominanz *Labours*. Sollten nun die Schotten direkt ein eigenes Parlament bekommen? Nein, meinte Tony Blair; davor sollte ein neues Referendum abgehalten werden, um dem politischen Prozeß eine überzeugende Legitimation zu geben. Insbesondere, führte Blair ins Feld, sei dies nötig, um die Blockade eines Devolutionsgesetzes im Oberhaus zu verhindern (dort dominierten damals noch die *Tories*). Das Referendum wurde für den 11. September angesetzt. Manche waren irritiert über den Zuschnitt der Volksbefragung. Zuerst wurden die Schotten gefragt, ob sie ein eigenes Parlament wollten. Dann folgte noch die Frage, ob dieses Parlament die Macht bekommen sollte, Steuern bis zu 3 % zu variieren.

Die Zustimmung zu beiden Fragen wurde von allen Parteien in Schottland unterstützt: Von der SNP, von *Labour* und den *Liberal Democrats* – nur nicht von den Konservativen, obwohl auch sie viele Befürworter in ihren Reihen hatten. Das Ergebnis: 72 % antworteten auf die erste Frage mit Ja und 60 % auf die zweite. Es war also (im Gegensatz zu 1979) ein eindeutiges Ergebnis, und es war ein Ergebnis, das sich auf alle sozialen Schichten und auf alle Regionen des Landes ziemlich gleichmäßig verteilte. Nur zwei Wahlkreise, nämlich Orkney und Dumfries & Galloway, optierten zwar auf die erste Frage mit Ja, nicht aber auf die zweite. Bei einer Wahlbeteiligung von 57,8 % ließ sich errechnen, daß deutlich mehr als 40 % der wahlberechtigten Schotten für *Devolution* gestimmt hatten – dies war 1979 die Klausel gewesen, an der die Volksabstimmung gescheitert war. Die Legitimation der neuen Verfassung war also eindeutig. Und Tony Blair hatte mit seiner Linie, der Sicherheit halber ein Referendum durchzuführen, ebenfalls einen vollen Erfolg zu verbuchen.

Damit war der Weg frei für die ersten schottischen Parlamentswahlen seit fast 300 Jahren. Natürlich siegte *Labour*, aber auch die *Liberal Democrats* erreichten ein gutes Ergebnis. Auch die SNP, die eigentlich ein völlig von Großbritannien unabhängiges Schottland wollte und für die *Devolution* nur die zweitbeste Lösung war, fand sich im Parlament wieder. Erstmals traten die Grünen an: Eine Partei, die man bis dahin in Großbritannien noch nicht gesehen hatte. Die Regierungsbildung verlief völlig unbritisch: Man hatte nämlich in Schottland das traditionelle britische Mehrheitswahlrecht ergänzt um eine weitere Gruppe von Abgeordneten, die in den für die Europawahl zugeschnittenen Wahlkreisen nach dem Verhältniswahlrecht gewählt wurden (*additional member system*: 73 Direktmandate und 56 zusätzliche). So konnte man nun auch eine Koalitionsregierung bilden, an der die SNP nicht beteiligt war: *Labour* und die *Liberal Democrats* bildeten gemeinsam die schottische Regierung, welche Donald Dewar zum ersten *First Minister* des neuen Parlamentes machte (der allerdings 2000 schon verstarb). SNP bildete die Opposition.

Die Kompetenzen des neuen Parlamentes blieben begrenzt: Außenpolitik, Verteidigung und Sicherheitspolitik sollten in Westminster verbleiben, ebenso die allgemeine Finanz- und Steuerpolitik, das Arbeitsrecht und das Transportwesen. Es ging also im neuen Parlament von Edinburgh wesentlich um eigene schottische Angelegenheiten, welche in früheren Zeiten vom Schottlandminister der jeweiligen Regierung erledigt worden waren. Im Zentrum der Arbeit standen mit Erziehung und Justiz diejenigen Bereiche, welche traditionelle schottische Reservatrechte enthielten, ergänzt um Landwirtschaft und Gesundheit. Die psychologische Bedeutung des eigenen Parlamentes war unschätzbar: Es wollte volksnah sein und sich nicht gegen aktuelle Strömungen in der schottischen Gesellschaft abschotten. Der Weg nach Edinburgh war in jedem Fall kürzer als der nach London.

Ein Gebäude fehlte vorerst noch. Zunächst war die Royal High School auf dem Calton Hill in Edinburgh ins Auge gefaßt worden, die aber ein Symbol der Nationalisten darstellte und deshalb für *Labour* nicht wirklich tragbar schien. Man erklärte sie für zu eng und wich aus auf die General Assembly Hall der *Church of Scotland* am Mound in Edinburgh. Wieder einmal erwies sich die traditionelle Nähe von protestantischer Kirche und Staat in Schottland. Auf längere Sicht wollte man dieses Domizil aber nicht nutzen, sondern statt dessen dem Parlament ein eigenes Gebäude schaffen, und zwar auf dem Platz, den eine ehemalige Brauerei räumte, welche nahe bei Holyrood einen gewissermaßen nationalen Standort anzubieten hatte. Der Preis für dieses Grundstück: Es war klein und verwinkelt; ein architcktonisch aussagekräftiges Gebäude ließ sich dort nicht schaffen. Es sollte 2001 bezogen werden; dies verzögerte sich bis 2004. Die Kosten wurden zunächst gering veranschlagt (40 Millionen Pfund); die wirklich entstehenden Kosten explodierten und ließen nicht nur Freunden der Union die Haare zu Berge stehen (400 Millionen Pfund). Das Gebäude wurde von den katalanischen Architekten Enric Miralles und Benedetta Tagliabue entworfen und war von Anfang an umstritten. Unter Kollegen erfuhr es hohe Anerkennung und erhielt eine Reihe von Architekturpreisen. Ein lokaler Rundfunksender (*Channel 4*) bündelte die in der Bevölkerung verbreitete Ablehnung und startete eine Kampagne mit dem Slogan: »*Pull the vile thing down*«. Nach einer repräsentativen Umfrage dieses Senders gehört das neue schottische Parlamentsgebäude zu den zwölf »*most hated eyesore buildings*« in Großbritannien.

Die Sitzverhältnisse im schottischen Parlament entwikkelten sich von der ersten Wahl 1999 zur zweiten 2003 in folgender Weise: *Labour* bildete die stärkste Fraktion mit 56 Sitzen und ging 2003 auf 50 zurück, während sich der Regierungspartner *Liberal Democrats* stabil hielt (17 Sitze). Die Opposition wurde von der SNP geführt, die 1999 auf 35 Sitze gekommen war, 2003 nur noch auf 26. Die weitgehend neutralisierten Konservativen blieben stabil bei 18 Sitzen. Nebenbei sei erwähnt, daß die neue *Scottish Green Party*, die im ersten Parlament einen einzigen Sitz erlangt hatte, 2003 deren sieben erreichte, die *Independents* zunächst einen, dann vier Sitze und die *Scottish Senior Citizens Unity Party* zunächst keinen, dann einen Sitz. Die Parlamentswahlen von 2007 brachten eine Kursänderung insofern, als die bis dahin regierenden Parteien Verluste erlitten (*Labour* 46 Sitze, *Liberal Democrats* 16 Sitze) und die Regierungsführung an die *Scottish National Party* abgeben mußten (47 Sitze), die unter ihrem Führer Alex Salmond mit Hilfe der *Green Party* (2 Sitze) eine Minderheitsregierung bildete (Konservative 17, Unabhängige 1 Sitz). Seitdem tobt ein Meinungskampf darum, ob in Schottland ein neues Referendum für eine weitergehende Unabhängigkeit stattfinden soll, wie es der Regierungschef anstrebt.

Die unionsfreundlichen Konservativen hatten sich überwiegend gegen den Devolutionsprozeß gestellt, weil sie fürchteten, daß die Nationalisten die Oberhand gewinnen und Schottland vollkommen von Großbritannien losreißen würden. Diese Prognose bewahrheitete sich nicht. Vielmehr mußte man feststellen, daß die Politiker in Edinburgh sich nicht viel anders verhielten als die Politiker in Westminster. In bezug auf die erste Legislaturperiode wurde Kritik laut, daß die Chance zu einer grundlegenden Erneuerung Schottlands verpaßt worden sei.

Solche Unzufriedenheit kommt natürlich aus enttäuschten Erwartungen. Immerhin besteht unter Schotten heute Konsens, daß sie (trotz aller Kritik im einzelnen) ihr eigenes Parlament behalten wollen. Einer repräsentativen Umfrage zufolge erwarten zwei Drittel aller Briten, daß sich Schottland binnen einer Generation zu einem vollständig unabhängigen Staat entwickeln werde. Die allgemeine Erwägung dabei ist etwa folgende: Wenn die *Devolution* erfolgreich verläuft, wird der Erfolg dem neuen Parlament zugeschrieben werden. Daran wird sich dann folgerichtig die Forderung knüpfen, durch eine weitergehende Unabhängigkeit den Schotten volle Verantwortung für die Gestaltung ihres eigenen Glückes zu geben. Wenn die *Devolution* aber scheitert, wird man dafür nicht das schottische Parlament, sondern vielmehr die nach wie vor vorhandene Kontrolle und Gängelung durch Westminster verantwortlich machen. Die Schotten werden in diesem Fall eine größere Unabhängigkeit fordern, um das Ziel der *Devolution* zu erreichen.

Diese Prognose steht freilich auf tönernen Füßen, weil sich die Rahmenbedingungen fortwährend im Fluß befinden. Hier ist insbesondere an den fortschreitenden Prozeß der europäischen Einheit zu denken. Was heißt auf europäischer Ebene überhaupt »nationale Einheit«? Während die Schotten einerseits an Selbstbestimmungskompetenzen für ihr Land zugenommen haben, mußten sie andererseits (wie andere Länder auch) Kompetenzen an Europa abgeben. Insofern ist ein eigenes Parlament im europäischen Kontext nicht mehr das, was ein eigenes Parlament im britischen Kontext gewesen wäre. Vielleicht wird in der britischen Geschichte mit den neuen Parlamenten für Schottland und Wales nur die föderale Entwicklung nachgeholt, die in Deutschland mit seiner anderen Geschichte zu 16 Länderparlamenten führte. Vielleicht ist Schottland am Ende im europäischen Rahmen nur eine Region, keine Nation.

Das führt uns zu der Frage, ob der schottische Nationalismus nicht ein unzeitgemäßes Phänomen war, nachholend, was anderswo in Europa im 19. Jahrhundert die Tagesordnung bestimmt hatte. Dies läßt sich bejahen, und trotzdem: Indem es am Ende des 20. Jahrhunderts zum Durchbruch kam, steht es in einem neuen Kontext. Der schottische Nationalismus kann sich (wie andere europäische Nationalismen) auf tiefe Wurzeln in der Geschichte beziehen, er ist kein aufgesetztes Phänomen wie manche afrikanischen Nationalismen. Und er kann sich darauf beziehen, daß in wesentlichen Bereichen des Lebens, in bezug auf Kirche, Schule und Recht, die schottische Geschichte durchgehend eine eigene, nicht britische war. Insofern ist es auch täuschend, die Aufhebung des Parlaments von 1707 und die Einrichtung eines neuen Parlaments 1999 zu sehr in den Vordergrund zu stellen. Auch in der Zeit der Union hatte Schottland seine Reservatrechte; es war nie völlig integriert und britisch überformt.

Eine weitere Frage könnte sich darauf richten, ob man nicht den schottischen Nationalismus am Ende des 20. Jahrhunderts zwangsläufig vergleichen müsse mit den Nationalismen, die nach dem Zerfall des Ostblocks entstanden sind, auf dem Balkan und im Bereich der früheren Sowjetunion. Die Schotten selber sind der Meinung, daß dieser Vergleich nicht statthaft sei. Das Hauptargument richtet sich auf die Art des schottischen Nationalismus, der eben nicht rassisch oder ethnisch sei, sondern auf die bürgerliche Gesellschaft bezogen (*civic nationalism*). Das heißt: Nach diesem Selbstverständnis ist derjenige Schotte, der sich dem Staat zugehörig fühlt, unabhängig von seinen Eltern, seinem Geburtsort, seiner Herkunft. Solches Denken (ein bloßer ›Verfassungspatriotismus‹) ist allerdings leicht, solange ethnische und religiöse Minderheiten quantitativ nicht ins Gewicht fallen. Was aber, wenn Schottland (wofür einiges spricht) in Zukunft stärker zum Ziel von Einwanderern aus anderen Kulturen werden sollte?

Ein weiteres Problem sind die Millionen von Auslandsschotten, welche durchaus Einfluß auf das Geschehen in Schottland haben. Beispielsweise hat sich der durch seine

Rolle als James Bond bekannte Hollywood-Schauspieler schottischer Herkunft Sean Connery jahrzehntelang für die SNP eingesetzt. Er hat den schottischen Nationalisten nicht nur durch seine Prominenz geholfen, sondern auch durch große Geldspenden manche ihrer Kampagnen finanziert. Dies ist nur ein Einzelbeispiel für die Möglichkeit von Rückwirkungen. Wie die Iren sind auch die Schotten in hohem Maße auf das bezogen, was ihre Landsleute in Amerika denken, sagen und tun.

Schottland ist als *Region* nicht zureichend beschrieben – Schottland ist eine *Nation*. Das Bewußtsein eigener Nationalität ist in 700 Jahren gewachsen und auch in der Zeit der Union nie völlig verschwunden. Worin besteht nun die Eigenständigkeit Schottlands als Nation?

1. Schottland hat eine eigene *Geschichte*.

2. Es gibt einen Komplex *nationaler Eigenschaften*, über den sich Schotten in den *Highlands* und *Lowlands* einig sind und der sie von den Engländern abgrenzt. Oberflächlich betrachtet, zeigt sich das im Tartan- und Dudelsackwesen. Aber dahinter steht die entscheidende Frage der Kenntlichkeit. Wie die Menschen in Northumberland oder Lancastershire sind, weiß niemand zu sagen. Aber daß die Schotten sparsam und zäh sind, trinkfest und leistungsfähig, ehrlich und gerechtigkeitsliebend, gehört zum europäischen Allgemeinwissen.

3. Die Kenntlichkeit der Schotten als solche hängt aber in der Tat auch mit der *Folklore* zusammen, mit Musik und Tanz, mit Whisky und Kilt. Solches Brauchtum erscheint äußerlich, aber es grenzt ab. Daß sich Wales nur mühsam als Region innerhalb Großbritanniens zu profilieren vermag, hängt auch mit einem Mangel an zeichenhaften Cha-

rakteristika zusammen. Wer weiß schon, wie ein Waliser aussieht und was spezifisch walisisch ist?

4. Schottland bewahrte sich sein eigenes *Recht*. Wir konnten zwar feststellen, daß dieses schon im Mittelalter vom englischen *Common Law* beeinflußt wurde, aber es blieb trotz alledem eigenständig. In diesem Punkt unterscheidet sich Schottland beispielsweise von Irland und Wales, welche ihre älteren Rechtstraditionen nicht gegen die englische behaupten konnten.

5. *Religion:* Schottland hat seine eigene Kirche, seine eigene Konfession. Dieser Faktor scheint heute, in einer weitgehend säkularisierten Gesellschaft, nicht mehr so wichtig, bestimmte jedoch das schottische Selbstbewußtsein in den letzten 500 Jahren.

6. *Bildungswesen:* Auch wenn das gegenwärtig kaum mehr erkennbar ist – Schottland hatte durch die Jahrhunderte seine eigene Bildungsgeschichte und kultivierte mit vollem Recht ein Bewußtsein der Überlegenheit schottischer Bildung gegenüber der englischen. Gegenwärtig ist das schottische Bildungswesen zwar (der Struktur nach) anglisiert, hat aber im Zusammenhang der eigenständigen politischen Entwicklung nationale Inhalte aufgenommen und kann mithin eine schottische Identität befördern.

7. Was den Schotten fehlt: eine Nationalsprache. Die autonome Entwicklung des *Scots* zur Literatursprache wurde im späten 15. Jahrhundert abgebrochen und ist spätestens seit der Reformation, welche Englisch zur Sprache der reformierten Religion machte, nicht mehr zu ändern. Auch Robert Burns und Hugh MacDiarmid konnten diesen Prozeß nicht umkehren. Andererseits ist auch das Gälische nicht zur Sprache der Schotten geworden, mochten

sich auch immer wieder gesellschaftliche und staatliche Bestrebungen mit solcher Absicht zeigen. Gälisch ist eine Art von schottischer Zweitsprache, eng verbunden mit Musik und Lyrik, aber nicht ausschlaggebend für die schottische Identität. Das Kennzeichen des Englischen ist seit hundert Jahren schon, daß es nicht nur die Sprache der Engländer ist, sondern (unterstützt durch Amerika) zu einer Weltsprache geworden ist. Daß dieses Englische auch die Sprache der Schotten ist, verhilft ihnen in diesem Punkt zwar nicht zu trennscharfer Abgrenzung, wohl aber (unter Umständen absichtslos) zu einem Standortvorteil im internationalen Wettbewerb.

Literaturhinweise

Allgemeines

Cowan, Edward J. / Finley, Richard: Scotland Since 1688. Struggle for a Nation. London 2000.

– / – (Hrsg.): Scottish History. The Power of the Past. Edinburgh 2002.

Davies, Norman: The Isles. London 1999.

Devine, T.M.: The Scottish Nation 1700–2000. London [u.a.] 1999.

Eriksonas, Linas: National Heroes and National Identities. Scotland, Norway and Lithuania. Brüssel [u.a.] 2004.

Glendinning, Miles / MacKechnie, Aonghus: Scottish Architecture. London 2004.

Grant, Alexander / Stringer, Keith M. (Hrsg.): Uniting the Kingdom? The Making of British History. London / New York 1995.

Haigh, Christopher (Hrsg.): The Cambridge Historical Encyclopedia of Great Britain and Ireland. Cambridge [u.a.] 1985.

Harvie, Christopher: Scotland & Nationalism. Scottish Society and Politics 1707–1994. London / New York ^{2}1994.

– Scotland. A Short History. Oxford [u.a.] 2002.

Houston, R.A. / Knox, W.W.J.: The New Penguin History of Scotland. From the Earliest Times to the Present Day. London [u.a.] 2001.

Kearney, Hugh: The British Isles. A History of Four Nations. Cambridge [u.a.] 1989.

Lynch, Michael: Scotland. A New History. London 1991.

– (Hrsg.): The Oxford Companion to Scottish History. Oxford 2001.

Mackie, J.D.: A History of Scotland. Harmondsworth ^{2}1978.

MacPhail, Duncan: The Historical Handbook to Scotland. Edinburgh 2002.

Magnusson, Magnus: Scotland. The Story of a Nation. London 2001.

McNeill, P.G.B. / MacQueen, H.L. (Hrsg.): Atlas of Scottish History to 1707. Edinburgh 1996/2000.

Menzies, Gordon (Hrsg.): In Search of Scotland. Edinburgh 2001.

– Who Are the Scots? And, The Scottish Nation. Edinburgh 2002.

Mitchison, Rosalind: A History of Scotland. London [u.a.] ³2002.
Pittock, Murray G.H.: A New History of Scotland. Stroud 2003.
Somerset Fry, Peter and Fiona: The History of Scotland. London / New York 1982/93.
Tabraham, Chris: Illustrated History of Scotland. Edinburgh [2003].
Weight, Richard: Patriots: National Identity in Britain 1840–2000. London 2002.
Welsh, Frank: The Four Nations. A History of the United Kingdom. London 2002.
Wormald, Jenny (Hrsg.): Scotland. A History. Oxford [u.a.] 2005.
– Scotland Revisited. London 1991.

Quellensammlungen

Donaldson, Gordon: Scottish Historical Documents. Edinburgh 1970.
Keller, Ulrike (Hrsg.): Reisende in Schottland seit 325 v.Chr. Ein kulturhistorisches Lesebuch. Wien 2008.
Smout, T.C. / Wood, Sydney: Scottish Voices 1745–1960. London 1991.
Yeoman, Louise (Hrsg.): Reportage Scotland. Scottish History in the Voices of Those Who Were There. Edinburgh 2000.

Epochenübergreifende Darstellungen einzelner Sachbereiche und Themen

A Companion Guide to the Scottish National Portrait Gallery. Edinburgh 1999.
Abrams, Lynn: Gender in Scottish History since 1700. Edinburgh 2006.
Anderson, Robert D. [u.a.]: The University of Edinburgh. An Illustrated History. Edinburgh 2003.
Broadie, Alexander: A History of Scottish Philosophy. Edinburgh 2010.
Dingwall, Helen M.: A History of Scottish Medicine. Themes and Influences. Edinburgh 2003.

Karasarinis, Markos: Spectres of the Past. A Comparative Study of the Role of Historiography and Cultural Memory in the Development of Nationalism in Modern Scotland and Greece. Glasgow 2001.

Kay, Billy: Scots. The Mither Tongue [1986]. Edinburgh/London 2006.

Klieforth, Alexander Leslie / Munro, Robert John: The Scottish Invention of America, Democracy and Human Rights. A History of Liberty and Freedom from the Ancient Celts to the New Millenium. Dallas (Tex.) [u.a.] 2004.

Macdonald, Murdo: Scottish Art. London 2000.

MacDougall, Carl: Writing Scotland. How Scotland's Writers Shaped the Nation. Edinburgh 2004.

Massie, Alan: The Thistle and the Rose. Six Centuries of Love and Hate between the Scots and the English. London 2005.

Mays, Deborah C. [u.a.] (Hrsg.): Visions of Scotland's Past. Looking to the Future. East Linton 2000.

Oram, Richard (Hrsg.): The Kings & Queens of Scotland. Stroud ²2004.

Pittock, Murray G.H.: Celtic Identity and the British Image. Manchester / New York 1999.

Siebers, Winfried / Zagratzki, Uwe (Hrsg.): Deutsche Schottlandbilder. Beiträge zur Kulturgeschichte. Osnabrück 1998.

Stenhouse, David: How the Scots Took Over London. Edinburgh [u.a.] 2005.

Geschichte Schottlands vor der Entstehung einer schottischen Nation (die ersten 10 000 Jahre)

Aitchison, Nicholas: Macbeth. Man and Myth. Stroud 1999.

– The Picts and the Scots at War. Stroud [2002].

Alcock, Leslie: Kings and Warriors, Craftsmen and Priests in Northern Britain AD 550–850. Edinburgh 2003.

Allen, J. Romilly / Anderson, Joseph: Early Christian Monuments of Scotland. Edinburgh 1903. [Repr. 1993.]

Anderson, Alan O.: Scottish Annals from English Chroniclers. A.D. 500 to 1286. London 1908. [Repr. Stamford 1991.]
Armit, Ian: Celtic Scotland. Iron Age Scotland in Its European Context. London 1997/2005.
Breeze, David J.: Roman Scotland. Frontier Country. London 1996/2006.
– / Clancy, Thomas / Welander, Richard (Hrsg.): The Stone of Destiny. Edinburgh 2002.
Campbell, Ewan: Saints and Sea-Kings. The First Kingdom of the Scots. Edinburgh 1999.
Carver, Martin: Surviving in Symbols. A Visit to the Pictish Nation. Edinburgh 1999.
Cavers, Graeme: Crannogs and Later Prehistoric Settlement in Western Scotland. Oxford 2010.
Clancy, Thomas O. (Hrsg.): Triumph Tree. Scotland's Earliest Poetry AD 550–1350. Edinburgh 1998.
Crawford, Barbara: Scandinavian Scotland. Leicester 1987.
Driscoll, Stephen T.: Alba. The Gaelic Kingdom of Scotland AD 800–1124. Edinburgh 2002.
Duncan, A.A.M.: The Kingship of the Scots, 842–1292. Succession and Independence. Edinburgh 2002.
Foster, Sally M.: Picts, Gaels and Scots. Early Historic Scotland. London 2004.
– (Hrsg.): The St Andrews Sarcophagus. A Pictish Masterpiece and its International Connections. Dublin 1998.
Graham-Campbell, James / Batey, Colleen: Vikings in Scotland. An Archaeological Survey. Edinburgh 1998.
Heald, Andrew (Hrsg.): The Vikings and Scotland: Impact and Influence. Edinburgh 2007.
Hingley, Richard: Settlement and Sacrifice. The Later Prehistoric People of Scotland. Edinburgh 1998.
Hoffmann, Birgitta: Die Römer in Schottland. Roman Gask Ridge, das römische Grenzsystem in Schottland. Aschaffenburg 2006.
Lowe, Chris: Angels, Fools and Tyrants. Britons and Anglo-Saxons in Southern Scotland AD 450–750. Edinburgh 1999.

Macquarrie, Alan: The Saints of Scotland. Essays in Scottish Church History 450–1093. Glasgow 1997.
Moffat, Alistair: Before Scotland: The Story of Scotland before History. London 2005.
Murray, Jane (Hrsg.): St. Ninian and the Earliest Christianity in Scotland. Oxford 2009.
Omand, Donald (Hrsg.): The Orkney Book. Edinburgh 2003.
Owen, Olwyn: The Sea Road. A Viking Voyage through Scotland. Edinburgh 1999.
Shields, Juliet: Crannogs and Later Prehistoric Settlement in Western Scotland. Cambridge 2010.

Die Entstehung eines schottischen Königreiches Dynastie, Feudalismus, Städtewesen, Kirche und Kultursynthese (1124–1286)

Barrow, G.W.S.: The Anglo-Norman Era in Scottish History. Oxford 1980.
– Scotland and its Neighbours in the Middle Ages. London 1992.
– Kingship and Unity. Scotland 1000–1306. Edinburgh [2]2003.
– The Kingdom of the Scots. Government, Church and Society from the Eleventh to the Fourteenth Century. Edinburgh [2]2003.
Bartlett, Robert: Die Geburt Europas aus dem Geist der Gewalt. Eroberung, Kolonisierung und kultureller Wandel von 950 bis 1350. München 1996.
Broun, Dauvit [u.a.] (Hrsg.): Image and Identity. The Making and Re-making of Scotland through the Ages. Edinburgh 1998.
– Scottish Independence and the Idea of Britain: From the Picts to Alexander III. Edinburgh 2007.
Cowan, Ian B.: The Medieval Church in Scotland. Edinburgh 1995.
– / Easson, D.E.: Medieval Religious Houses. Scotland. London [2]1976.
Davies, R.R.: The First English Empire. Power and Identities in the British Isles, 1093–1350. Oxford 2000.
Duffy, Seán (Hrsg.): The World of the Galloglass: Kings, Warlords

and Warriors in Ireland and Scotland, 1200–1600. Dublin [u.a.] 2007.
Duncan, A. A. M.: Scotland. The Making of the Kingdom. Edinburgh 1975.
– The Kingship of the Scots, 842–1292. Succession and Independence. Edinburgh 2002.
Fawcett, Richard: Scottish Abbeys and Priories. London 1994.
– Scottish Cathedrals. London 1997.
Frame, Robin: The Political Development of the British Isles, 1100–1400. Oxford 1995.
Grant, A. / Stringer, K. J. (Hrsg.): Medieval Scotland. Crown, Lordship and Community. Edinburgh 1993/98.
Lynch, M. [u.a.] (Hrsg.): The Scottish Medieval Town. Edinburgh 1988.
Macquarrie, Alan: Medieval Scotland. Kingship and Nation. Stroud 2004.
MacQueen, Hector L.: Common Law and Feudal Society in Medieval Scotland. Edinburgh 1993.
Marshall, Rosalind K.: Scottish Queens 1034–1714. East Linton 2003.
McDonald, R. Andrew (Hrsg.): History, Literature, and Music in Scotland, 700–1560. Toronto [u.a.] [2002].
Neville, Cynthia J.: Native Lordship in Medieval Scotland. The Earldoms of Strathearn and Lennox, c. 1140–1365. Dublin 2005.
Oram, Richard D.: David I. The King Who Made Scotland. Stroud 2004.
Paterson, Raymond Campbell: The Lords of the Isles. A History of Clan Donald. Edinburgh 2001.
Tabraham, Chris: Scotland's Castles. London 1997.
Webster, Bruce: Medieval Scotland. The Making of an Identity. Basingstoke [u.a.] 1997.
Welander, Richard (Hrsg.): The Stone of Destiny. Artefact and Icon. Edinburgh 2003.
Whyte, Ian D.: Scotland before the Industrial Revolution. An Economic and Social History, c. 1050 – c. 1750. London 1995.
Yeoman, Peter: Pilgrimage in Medieval Scotland. London 1999.

Die Unabhängigkeitskriege und die Entstehung eines schottischen Nationalbewußtseins (1286–1488)

Barrow, G. W. S.: Robert Bruce and the Community of the Realm of Scotland. Edinburgh [3]1988.

– (Hrsg.): The Declaration of Arbroath. History, Significance, Setting. Edinburgh 2003.

Boardman, Steve / Ross, Alasdair (Hrsg.): The Exercise of Power in Medieval Scotland, c. 1200–1500. Dublin [u. a.] 2003.

Brown, Chris: Robert the Bruce. A Life Chronicled. Stroud 2004.

Brown, Jennifer M. (Hrsg.): Scottish Society in the Fifteenth Century. London 1977.

Brown, Michael: The Wars of Scotland, 1214–1371. Edinburgh 2004.

– Bannockburn: The Scottish War and the British Isles, 1307–1323. Edinburgh 2008.

– Scottish Baronial Castles 1250–1450. Oxford 2009.

Brown, Yvonne Galloway (Hrsg.): Twisted Sisters. Women, Crime and Deviance in Scotland since 1400. East Linton 2002.

Cowan, Edward J.: ›For Freedom Alone‹. The Declaration of Arbroath, 1320. East Linton 2003.

Crawford, Barbara E. (Hrsg.): Church, Chronicle and Learning in Medieval and Early Renaissance Scotland. Edinburgh 1999.

Dilworth, M.: Scottish Monasteries in the Late Middle Ages. Edinburgh 1995.

Ditchburn, David: Scotland and Europe. The Medieval Kingdom and its Contacts with Christendom, c. 1215–1545. Bd. 1: Religion, Culture and Commerce. East Linton 2001.

Ewan, Elizabeth: Townlife in Fourteenth-Century Scotland. Edinburgh 1990.

Fawcett, Richard: Scottish Architecture from the Accession of the Stewarts to the Reformation, 1371–1560. Edinburgh 1994.

Grant, Alexander: Independence and Nationhood. Scotland, 1306–1469. London 1984.

King, Andy / Penman, Michael A.: England and Scotland in the Fourteenth Century: New Perspectives. Woodbridge [u. a.] 2007.

MacDougall, Norman: An Antidote to the English. The Auld Alliance, 1295–1560. East Linton 2001.
McLeod, Wilson: Divided Gaels. Gaelic Cultural Identities in Scotland and Ireland c. 1200 – c. 1650. Oxford [u.a.] 2004.
Morton, Graeme: William Wallace. Man and Myth. Stroud 2004.
Neville, Cynthia J.: Land, Law and People in Medieval Scotland. Edinburgh 2010.
Nusbacher, Aryeh J.S.: The Battle of Bannockburn, 1314. Stroud 2000.
Penman, Michael A.: David II, 1329–71. East Linton 2004.
Rigby, S.H. (Hrsg.): A Companion to Britain in the Later Middle Ages. Oxford [u.a.] 2003.
Rose, Alexander: Kings in the North: The House of Percy in British History. London 2001.
Sadler, John: Border Fury. England and Scotland at War, 1296–1568. Harlow [u.a.] 2005.
Tanner, Roland: The Late Medieval Scottish Parliament. Politics and the Three Estates, 1424–1488. East Linton 2001.
Wallner, Susanne: The Myth of William Wallace. A Study of the National Hero's Impact on Scottish History, Literature and Modern Politics. Stuttgart 2003.
Winchester, Angus J. L.: The Harvest of the Hills. Rural Life in Northern England and the Scottish Borders, 1400–1700. Edinburgh 2002.

Renaissance und Reformation in Schottland (1488–1603)

Barr, Niall: Flodden 1513. The Scottish Invasion of Henry VIII's England. Stroud 2001.
Cameron, Jamie: James V. The Personal Rule. East Linton 1998.
Cathvart, Alison: Kingship and Clientage: Highland Clanship, 1451–1609. Leiden [u.a.] 2006.
Cowan, Ian B.: The Scottish Reformation. Church and Society in Sixteenth-Century Scotland. London 1982.
Donaldson, George: The Scottish Reformation. Cambridge 1960.

Donaldson, Gordon: Scotland. James V – James VII. Edinburgh 1965.
Dunn, Jane: Elizabeth and Mary. Cousins, Rivals, Queens. London 2003.
Goodare, Julian (Hrsg.): The Scottish Witch-Hunt in Context. Manchester [u.a.] 2002.
– / Lynch, Michael (Hrsg.): The Reign of James VI. East Linton 2000.
Gribben, Crawford / Mullan, David George: Literature and the Scottish Reformation. Farnham [u.a.] 2009.
Guy, John: Queen of Scots. The True Life of Mary Stuart. Boston (Mass.) [u.a.] 2004.
Houston, R. A.: Scottish Society, 1500–1800. Cambridge [u.a.] 2005.
Kellar, Clare: Scotland, England, and the Reformation 1534–1561. Oxford [u.a.] 2003.
Kirk, James: Patterns of Reform. Continuity and Change in the Reformation Kirk. Edinburgh 1989.
Kyle, Richard G.: The Ministry of John Knox. Pastor, Preacher, and Prophet. Lewiston (NY) [u.a.] [2002].
Lee, Maurice, Jr.: Great Britain's Solomon. James VI and I in his Three Kingdoms. Urbana (Ill.) 1991.
Levack, Brian P.: Hexenjagd. Die Geschichte der Hexenverfolgungen in Europa. München 1995.
Lynch, Michael (Hrsg.): Mary Stewart. Queen in Three Kingdoms. Oxford 1988.
Macdonald, Stuart: The Witches of Fife. Witch-Hunting in a Scottish Shire, 1560–1710. East Linton 2002.
Mapstone, Sally / Wood, Juliette (Hrsg.): The Rose and the Thistle. Essays on the Culture of Late Medieval and Renaissance Scotland. East Linton 1998.
McRoberts, David (Hrsg.): Essays in the Scottish Reformation. Glasgow 1962.
Mason, Roger: John Knox and the British Reformations. Aldershot 1998.
– Kingship and the Commonwealth. Political Thought in Renaissance and Reformation Scotland. East Linton 1998.

Maxwell-Stuart, P.G.: Satan's Conspiracy. Magic and Witchcraft in Sixteenth-Century Scotland. East Linton 2001.
– An Abundance of Witches. The Great Scottish Witch-hunt. Stroud 2005.
Nicholls, Mark: A History of the Modern British Isles, 1529–1603. The Two Kingdoms. Oxford [u.a.] 1999.
Ryrie, Alex: The Origins of the Scottish Reformation. Manchester [u.a.] 2006.
Sanderson, Margaret H.B.: Scottish Rural Society in the Sixteenth Century. Edinburgh 1982.
– A Kindly Place? Living in Sixteenth-Century Scotland. East Linton 2002.
Smith, Alan G.R.: The Emergence of a Nation State. The Commonwealth of England 1529–1660. London / New York 1984.
Todd, Margo: The Culture of Protestantism in Early Modern Scotland. New Haven (Conn.) [u.a.] 2002.
Warnicke, Retha M.: Mary, Queen of Scots. London [u.a.] 2006.
Whytock, Jack C.: Continental Calvinian Influences on the Scottish Reformation: The First Book of Discipline. Lewiston (NY) [u.a.] 2009.
Williams, J.H. (Hrsg.): Stewart Style 1513–1542. Essays on the Court of James V. East Linton 1996.
Wormald, Jenny: Court, Kirk and Community. Scotland, 1469–1625. London 1981.
– Lords and Men in Scotland. Bonds of Manrent, 1442–1603. Edinburgh 1982.
– Maria Stuart. Freiburg i.Br. / Würzburg 1992.

Schottland auf dem Weg der Union (1603–1707)

Asch, Ronald G. (Hrsg.): Three Nations – A Common History? England, Scotland, Ireland and British History c. 1600–1920. Bochum 1993.
– Nobilities in Transition 1550–1700. Courtiers and Rebels in Britain and Europe. London 2003.

– Jakob I. (1566–1625). König von England und Schottland. Herrscher des Friedens im Zeitalter der Religionskriege. Stuttgart 2005.
Bowie, Karen: Scottish Public Opinion and the Anglo-Scottish Union: 1699–1707. London [u. a.] 2007.
Brown, Keith M.: Kingdom or Province? Scotland and the Regal Union, 1603–1715. Basingstoke [u. a.] 1992.
Buckroyd, Julia: Church and State in Scotland, 1660–1681. Edinburgh 1980.
Covan, Ian B.: The Scottish Covenanters, 1660–1688. London 1976.
Coward, Barry (Hrsg.): A Companion to Stuart Britain. Oxford [u. a.] 2003.
Donaldson, George: Scotland: James V to James VII. Edinburgh 1965.
Dow, F. D.: Cromwellian Scotland, 1651–1660. Edinburgh 1979.
Foyster, Elizabeth A. / Whatley, Christopher A. (Hrsg.): A History of Everyday Life in Scotland, 1600 to 1800. Edinburgh 2010.
Fry, Michael: The Union: England, Scotland and the Treaty of 1707. Edinburgh 2006.
Galloway, Bruce: The Union of England and Scotland, 1603–1608. Edinburgh 1986.
Hanham, Alison: Sinners of Cramond. The Struggle to Impose Godly Behaviour on a Scottish Community, 1651–1851. Edinburgh 2005.
Holmes, Geoffrey: The Making of A Great Power. Late Stuart and Early Georgian Britain 1660–1722. London / New York 1993.
Jackson, Clare: Restoration Scotland, 1660–1690. Royalist Politics, Religion and Ideas. Woodbridge [u. a.] 2003.
Lee, Maurice: The Road to Revolution. Scotland under Charles I, 1625–1637. Urbana (Ill.) 1985.
Levack, Brian P.: The Formation of the British State. England, Scotland and the Union, 1603–1707. Oxford 1987.
Mason, Roger A. (Hrsg.): Scots and Britons. Scottish Political Thought and the Union of 1603. Cambridge 1994.
Mitchison, Rosalind: Lordship to Patronage. Scotland 1603–1745. Edinburgh 1983.

Mullan, David George (Hrsg.): Religious Controversy in Scotland 1625–1639. Edinburgh 1998.
– Narratives of the Religious Self in Early Modern Scotland. Farnham 2010.
Murdoch, Steve (Hrsg.): Scotland and the Thirty Years' War, 1618–1648. Leiden [u.a.] 2001.
– Fighting for Identity. Scottish Military Experience c. 1550–1900. Leiden [u.a.] 2002.
Royle, Trevor: Civil Wars. The Wars of the Three Kingdoms, 1638–1660. London 2004.
Smith, David L.: A History of the Modern British Isles, 1603–1707. The Double Crown. Oxford [u.a.] 1998.
Spurlock, Roy Scott: Cromwell and Scotland: Conquest and Religion, 1650–1660. Edinburgh 2007.
Stevenson, David: The Scottish Revolution, 1637–1644. Newton Abbott 1973.
– Revolution and Counter-Revolution in Scotland, 1644–1651. London 1977.

Schottland in Union mit England Von den Jakobiten bis zur Blüte der schottischen Aufklärung (1707 bis 1801)

Allan, David: Scotland in the Eighteenth Century. Harlow [u.a.] 2002.
Broadie, Alexander: The Scottish Enlightenment. The Historical Age of the Historical Nation. Edinburgh 2001/05.
– (Hrsg.): The Cambridge Companion to the Scottish Enlightenment. Cambridge [u.a.] 2003.
Brown, Callum G.: Religion and Society in Scotland since 1707. Edinburgh 1997.
Brown, Stewart J. (Hrsg.): The Union of 1707: New Dimensions. Edinburgh 2008.
Brumwell, Stephen / Speck, W.A.: Cassell's Companion to Eighteenth-Century Britain. London 2001.

Buchan, James: Capital of the Mind. How Edinburgh Changed the World. London 2003.
Campbell, R.H.: The Rise and Fall of Scottish Industry 1707–1939. Edinburgh 1980.
Cosh, Mary: Edinburgh. The Golden Age. Edinburgh 2003.
Davidson, Neil: Discovering the Scottish Revolution 1692–1746. London [u.a.] 2003.
Dawson, Deirdre / Morère, Pierre (Hrsg.): Scotland and France in the Enlightenment. Lewisburgh (Pa.) [u.a.] 2004.
Dennison, E. Patricia (Hrsg.): Aberdeen before 1800. A New History. East Linton 2002.
Devine, T.M. (Hrsg.): Improvement and Enlightenment. Edinburgh 1989.
– Scotland's Empire, 1600–1815. London [u.a.] 2003.
– The Transformation of Scotland: The Economy since 1700. Edinburgh 2005.
– Clearance and Improvement: Land, Power and People in Scotland, 1700–1900. Edinburgh 2006.
– (Hrsg.): Scotland and the Union, 1707–2007. Edinburgh 2008.
– / Mitchison, Rosalind (Hrsg.): People and Society in Scotland. Bd. 1: 1760–1830. Edinburgh 1988.
Dickinson, H.T. (Hrsg.): A Companion to Eighteenth-Century Britain. Oxford [u.a.] 2002.
Duffy, Christopher: The '45. Bonnie Prince Charlie and the Untold Story of the Jacobite Rising. London 2003.
Herman, Arthur: The Scottish Enligthenment. The Scots' Invention of the Modern World. London 2001.
Holmes, Geoffrey / Szechi, Daniel: The Age of Oligarchy. Preindustrial Britain 1722–1783. London / New York 1993.
Lamont, Stewart: When Scotland Ruled the World. The Story of the Golden Age of Genius, Creativity and Exploration. London 2002.
Landsman, Ned C. (Hrsg.): Nation and Province in the First British Empire. Scotland and the Americas, 1600–1800. Lewisburgh (Pa.) 2001.
Lee, Maurice: The ›Inevitable‹ Union. And Other Essays on Early Modern Scotland. East Linton 2001.

Lenman, Bruce P.: Enlightenment and Change: Scotland 1746–1832. Edinburgh 2009.
MacLynn, Frank J.: Bonnie Prince Charlie. Charles Edward Stuart. London 2003.
McIlvanney, Liam/ Ryan, Ray (Hrsg.): Ireland and Scotland. Culture and Society, 1700–2000. Dublin [u.a.] 2005.
Murdoch, Alexander: Scotland and America, c. 1600 – c. 1800, Basingstoke [u.a.] 2010.
Nicholson, Robin: Bonnie Prince Charles and the Making of a Myth. A Study in Portraiture, 1720–1892. Lewisburgh (Pa.) [u.a.] 2002.
Pittock, Murray G.H.: Inventing and Resisting Britain. Cultural Identities in Britain and Ireland, 1685–1789. Basingstoke [u.a.] 1997.
Roberts, John L.: The Jacobite Wars. Scotland and the Military Campaigns of 1715 and 1745. Edinburgh 2002.
Sevaldsen, Jørgen (Hrsg.): The State of the Union: Scotland 1707–2007. Kopenhagen 2007.
Stevenson, David: The Hunt for Rob Roy. The Man and the Myths. Edinburgh 2004.
Streminger, Gerhard: David Hume. Sein Leben und sein Werk. Paderborn [u.a.] ³1994.
Szechi, Daniel: The Jacobites. Britain and Europe 1688–1788. Manchester / New York 1994.
Watts, John: Hugh MacDonald. Highlander, Jacobite and Bishop. Edinburgh 2002.
Whatley, Christopher A.: Bought and Sold for English Gold? Explaining the Union of 1707. East Linton ²2001.
– Scottish Society, 1707–1830. Beyond Jacobitism, towards Industrialisation. Manchester 2000.
Whithers, Charles W.J. (Hrsg.): Science and Medicine in the Scottish Enlightenment. East Linton 2002.
Wills, Elspeth: Scottish Firsts. A Celebration of Innovation and Achievement. Edinburgh [u.a.] [2002].
Zimmermann, Doron: The Jacobite Movement in Scotland and in Exile, 1746–1759. Basingstoke [u.a.] 2003.

Schottland in Union mit England und Irland Romantik, Empire, Industrialisierung, Demokratisierung (1801–1920)

Aitchison, Peter / Cassell, Andrew: The Lowland Clearances. Scotland's Silent Revolution, 1760–1830. East Linton 2003.

Anderson, R.D.: Education and the Scottish People, 1750–1918. Oxford 1995.

Breitenbach, E. / Gordon, E. (Hrsg.): Out of Bounds. Women in Scottish Society 1800–1945. Edinburgh 1991.

Brown, Iain Gordon (Hrsg.): Abbotsford and Sir Walter Scott. The Image and the Influence. Edinburgh 2003.

Brown, Stewart J.: The National Churches of England, Ireland, and Scotland, 1801–1846. Oxford [u.a.] 2001.

Clyde, Robert: From Rebel to Hero. The Image of the Highlander 1745–1830. East Linton 1995.

Devine, T.M. (Hrsg.): Irish Immigration and Scottish Society in the Nineteenth and Twentieth Centuries. Edinburgh 1991.

– Clanship to Crofters War. The Social Transformation of the Scottish Highlands. Manchester 1994.

Evans, Eric J.: The Forging of the Modern State. Early Industrial Britain 1783–1870. London / New York 1983.

Ferguson, Frank: Ireland and Scotland in the Nineteenth Century. Dublin [u.a.] 2009.

Fraser, W.H. / Morris, R.J. (Hrsg.): People and Society in Scotland, Bd. 2: 1830–1914. Edinburgh 1990.

Fry, Michael: The Scottish Empire. East Linton [u.a.] 2001.

– Wild Scots. Four Hundred Years of Highland History. London 2005.

Grabmann, Barbara: Prozesse der Konstitution kollektiver Identität im Vergleich. Museen in Schottland und Bayern. Marburg 2002.

Harper, Marjory: Adventures and Exiles. The Great Scottish Exodus. London 2003.

Humes, W.M. / Paterson, H.M. (Hrsg.): Scottish Culture and Scottish Education 1800–1980. Edinburgh 1983.

Knox, W. W.: Industrial Nation. Work, Culture and Society in Scotland, 1800 to the Present. Edinburgh 1999.
Macdonald, Catriona M. M. (Hrsg.): Unionist Scotland 1800–1997. Edinburgh 1998.
Macinnes, Allan I.: Scotland and the Americas, c. 1650 – c. 1939. A Documentary Source Book. Edinburgh 2002.
Mathieson, Robert: The Survival of the Unfittest. The Highland Clearances and the End of Isolation. Edinburgh 2000.
McCaffrey, John: Scotland in the Nineteenth Century. Basingstoke 1998.
McLaren, Martha: British India and Scotland, 1780–1830. Career Building, Empire Building, and a Scottish School of Thought on Indian Governance. Akron (Ohio) 2001.
Morrison, John: Painting the Nation. Identity and Nationalism in Scottish Painting 1800–1920. Edinburgh 2003.
Morton, Graeme: Unionist Nationalism. Governing Scotland, 1830–1860. East Linton 1999.
Paterson, David / Craig, David: The Glens of Silence. The Landscape of the Scottish Clearances. Edinburgh 2004.
Prebble, John: The Highland Clearances. London [u. a.] 1963 [u. ö.].
Richards, Eric: The Highland Clearances. People, Landlords and Rural Turmoil. Edinburgh 2000.
Robbins, Keith: The Eclipse of a Great Power. Modern Britain 1870–1975. London 1983.
Smout, T. C.: A Century of the Scottish People 1830–1950. London 1986.
Strong, Rowan: Episcopalianism in Nineteenth-Century Scotland. Religious Responses to a Modernizing Society. Oxford [u. a.] 2002.
Trevor-Roper, Hugh: The Invention of Tradition: The Highland Tradition of Scotland. In: Hobsbawm, Eric / Ranger, Terence (Hrsg.): The Invention of Tradition. Cambridge [u. a.] 1983, S. 15–41.
Whatley, Christopher A.: The Industrial Revolution in Scotland. Cambridge 1997.

Schottlands britisches Jahrhundert (1921–1999)

Abrams, Lynn / Brown, Callum G. (Hrsg.): A History of Everyday Life in Twentieth Century Scotland. Edinburgh 2010.

Allan, Stuart / Carswell, Allan: The Thin Red Line. War, Empire and Visions of Scotland. Edinburgh 2004.

Bambery, Chris (Hrsg.): Scotland, Class and Nation. London 1999.

Bell, Colin (Hrsg.): Scotland's Century. An Autobiography of the Nation. Glasgow 1999.

Blake, Fanny: Essential Charles Rennie Macintosh. Bath 2001.

Brown, A. / McCrone, D. / Paterson, L.: Politics and Society in Scotland. Basingstoke 2000.

Denver, D. [u.a.] (Hrsg.): Scotland Decides. The Devolution Issue and the Scottish Referendum. London 2000.

Devine, T.M. / Finlay, R.J. (Hrsg.): Scotland in the 20th Century. Edinburgh 1996.

Dickson, A. / Treble, J.H. (Hrsg.): People and Society in Scotland. Bd. 3: 1914–1990. Edinburgh 1992.

Donachie, I. / Harvie, C. / Wood, I.S. (Hrsg.): Forward. Labour Politics in Scotland 1888–1988. Edinburgh 1989.

Finlay, Richard: Modern Scotland 1914–2000. London 2003.

Gallagher, Tom: The Illusion of Freedom. Scotland under Nationalism. London 2009.

Harvie, Christopher: No Gods and Precious Few Heroes. Scotland 1914–2000. Edinburgh 1999.

Hassan, Gerry (Hrsg.): The Scottish Labour Party. History, Institutions and Ideas. Edinburgh 2004.

– / Fraser, Douglas: The Political Guide to Modern Scotland. People, Places and Power. London 2004.

Hutchison, I.G.C.: Scottish Politics in the Twentieth Century. Basingstoke 2000.

Lee, C.H.: Scotland and the United Kingdom. The Economy and the Union in the Twentieth Century. Manchester 1995.

MacArthur, E. Mairi: Iona. The Living Memory of a Crofting Community. Edinburgh ²2002.

Marwick, Arthur: A History of the Modern British Isles, 1914–1999. Circumstances, Events and Outcomes. Oxford [u. a.] 2004.
Palmer McCulloch, Margery: Scottish Modernism and Its Contexts 1918–1959: Literature, National Identity and Cultural Exchange. Edinburgh 2009.
Payne, Peter L.: Growth and Contraction. Scottish Industry 1860–1990. Glasgow 1992.
Ramsden, John (Hrsg.): The Oxford Companion to Twentieth-Century British Politics. Oxford [u. a.] 2002.

Epilog
Die schottische Nation mit eigenem Parlament (seit 1999)

Ascherson, Neal: Stone Voices. London 2002.
Bromley, Catherine: Has Devolution Delivered? Edinburgh 2007.
Craig, Cairns: Out of History. Edinburgh 1996.
Craig, Carol: The Scots' Crisis of Confidence. Edinburgh 2003.
Devine, Tom / Logue, Paddy (Hrsg.): Being Scottish. Personal Reflections on Scottish Identity Today. Edinburg 2002.
Harvie, Christopher: Mending Scotland. Essays in Economic Regionalism. Glendaruel (Argyll) 2004.
Hassan, Gerry / Warhurst, Chris: Anatomy of New Scotland. Power, Influence and Change. Edinburgh 2002.
Hutchinson, Roger: A Waxing Moon. The Modern Gaelic Revival. Edinburgh/London 2005.
Ichijo, Atsuko: Scottish Nationalism and the Idea of Europe. Concepts of Europe and the Nation. London [u. a.] 2004.
Jeffery, Charly / Mitchell, James: The Scottish Parliament 1999–2009: The First Decade. Edinburgh 2009.
Keating, Michael: The Independence of Scotland: Self-Government and the Shifting Politics of Union. Oxford [u. a.] 2009.
Kohlmann, Sonja: Institutioneller Wandel in Europa. Der Einfluß der europäischen Integration auf die Regionalisierung in Schottland. Freiburg i. Br. 2002.

MacCormick, J. M.: The Flag in the Wind: The Story of the National Movement in Scotland. Edinburgh 2008.

Macdonnell, Hamish: Unchartered Territory: Scottish Devolution 1999–2009. London 2009.

MacFadden, Jean / Lazarowicz, Mark: The Scottish Parliament. An Introduction. London [3]2003.

McCrone, David: Understanding Scotland: The Sociology of a Nation. London 2001.

Pittock, Murray: The Road to Independence? Scotland since the Sixties. London 2008.

Stapleton, Karen / Wilson, John: Devolution and Identity, Aldershot [u. a.] 2006.

Taylor, Brian: Scotland's Parliament. Triumph and Disaster. Edinburgh 2002.

Namens- und Ortsregister

Abbey Craig (Stirling) 261
Abbey St Bathans 52
Aberdeen 50, 53, 70, 83, 99, 105, 107f., 111, 181, 200–202, 208f., 220, 254, 261, 271, 298, 321, 325
Adam, James (1732–1794), Architekt, 3. Sohn von W. Adam 216
Adam, John (1721–1792), Architekt, 1. Sohn von W. Adam 216f.
Adam, Robert (1728–1792) Architekt, 2. Sohn von W. Adam 216f., 219
Adam, William (1689–1748), Architekt 216f.
Agricola, Gnaeus Iulius (40–93), Feldherr 22, 28f.
Aidan 36
Aikman, William (1682–1731), Maler 219
Albany, Duke of → Robert, Earl of Fife and Menteith
Albert Franz Albrecht August Karl Emanuel, Prinz von Sachsen-Coburg-Gotha (* 1819), Prinzgemahl (1840–1861) 238, 253–255
Alexander, Earl of Buchan (gen. »Wolf von Badenoch«) (1343–1394) 86
Alexander I. (* um 1078), König von Schottland (1107–1124) 49, 58, 61
Alexander II. (* 1198), Sohn von Wilhelm I. *the Lion*, König von Schottland (1214–1249) 48, 59–61, 65
Alexander III. (* 1241), Sohn von Alexander II., König von Schottland (1249–1286) 48, 59, 61, 65, 71f.
Alfred der Große (849–901), König von Wessex (871–899) 40
Allanheads (North Pennines) 53f.
Althusius, Johannes (1557–1638), Rechtsgelehrter, politischer Theoretiker 156
Angus, Sohn von Somerled 60
Angus, Earl of 116
Anna von Dänemark (1574–1619), Königin von Schottland und England 128
Anna (* 1665), Königin von Großbritannien und Irland (1702–1714) 151, 172, 174, 184
Antrim 32
Arbroath 12, 51, 71, 81f.
Ardhattan 52
Argyll, Earl of 163
Argyll, Earl of → Campbell, John
Arran, Earl of → Hamilton, James

Arthur (um 500), König, Legendengestalt 11, 113
Athelstan (* 895), König von England (924–939) 23, 40
Atholl, Earl of 163
Ayr 54, 261

Bacon, Francis (1561–1626), engl. Philosoph, Staatsmann 208, 213
Balfour, Arthur James (1848–1930), Lord, Premierminister (1902–1905) 311
Balliol, Edward (1283–1364), als Eduard I. König von Schottland (1332–1336) 84
Balliol, John (1249–1315), König von Schottland (1292–1296) 71, 74 f., 79, 84
Balloch Castle (Perthshire; seit 1733 Taymouth Castle) 216
Balmoral 13, 238, 254
Baltasound 38
Bamberg 144
Bamburgh 35
Bannockburn 71, 79, 81–83, 258
Barbour, John (nach 1316 – 1395), Dichter 83, 101
Beaton, David (1494–1543/46), Kardinal 106, 117, 119
Beattie, James (1735–1803), Schriftsteller, Philosoph 209
Beauly 52
Beda Venerabilis, Benediktinermönch, Gelehrter, Geschichtsschreiber 36
Berwick-upon-Tweed 52 f., 64, 71, 73, 75, 81, 88, 99, 106, 110, 149, 157
Beuys, Joseph (1921–1986), Künstler, Bildhauer, Maler 324
Beza, Theodor (1519–1605), Theologe, Dichter 129, 193 f.
Birgham-on-Tweed 57
Birmingham 214, 234
Black, Joseph (1728–1799), Chemiker 213 f.
Blair, Hugh (1718–1800), Theologe, Schriftsteller 221
Blair, Robert (1593–1666), Geistlicher 160
Blair, Tony (* 1953), Politiker, brit. Premierminister (1997–2007) 293, 333–335
Blake, George (1893–1961), Schriftsteller 295
Blind Harry (auch: Henry *the Minstrel*) (1440–1492), Dichter 78, 101
Boece, Hector (um 1465 – 1536), Gelehrter, Historiker 82
Bologna 95
Bo'ness 29, 234
Bonnie Prince Charlie → Stuart, Charles Edward
Bothwell, James Hepburn, 4. Earl of (um 1536 – 1578) 125 f.

Boulton, Matthew (1728–1809), engl. Unternehmer 214
Breadalbane, Earl of 216
Brendan (484–577), Missionar, Reisender 35
Brodgar (Orkney) 24
Brown, Dan (* 1964), Schriftsteller 112
Brown, Gordon (* 1951), Politiker, brit. Premierminister (seit 2007) 333
Bruce, Edward the (Bruder von Robert the Bruce) 81
Bruce, Robert the (* 1274), als Robert I. König von Schottland (1306–1329) 11, 70 f., 78–83, 85, 261
Bruce, Robert the (d. Ä.) 74, 79
Bruce of Kinnaird, James (1730–1794), Entdecker 249
Buchan, Earl of 86, 226
Buchan, James (* 1954), Schriftsteller 15
Buchanan, George (1505–1582), Philosoph, Historiker 82, 126, 194
Buffon, Georges-Louis Leclerc Graf von (1707–1788), franz. Naturforscher 214
Burke, Edmund (1729–1797), brit. Politiker, Publizist 221, 224 f.
Burns, Robert (1759–1796), Dichter 11, 14, 17, 104, 182, 220–224, 250, 279, 294, 342
Bute, Earl of → Stuart, John

Caesar, Gaius Iulius (100–44 v. Chr.), röm. Staatsmann 27
Calgacus (um 55 – nach 115), Heerführer 22, 28
Callanish (Calanais, Lewis) 24
Calton Hill 260, 336
Calvin, Johannes (1509–1564), Reformator 105, 119, 134, 137
Cambridge 95, 203, 275
Cambuskenneth 51
Cameron, Sir David Young (1865–1945), Maler 323
Campbell (Clan) 107, 170
Campbell, John, 2. Earl of Argyll (1678–1743), Feldmarschall 184 f.
Campbell, Robert, 5. Laird of Glenlyon (1630–1696), kommandierender Offizier beim »Massaker von Glencoe« 170
Canterbury 41, 48 f., 62, 164
Cardiff 293
Carham 23, 40
Carlisle 29, 54, 64, 80
Carloway (Charlabhaigh, Lewis) 27
Carlyle, Thomas (1795–1881), Schriftsteller, Philosoph, Historiker 261, 280

Carnegie, Andrew (1835–1919), Industrieller, Stahlmagnat, Mäzen 275
Carron 182, 234
Carter, Pam, Künstlerin 323
Cecil, William (1521–1598), engl. Politiker, Staatsmann 122
Chalmers, Thomas (1780–1847), Schriftsteller, Begründer der Freien Kirche Schottlands 238, 250, 268 f.
Chamberlain, Arthur Neville (1869–1940), brit. Politiker 308
Chapman, Walter (um 1473 – um 1538), Drucker, Kaufmann 106, 109
Chartres 51
Châtelherault, Earl of → Hamilton, James
Chaucer, Geoffrey (um 1340 – 1400), Dichter 102
Chester 76
Cîteaux 51
Claudius (Ti. C. Caesar Augustus Germanicus Nero) (* um 10 v. Chr.), röm. Kaiser (41–54) 27
Cluny 51
Cölestin III. (um 1106 – 1198), Papst 47
Coldringham (Berwickshire) 51, 89
Coldstream 52
Columba (521–597), Mönch, Missionar 35–37, 39, 323
Commodus (Caesar Marcus Aurelius Commodus Antoninus Augustus) (* 161 n. Chr.), röm. Kaiser (180–192) 29
Comyn, John (Lord von Badenoch), Anwärter auf den schott. Thron 80
Connery, Sean (* 1930), Schauspieler 341
Connolly, James (1868–1916), Gewerkschaftsführer, Freiheitskämpfer 284
Coupar Angus 51
Craig, James (um 1740 – 1795), Architekt 182, 218
Crawford, Hugh Adam (1898–1982), Maler 322
Cressingham († 1297), engl. Schatzkanzler 76
Cromarty, Earl of 173
Cromdale 150, 169
Cromwell, Oliver (* 1599), Feldherr, *Lord Protector* (1653–1658) 19, 147 f., 150, 158–162, 166, 235, 247
Crozier, William (1893–1930), Maler 322
Culloden 182, 188 f.
Culzean Castle (Ayrshire) 217
Cumberland, William Augustus, Duke of (1721–1765), General 188

Cunningham, William, 9. Earl of Glencairn (um 1610 – 1664) 160
Cursiter, Stanley (1887–1976), Maler 322f.

Dalkeith 159
Dalrymple of Stair, Sir James (1619–1695), Jurist, Staatsmann 170
Darien (Isthmus von Panama) 150, 171, 175, 246
Darnley, Lord → Stewart, Henry
David I. (* 1084), König von Schottland (1124–1153) 45–55, 58f., 61–64, 66, 72, 74
David II. (* 1324), König von Schottland (1329–1371) 71, 83–85
Defoe, Daniel (um 1661 – 1731), Schriftsteller 173
Derby 181, 187
Dewar, Donald (1937–2000), Politiker 335
Dickens, Charles John Huffam (1812–1870), Schriftsteller 279
Din Eidyn 33
Dingwall (bei Inverness) 38, 42
Donald, Stammvater des Clans MacDonald, Sohn von Ranald 60
Douglas, Gavin (um 1475 – 1522), Bischof, Poet 102
Douglas, James, 4. Earl of Morton (1525–1581) 126
Douglas, Margaret, verh. Stewart (1515–1587), Tochter von Margaret Tudor 116
Douglas (Adelsfamilie) 107
Dover 65
Dryburgh 261
Dublin 16, 284, 286
Duff House (Banffshire) 216f.
Dugall, Sohn von Somerled 60
Dumbarton 33, 54, 75
Dumfries 80, 334
Dunadd 39
Dunbar 71, 75f., 79, 150, 158f.
Dunbar, William (um 1460 – 1520), Dichter 102, 294
Dundas, Henry, 1. Viscount Melville (1742–1811), Jurist, Staatsmann 248
Dundas, Lord Thomas (1741–1820), Staatsmann 215
Dundee 53, 241f., 245, 248, 276, 320f., 325
Dundee, Viscount (d. i. Graham, John, 1. Viscount Dundee) (um 1649 – 1689) 150, 169
Dundrennan 51
Dunfermline 41, 48f., 51
Dunkeld 39
Dunnottar Castle 161
Duns Scotus, Johannes (um 1266 – 1308), Philosoph, Theologe 95

Dunsinnan 41
Dupplin Moor 84

Eccles 52
Edgar (* 1072), König von Schottland (1097–1107) 58
Edgeworth, Maria (1767–1849), Schriftstellerin 277
Edinburgh 12–15, 23, 33, 35, 40, 51, 53, 58, 64, 75, 83, 99 f., 106 f., 109–111, 113, 117, 122, 149, 152, 156, 158, 164, 166, 168 f., 172, 177, 180, 182, 185, 187, 196, 200–203, 209, 215, 217, 219, 222, 232, 238, 240, 248, 251, 260, 279, 281, 291–293, 299, 307, 309, 320–322, 324 f., 336, 338
Eduard I. (* 1238), König von England (1272–1307) 66, 71–75, 77–80, 307
Eduard I., König von Schottland → Balliol, Edward
Eduard II. (1284–1327), König von England (1307–1326) 66, 72, 81, 83
Eduard III. (* 1313), König von England (1327–1377) 84 f.
Eduard VI. (* 1537), König von England (1547–1553) 116–119
Eduard VII. (* 1841), König von Großbritannien und Irland (1901–1910) 239
Eduard VIII. (1894–1972), König von Großbritannien (1936) 292
Eilean nam Bannaomh (Loch Tay) 52
Elgin 52 f., 86
Elisabeth I. (* 1533), Königin von England und Irland (1558–1603) 106 f., 116, 120, 122, 125 f., 128, 131, 151
Elisabeth II. (* 1926), Königin von Großbritannien (seit 1952) 292
Erskine, Ebenezer (1680–1754), Prediger 198
Erskine, John, 6. oder 11. Earl of Mar (1675–1732), Jakobitenführer 184
Erskine, Ralph (1685–1752), Prediger 198
Eumenius (um 264 – um 312), röm. Schriftsteller 30
Ewing, Winnie (* 1929), Politikerin 12, 292, 312

Falaise 47, 64
Falkirk 71, 77, 79, 234, 261
Falkland 114
Falkland (Inseln) 293
Fergus von Galloway († 1161) 59 f.
Ferguson, Adam (1723–1816), Philosoph 182, 207
Fergusson, J. D. (1874–1961), Maler 321 f.
Fergusson, Robert (1750–1774), Dichter 220, 223
Fisher, Andrew (1862–1928),

Premierminister in Australien 250
Fleming, Alexander (1881–1955), Bakteriologe 11
Flodden 106, 110
Fordoun, John of (um 1320 – 1384), Chronist 82
Fort William 170, 300
Forteviot 39
Fotheringhay 107, 126
Franz II. (* 1544), König von Frankreich (1559–1560) 118, 120 f., 123

Geddes, Jenny (ersch. 1637) 156
Genf 105, 119 f., 127, 129, 134, 193 f.
Georg I. (* 1660), König von Großbritannien und Irland (1714–1727) 172, 181, 184
Georg II. (* 1683), König von Großbritannien und Irland (1727–1760) 181, 188
Georg III. (* 1738), König von Großbritannien und Irland (1760–1820) 182
Georg IV. (* 1762), König von Großbritannien und Irland (1820–1830) 13, 238, 253
Georg V. (* 1865), König von Großbritannien und Irland (1910–1936) 291 f., 306
Georg VI. (* 1894), König von Großbritannien (1936–1952) 292
Georg Ludwig, Kurfürst von Braunschweig-Lüneburg (Hannover) → Georg I.
George, Lloyd (1863–1945), Politiker 285
Gibbon, Lewis Grassic → Mitchell, James Leslie
Gillespie, Thomas (1708–1774), Prediger 199
Gillies, W. M., Künstler 323
Gladstone, William Ewart (1809–1898), brit. Premierminister 262
Glasgow 70 f., 80, 96, 106, 111, 180, 183, 195, 200–202, 208, 210, 213, 231–233, 237, 240, 243, 246, 248, 268, 273, 282, 284, 286, 294, 299, 320 f., 325 f.
Glencairn, Earl of → Cunningham, William
Glencoe 150, 170
Glen Shiel 181, 186
Goddodin 33
Goethe, Johann Wolfgang (1749–1832), Dichter 214
Graham, James Gillespie (1776–1885), Architekt 219
Graham of Kincardine, Sir Robert († 1437) 87
Greenock 232, 306
Greenwich 117
Grieve, Christopher Murray (d. i. Mac Diarmid, Hugh, 1892–1978), Dichter 104, 293–295, 322, 342

Guise, Maria von (1543–1560), Regentin von Schottland (1554–1559) 106, 110, 118, 120–122
Gunn, Neil M. (1893–1971), Schriftsteller 294
Gustav II. Adolf (* 1594), König von Schweden (1611–1632) 154

Haakon IV. (1204–1263), König von Norwegen 48, 60f.
Hadden Rig 110
Haddington 52
Hamilton 292, 312
Hamilton, Gavin (1723–1798), Maler 281
Hamilton, James (2. Earl of Arran, Earl of Châtelherault) († 1575) 116–118, 121f.
Hamilton, Patrick (um 1504 – 1528), geistl. Reformer 115
Hannover 172, 175, 184–186, 188f., 255
Hardie, James Keir (1856–1915), Gewerkschaftsführer, Sozialist 17
Heath, Edward (1916–2005), Politiker 312
Heinrich, Sohn von David I., Mitregent (ab 1135) 59
Heinrich I. (* 1068), König von England (1100–1135) 49
Heinrich II. (* 1133), König von England (1154–1189) 61
Heinrich II. (* 1519), König von Frankreich (1547–1559) 120
Heinrich VII. (* 1457), König von England (1485–1509) 109
Heinrich VIII. (* 1491), König von England (1509–1547) 109f., 115–118
Henryson, Robert (um 1425 – um 1505), Dichter 102
Hepburn, James → Bothwell, James Hepburn
Herder, Johann Gottfried (1741–1803), Prediger, Dichter, Philosoph 11
Herman, Arthur L. (* 1956), Historiker 15
Hertford, Earl of → Seymour, Edward
Hill, David Octavius (1802–1870), Maler 280
Hitler, Adolf (* 1889), »Führer« und Reichskanzler (1933–1945) 289, 292, 308f.
Hobsbawm, Eric (* 1917), Historiker 251
Hölderlin, Johann Christian Friedrich (1770–1843), Dichter 294
Hogg, James (1770–1835), Dichter 279
Holyrood 51, 113, 166, 218, 366
Homildon Hill 86

Hopetoun House (West Lothian) 216
Hume, David (1711–1776), Philosoph, Historiker 11, 181 f., 203–209, 219 f., 251
Hunter, G. L., Künstler 323
Hurd, Richard (1720–1808), Schriftsteller, Bischof 221
Hutcheson, Francis (1694–1746), Philosoph 220
Hutton, James (1726–1796), Geologe 182, 213 f., 220

Inchcailleach 52
Indulf (auch: Indulphus, Indulph), König von Schottland († 962) 23, 40
Ingibjorg, Tochter des norweg. Grafen von Orkney, in 1. Ehe mit Malcolm III. verh. 58
Inveraray (Argyle) 216
Inverness 38, 50, 52, 233, 238, 262
Iona 36 f., 39, 149, 153, 323

Jakob I. (* 1394), König von Schottland (1406–1437) 71, 87, 89 f., 92, 94, 100, 102, 112
Jakob I. (VI.) (* 1566), König von Schottland (1567–1625), König von England und Irland (1603–1625) 19, 106 f., 125–129, 149, 151–155, 161, 194
Jakob II. (* 1430), König von Schottland (1437–1460) 71, 87, 90, 116
Jakob III. (* 1451), König von Schottland (1460–1488) 71, 78, 88 f., 108
Jakob IV. (* 1473), König von Schottland (1488–1513) 106–109, 111, 113
Jakob V. (* 1512), König von Schottland (1513–1542) 106 f., 110, 113 f., 129
Jakob VI. von Schottland (* 1566) → Jakob I., König von England und Irland (1603–1625)
Jakob VII. (II.) (1633–1701), König von England, Schottland und Irland (1685–1688) 150, 166, 183
Jakob (VIII.) (1688–1766), Sohn von Jakob VII. (II.), Thronprätendent 185
Jardine 249
Jedburgh 51
Johann (gen. »Johann Ohneland«) (um 1167 – 1216), König von England 65
Johnson, James (um 1750 – 1811), Musikverkäufer 222
Johnston, Tom (1882–1965), Politiker 292, 307–309
Joyce, James (1882–1941), Schriftsteller 294

Kafka, Franz (1883–1924), Schriftsteller 294

Kant, Immanuel (1724–1804), Philosoph 208
Karl I. (* 1600), König von England und Schottland (1625–1649) 149f., 155–158, 161f.
Karl II. (* 1630), König von Schottland (1651–1685), König von England und Schottland (1660–1685) 150, 158–163, 165f.
Katharina von Aragón (1485–1535), Königin von England (1509–1533) 116
Kelso 51
Kenneth mac Alpin (Cinead mac Ailpín) († 858/860) 23, 39, 75
Killiekrankie 150, 169
Kincardine 75
Kinloss 51
Kinnaird 234
Kirkwall 42
Klee, Paul (1879–1940), Maler 322
Klieforth, Alexander Leslie 15
Knox, Jack (* 1936), Maler 322
Knox, John (1778–1845), Landschaftsmaler 280
Knox, John (1505–1572/74), Reformator 104f., 119–123, 127, 131f., 194, 322
Knut, König von Dänemark und Norwegen (erw. ab 1014–1053) 40
Köln 95f.

Lamberton († 1328), Bischof 80
Lamont, Stewart 15
Lanark 76
Largs 48, 61
Laud (1573–1645), Erzbischof 155
Lauderdale, Earl of → Maitland, John
Leipzig 237, 258
Leith 99, 113
Lenin (d.i. Wladimir Iljitsch Uljanow, 1870–1924) 284, 293
Leslie, Alexander (um 1580 – 1661), General 154, 157
Lichtenberg, Georg Christoph (1742–1799), Physiker, Philosoph 209
Lindisfarne 36f.
Lindsay, David (um 1490 – 1555), Dichter 102
Linlithgow 52, 112f.
Livingstone, David (1813–1873), Afrikaforscher, Missionar 249
Loch Etive 52
Loch Lomond 52
Loch Tay 52
Lochbay (Skye) 229
Locke, John (1632–1704), Philosoph 204f., 208

Lockhart of Carnwath, George (1673–1731) 185
Löwen 95
London 19, 71, 74, 78, 84, 149, 152, 155, 157, 180, 217, 219, 231, 240, 251, 259 f., 263, 270, 273 f., 290, 300, 304, 307, 313 f., 336
Ludwig VII. (* 1120), König von Frankreich (1137–1180) 61
Ludwig XIV. (* 1638), König von Frankreich (1643–1715) 165, 168, 174, 179, 183, 185
Luther, Martin (1483–1546), Reformator 114, 119, 129, 132, 137, 193 f.

Macbeth (* um 1005), König von Schottland (1040–1057) 11, 23, 41, 143
MacColla, Alasdair (d. i. Sir Alexander Macdonald) († 1647) 157
MacCunn, Hamish (1868–1916), Komponist 282
Mac Diarmid, Hugh → Grieve, Christopher Murray
MacDonald, James Ramsay (1866–1937), schott. Premierminister 17, 291, 305 f.
MacDonald (Clan) 60, 107, 170
Macdonald, Flora (1722–1790), Jakobinerin 188
Macdonald, Sir John Alexander (1815–1891), kanad. Premierminister 250
Macintosh, Charles Rennie (1868–1928), Künstler 282, 321
Mackenzie, Sir Alexander (um 1755 – 1820), Entdecker 249
Mackenzie, Alexander (1822–1892), kan. Premierminister 250
Mackenzie, Sir Alexander Campbell (1847–1935), Komponist 282
Mackintosh, Sir James (1765–1832), Philosoph, Historiker 225
Maclean, John (1879–1923), Gewerkschaftsführer 284
Macpherson, James (1736–1796) 182, 220 f.
Maddadson, Harald, Earl of Orknay (1134–1206), norweg. Herrscher 59
Madeleine (1520–1537), Schwester des franz. Königs, Gattin Jakobs V. 110
Magnus VI. (* 1238), König von Norwegen (1263–1280) 61
Mair, John (1467–1550), Theologe, Philosoph, Schriftsteller 82
Maitland, John, Earl of Lauderdale (1616–1682), Politiker 162
Major, John (* 1943), Politiker 292, 314 f.

Malcolm II. (* um 954), König von Schottland (1005–1034) 40
Malcolm III. (auch: Malcolm Canmore) (* um 1030), König von Schottland (1058–1093) 23, 41, 45, 49, 58f.
Malcolm IV. (* 1141), König von Schottland (1153–1165) 59, 64
Man 27, 48, 61, 261
Manchester 241
Manuel 52
Mar, Earl of → Erskine, John
Margaret (1457–1486), Tochter des dän. Königs., Frau von Jakob III. 88
Margaret (gen. *Maid of Norway*) (1283–1290), designierte Thronerbin Schottlands 48, 66, 71f.
Margarete (* um 1044), Königin von Schottland (1070–1093) 41, 46, 48f., 58
Maria (II.) (* 1662), Königin von England, Schottland und Irland (1688–1694) 150, 168f., 172
Marischal, Earl of 220
Marjorie, Tochter von Robert the Bruce 85
Martin von Tours († 397), Bischof 36
Marx, Karl (1818–1883), Journalist, Philosoph 212
Massie, Allan (* 1938), Journalist 18
Matilda, Gattin von David I. 49
Matisse, Henri (1869–1954), Maler 322
Maxton, James (1885–1946), Politiker 306
McIntyre, Robert (1913–1998), Politiker 311
McTaggart, William (1835–1910), Maler 323
Meikle, Andrew (1719–1811), Mechaniker 182
Melrose 51f., 96
Melville, Andrew (1545–1622), Presbyterianer, Kirchenführer 127, 194
Menstrie, Sir William Alexander of, Earl of Stirling (1567–1640) 153
Mill, John Stuart (1806–1873), Philosoph 212
Millar, J.H. 279
Miralles, Enric (1955–2000), Architekt 337
Mitchell, James Leslie (d.i. Lewis Grassic Gibbon) (1901–1935), Schriftsteller 295
Moffat, Alexander (* 1943), Maler 322
Monck, George, 1. Duke of Albemarle (1608–1670), General 160

Monmouth, Duke of → Scott, James
Mons Graupius 22, 28
Montrose (d.i. James Graham, 1. Marquess of Montrose, 5. Earl of Montrose) (1612–1650) 157
Moray, Andrew Earl of (d.i. Andrew Moray, Earl of Bothwell) († 1297) 71, 76 f., 124
Morris, Roger (1695–1749), Architekt 216
Motherwell 292, 296, 311
Mousa (Shetland) 27
Muir, Edwin (1887–1959), Dichter 294 f.
Muir, Thomas (1765–1798), Reformer 225
Munro, Robert (1868–1955), *Scottish Secretary* 286
Munro, Robert John 15
Murray, Lord George (um 1700 – 1760), General der Jakobiten 187 f.
Myllar, Andrew (ersch. 1503–1508), Drucker 106, 109

Napier of Merchiston, John (1550–1617), Mathematiker 11
Napoleon Bonaparte (1769–1821), Erster Konsul und Kaiser der Franzosen 235, 237, 260
Nasmyth, Alexander (1758–1840), Maler 280
Neilson, James Beaumont (1792–1865), Erfinder des Hochofens 238, 242
Nelson, Horatio, 1. Viscount Nelson (1758–1805), Admiral 234, 237
Newbattle 51
Newcastle 29, 64, 157
Newcomen, Thomas (1663–1729), Techniker 214
Newton, Sir Isaac (1642–1727), Physiker 208, 210, 213
Nidaros (Trondheim) 50
Ninian (bis etwa 432), Missionar 36
Norham 73
North Berwick 52
Northumbria, Graf von 49
Nottingham 149, 157

Oban Bay 61
Óengus I. mac Fergusa (729–761), König der Pikten und Gälen 23, 35
Old Kilpatrick 29
Ossian 11, 182, 221, 252, 281
Otterburn 86
Oxford 83, 95, 203, 275

Paine, Thomas (1737–1809), Journalist, Schriftsteller, Berufsrevolutionär 225
Paisley 233, 241
Palmer, Thomas Fyshe (1747–1802), Politiker 225

Palmerston, Henry John Temple (1784–1865), brit. Premierminister 249
Paris 83, 95, 282, 321
Park, Mungo (1771–1806), Entdecker 249
Patrick (373–463), Missionar 35
Pearse, Patrick Henry (1879–1916), Schriftsteller, Freiheitskämpfer 284
Perth 48, 51, 53, 61, 80, 84, 99, 121, 185, 187
Philipp II. (1527–1598), König von Spanien 119
Piccolomini, Enea Silvio de' (* 1405), Papst Pius II. (1458–1464) 95
Pinkie 106, 118
Pius II. → Piccolomini, Enea Silvio de'
Playfair, William Henry (1789–1857), Architekt 219
Pluscarden 52
Poitiers 84
Port Glasgow 232
Power, William 295
Prestonpans 181, 187
Ptolemäus, Claudius (um 100 – um 175), Geograph 28
Pulteneytown (Wick, Caithness) 229

Raeburn, Sir Henry (1756–1823), Maler 219 f.
Ramsay, Allan (d. J., 1713–1784), Maler 219 f.
Ramsay, Allan (d. Ä., 1686–1758), Dichter 223
Ranald, Sohn von Somerled 60
Ranger, Terence Osborn (* 1929), Historiker 251
Ravenscraig 296
Reid, Thomas (1710–1797), Philosoph 208 f., 220
Renfrew 60
Reuta (Stammesvater) 32
Ricardo, David (1772–1823), Ökonom 212
Riccio, David (um 1533–1566), Sekretär von Maria Stuart 125
Richard I. (gen. »Richard Löwenherz«) (* 1157), König von England (1189–1199) 47
Rievaulx 51
Ripon 149, 157
Robert, Earl of Fife and Menteith (d. i. Stewart, Robert, auch: Duke of Albany) (* um 1340), Regent von Schottland (1406–1420) 86 f.
Robert I. → Bruce, Robert the
Robert II. → Stewart, Robert the
Robert III. (d. i. John, Earl of Carrick) (* um 1340), König von Schottland (1390–1406) 71, 86
Robertson, William (1721–1793),

Historiker 182, 196, 203, 206 f.
Rom 22, 28, 48, 61, 94, 115, 187, 270
Ross, John (1777–1856), Arktisforscher 249
Rosslyn (auch Roslin) 112
Roxburgh 64, 75, 87
Runciman, Alexander (1736–1785), Maler 219 f., 281
Runciman, John (1744–1768), Maler 281

Salisbury 322
Sauchieburn 89
Scone 39, 51, 71, 75, 80, 84, 150, 159
Scott, James, Duke of Monmouth and Buccleuch (1649–1685), Sohn von Karl II., engl. Thronprätendent 166 f.
Scott, Sir Walter (1771–1832), Schriftsteller 11, 104, 220, 237 f., 253 f., 260, 276–278, 280
Seaforth, Earl of 163
Selkirk 51, 76
Septimius Severus, Lucius (146–211), röm. Kaiser 22, 30
Seymour, Edward, Earl of Hertford, Duke of Somerset (um 1506–1552) 118
Shakespeare, William (1564–1616), Dichter 11, 41, 143
Sharp, James (1613–1679), Erzbischof 164
Sheridan, Richard Brinsley (1751–1816), Butler, Schauspieler 251
Sheriffmuir 181, 185
Siccar Point 214
Sinclair, William, 3. Earl of Orkney (1410–1484) 112
Sinclair, Sir John (1754–1835), Ökonom, Politiker 182
Smeaton, John (1724–1792), Ingenieur 214
Smith, Adam (1723–1790), Ökonom 11, 17, 181 f., 203, 210–212
Smith, John (1938–1994), Politiker 333
Smith, John A., Lord Strathcona 249
Solway Moss 106, 110
Somerled (auch: Sumerled), Lord of the Isles († 1164) 60
Somerset, Duke of → Seymour, Edward
Sophie von Hannover (1630–1714) 172
St Andrews 50 f., 62, 70 f., 80, 96, 111, 119, 131, 200–202
Stenton, David 15
Stephen, George, Lord Mountstephen (1829–1921) 249
Stephenson, George (1781–1848), Eisenbahningenieur 215, 238

Stevenson, Robert (1772–1850), Ingenieur 11
Stevenson, Robert Louis Balfour (1850–1894), Schriftsteller 280
Stewart, Donald (1920–1992), Politiker 312
Stewart, Dugald (1753–1828), Philosoph 209, 220
Stewart, Henry, Lord Darnley (1545–1567), 2. Ehemann von Maria Stuart 124 f.
Stewart, Lord James (um 1531 – 1570), Regent 121, 123
Stewart, Matthew, 4. Earl of Lennox (1516–1571) 116, 126
Stewart, Robert the (* 1316), als Robert II. König von Schottland (1371–1390) 71, 85
Stewart, Walter the (1293–1326) 85
Stirling 51, 53, 75, 77, 79, 81, 89, 99, 113, 238, 261, 320
Stirling, Earl of → Menstrie, Sir William Alexander of
Stirling Bridge 71, 77, 79
Stornoway 153
Stout, Sir Robert (1844–1930), Premierminister Neuseelands 250
Strafford, Sir Thomas Wentworth, 1. Earl of Strafford (1593–1641), Staatsmann 157
Stuart, Charles Edward (gen. *Bonnie Prince Charlie*, 1720–1788) 11, 187
Stuart, James Edward → Jakob VIII. (III.)
Stuart, John, 3. Earl of Bute (1713–1792), brit. Regent (1762–1763) 182
Stuart, Maria (1542–1587), Königin von Frankreich und Schottland (1559–1561), Königin von Schottland (1559–1567) 106 f., 114, 117, 120–123, 126
Surrey, Thomas Howard, Earl of (1538–1572), engl. Statthalter in Schottland 76

Tacitus, Publius (?) Cornelius (55 – nach 116), röm. Geschichtsschreiber 28 f.
Tagliabue, Benedetta (* 1963), Architektin 337
Thatcher, Margaret Hilda, geb. Roberts (Baroness) (* 1925), Politikerin, brit. Premierministerin (1979–1990) 17, 291 f., 296, 313–315
Thomson, David Cleghorn 295
Thomson, Malcolm 295
Tiron 51
Tobermory (Mull) 229
Tone, Theobald Wolfe (1763–1798), Schriftsteller, Freiheitskämpfer 224
Torbay 168
Trondheim (Nidaros) 50
Tudor, Margaret (1489–1541),

Königin von Schottland 106, 109, 116 f., 124
Tudor, Maria (Maria I., * 1516), Königin von England und Irland (1553–1558) 116, 118–120
Turnbull, George (ersch. ab 1732–1751), Philosoph, Theologe, Lehrer 220

Uist 188
Ullapool (Wester Ross) 229

Valera, Eamon de (1882–1972), Parteiführer, ir. Staatsmann 286
Viktoria (* 1819), Königin des Vereinigten Königreiches von Großbritannien und Irland (1837–1901), Kaiserin von Indien (1876–1901) 13, 238, 253–255

Wallace, William (um 1272 – 1305), schott. Patriot 11, 70 f., 75–80, 238, 261
Wardlaw, Henry († 1440), Bischof 96
Waterloo 237, 260
Watt, James (1736–1819), Ingenieur 11, 181 f., 213 f.
Webster, Alexander (1707–1784), Gelehrter 227
Wellington, Arthur Wellesley, 1. Herzog von (1769–1852), brit. Feldmarschall 234, 237, 260
Westminster 71, 75, 163, 175–177, 181, 194, 198, 256, 259, 263, 305, 307, 314, 336, 338 f.
Whithorn 36, 62
Wick 42, 229
Wilhelm I. (der Eroberer) (* 1027), König von England (1066–1087) 41, 63
Wilhelm I. (*the Lion*) (* 1143), König von Schottland (1165–1214) 47, 59–61, 64
Wilhelm III. von Oranien (* 1650), König von England, Schottland und Irland (1688–1702) 150, 167–172, 190
Wilhelm IV. (* 1765), König von Großbritannien und Irland (1830–1837) 238
Wilkie, Sir David (1785–1841), Maler 281
Wilson, John (1785–1854), Schriftsteller, Philosoph 297
Wishart, George (um 1513 – 1546), Reformer 119
Worcester 150, 159
Würzburg 144
Wyclif, John (um 1324 – 1384), Reformer, Theologe 96
Wyllie, George (* 1921), Künstler 324

York 30, 48, 62

Zwingli, Huldrych (1484–1531), Reformator 137

Zum Autor

MICHAEL MAURER, geboren 1954. Studium der Germanistik, Geschichte und Philosophie in Tübingen und London. Dr. phil. Professor für Kulturgeschichte in Jena.

Publikationen in Auswahl: Aufklärung und Anglophilie in Deutschland. 1987. – Die Biographie des Bürgers. Lebensformen und Denkweisen in der formativen Phase des deutschen Bürgertums (1680–1815). 1996. – Kleine Geschichte Englands. 1997. ^{3}2007. – Kleine Geschichte Irlands. 1998. ^{2}2003. – Kirche, Staat und Gesellschaft im 17. und 18. Jahrhundert. 1999. – Eberhard Gothein (1853–1923). Leben und Werk zwischen Kulturgeschichte und Nationalökonomie. 2007. – Kulturgeschichte. Eine Einführung. 2008. – (Hrsg.) »Ich bin mehr Herz als Kopf«. Sophie von La Roche. Ein Lebensbild in Briefen. 1983. ^{2}1985. – (Hrsg.) »O Britannien, von deiner Freiheit einen Hut voll«. Deutsche Reiseberichte des 18. Jahrhunderts. 1992. – (Hrsg.) Neue Impulse der Reiseforschung. 1999. – (Hrsg.) Aufriß der Historischen Wissenschaften. 7 Bde. 2001–05. – (Hrsg.) Das Fest. Beiträge zu seiner Theorie und Systematik. 2004. – (Hrsg.) Festkulturen im Vergleich. Inszenierungen des Religiösen und Politischen 2010. – (Mithrsg.) »Im Schaffen genießen«. Der Briefwechsel der Kulturwissenschaftler Eberhard und Marie Luise Gothein (1883–1923). 2006.